2025-2026 시험대비
은행FP 자산관리사 1부

GUIDE

개인별 Self 맞춤형 학습이 가능한 WOWPASS 문제집!

교재 구성별 학습 단계

- **01** 문제로 보는 출제경향
- **02** 길라잡이 문제
- **03** 출제예상 문제
- **04** 자가학습진단표
- **05** 부록(실전모의고사 등)

▶ 오직! 와우패스 최종정리문제집만의 **Self** 메달 학습법!

와우패스 최종정리문제집 구성 중 출제예상 문제는 **시험 출제율을 기반으로 하여 각 문제별 중요도를 3단계의 메달 개수로** 나타내고 있습니다. 수험생 각자가 목표한 점수에 도달하기 위해서 스스로 문제를 선택하여 풀어볼 수 있습니다. 이처럼 와우패스 최종정리문제집은 메달 개수에 따라 개인별로 셀프 맞춤형 학습이 가능한 신개념 학습교재입니다.

올림픽 경기에서 선수들이 오로지 메달 획득이라는 최종 꿈을 향해 나아가듯이 수험생 여러분도 목표점수와 합격이라는 메달을 획득할 수 있도록 와우패스가 끝까지 응원하겠습니다!

Self 메달 학습법 01 ★목표점수 : 90~100점

01 우등생형

▶ **최상위 점수를 목표로 꼼꼼하게 공부한다!**
메달 1~3개까지 실전대비 출제예상 문제 모두 풀어보기!

> 이왕 공부를 시작했으니 만점을 목표로 해야지! 기초부터 심화까지 마스터하자!

Self 메달 학습법 02 ★목표점수 : 70~90점

02 안정추구형

▶ **안정적인 합격을 추구한다!**
메달 2~3개인 주요 출제예상 문제들 위주로 풀어보기!

> 만점은 욕심이지만 턱걸이도 불안해… 안정적인 점수로 합격하고 싶다!

Self 메달 학습법 03 ★목표점수 : 60~70점

03 턱걸이형

▶ **고득점보다는 합격에 의의를 둔다!**
메달 3개인 중요 출제예상 문제만 집중적으로 풀어보기!

> 공부할 시간도 부족하고 너무 바쁘다! 제발 합격만 하자!

▶ 더욱 자세한 Self 메달 학습법은 와우패스 홈페이지에서 확인하실 수 있습니다. www.wowpass.com

자격시험 안내

은행FP(자산관리사)란

고객의 수입과 지출, 자산 및 부채현황 등 각종 재무 자료들을 분석하여 원하는 라이프 플랜상의 재무목표를 달성할 수 있도록 종합적인 자산설계와 투자에 대한 상담과 실행을 지원하고, 지속적으로 관리하는 인력을 말합니다. 국민소득이 증가하고 고령화 사회로 진입하면서 라이프 사이클에 맞는 장기 재무설계 및 자산관리에 대한 고객의 요구 속에서 금융회사의 핵심업무 수행자로서 수요가 크게 증대되고 있습니다.

▶ **주관/접수처** : 한국금융연수원(http://www.kbi.or.kr)
▶ **시험일정** : 연 3회
▶ **응시자격** : 제한 없음
▶ **시험유형** : 객관식 5지선다형 200문항(200분 실시)

시험과목 및 합격기준

▶ **합격기준** : 1부 평균, 2부 평균이 각 60점(100점 만점 기준) 이상 득점한 자(과목별 40점 미만 득점 시 과락)
※ 1부 또는 2부 시험만 합격요건을 갖춘 경우 부분합격자로 인정

구분	시험과목	세부내용	배점	시험시간
1부	자산관리 기본지식	재무설계의 의의 및 재무설계 프로세스(10)	40	1교시 : 100분 (09:00~10:40)
		경제동향분석 및 예측(15)		
		법률(15)		
	세무설계	소득세(4)	40	
		금융소득종합과세(8)		
		양도소득세(8)		
		상속·증여세(16)		
		취득세 및 재산세·종합부동산세(4)		
	보험 및 은퇴설계	보험설계(10)	20	
		은퇴설계(10)		
	소계		100점	100분
2부	금융자산 투자설계	금융상품(16)	70	2교시 : 100분 (11:00~12:40)
		주식투자(15)		
		채권투자(15)		
		파생금융상품투자(12)		
		금융상품 투자설계 프로세스(12)		
	비금융자산 투자설계	부동산 상담 사전 준비(9)	30	
		부동산 시장 및 정책 분석(9)		
		부동산 투자전략(9)		
		보유 부동산자산관리 전략(3)		
	소계		100점	100분
합계			200점	200분

※ 시험의 세부 내역은 변경될 수 있으므로 주관처 홈페이지를 참조하십시오.

구성 및 특징

📖 학습 전략

학습 시작 전 전반적인 학습 전략을 살펴볼 수 있도록 구성하였습니다.

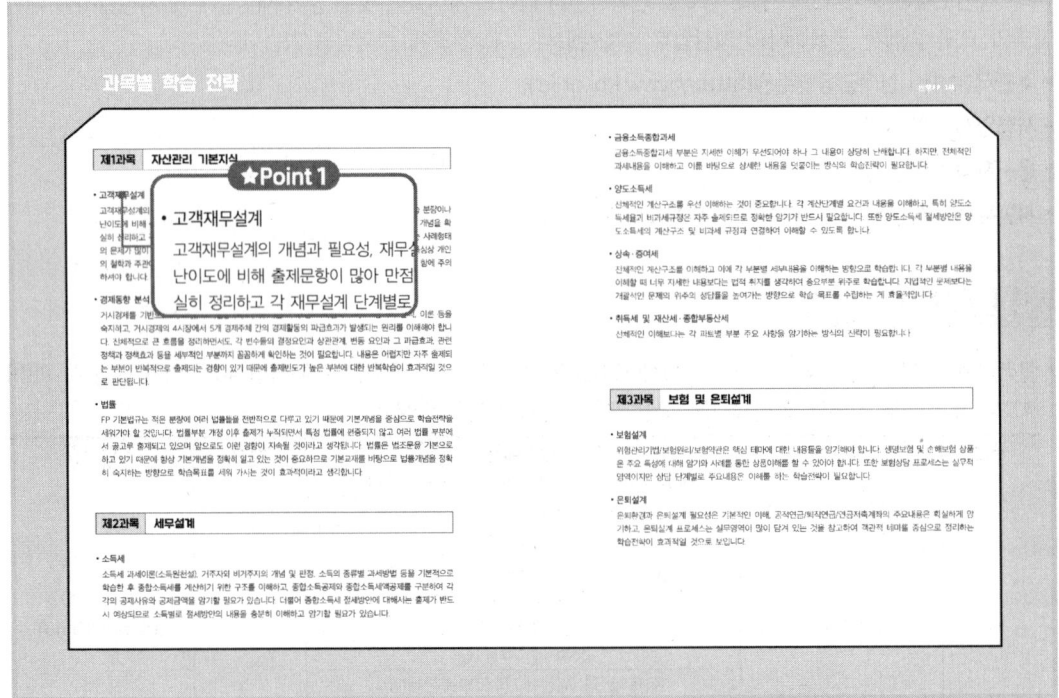

★Point 1 각 과목 및 장에서 중점적으로 학습해야 할 **핵심 포인트**와 **학습 전략**을 제공합니다. 본격적으로 **학습을 시작하기 전**에 꼭 읽어보시기 바랍니다.

📑 문제로 보는 출제경향

보다 적합하게 시험을 준비할 수 있도록 해당 단원의 빈출 문제로 구성했습니다.

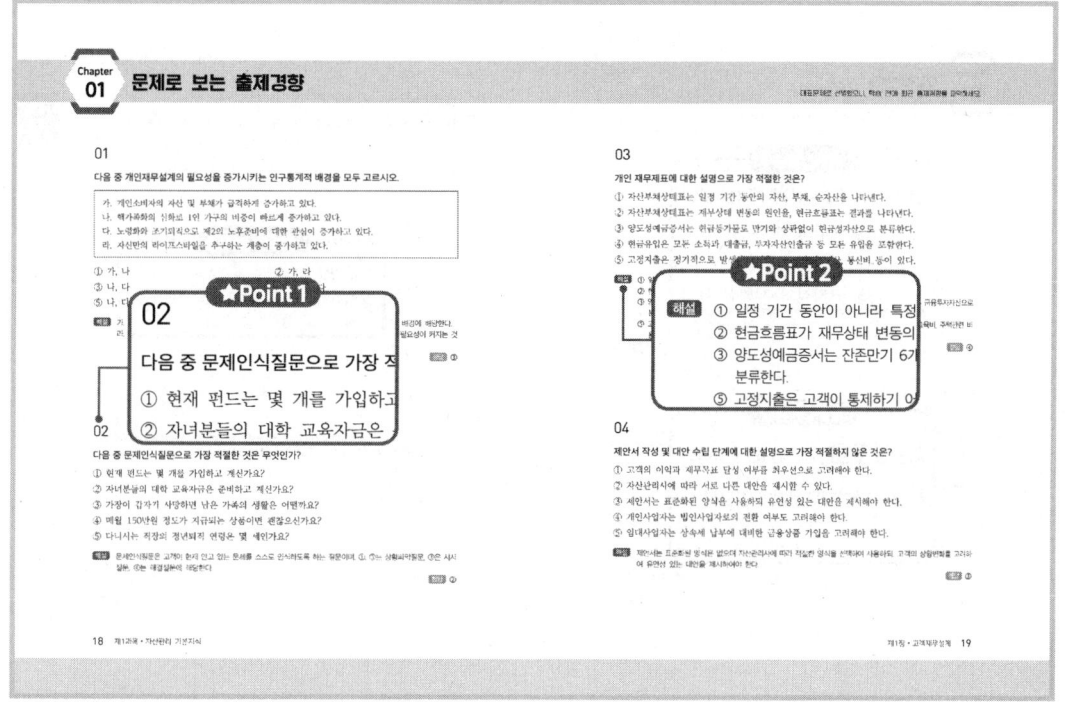

★Point 1   각 장별로 **최신 출제경향**을 파악할 수 있는 **대표 문제**들을 선정하였습니다.

★Point 2   핵심만 짚어 주는 해설로 빠르게 **출제경향**을 파악하고 넘어가도록 구성하였습니다.

구성 및 특징

길라잡이 문제

대표 문제와 해설을 통해 중요 개념을 정리하도록 구성했습니다.

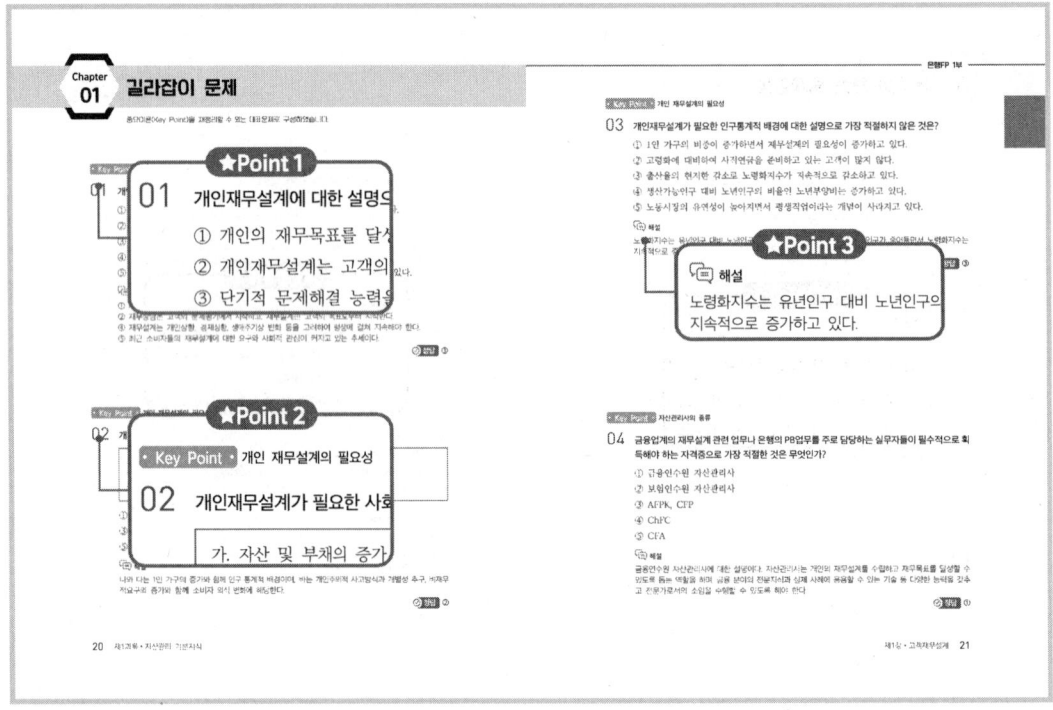

★Point 1 그 장에서 **꼭 출제되는 이론**과 관련된 문제들을 제시하였습니다.
★Point 2 각 문제마다 핵심적인 Key Point를 짚어주어 **효율적인 학습**이 가능하도록 하였습니다.
★Point 3 친절한 해설을 통해 **중요한 개념**을 다시 한 번 정리할 수 있습니다.

📖 출제예상 문제

문제의 중요도에 따라 Self 맞춤형 학습이 가능하도록 구성했습니다.

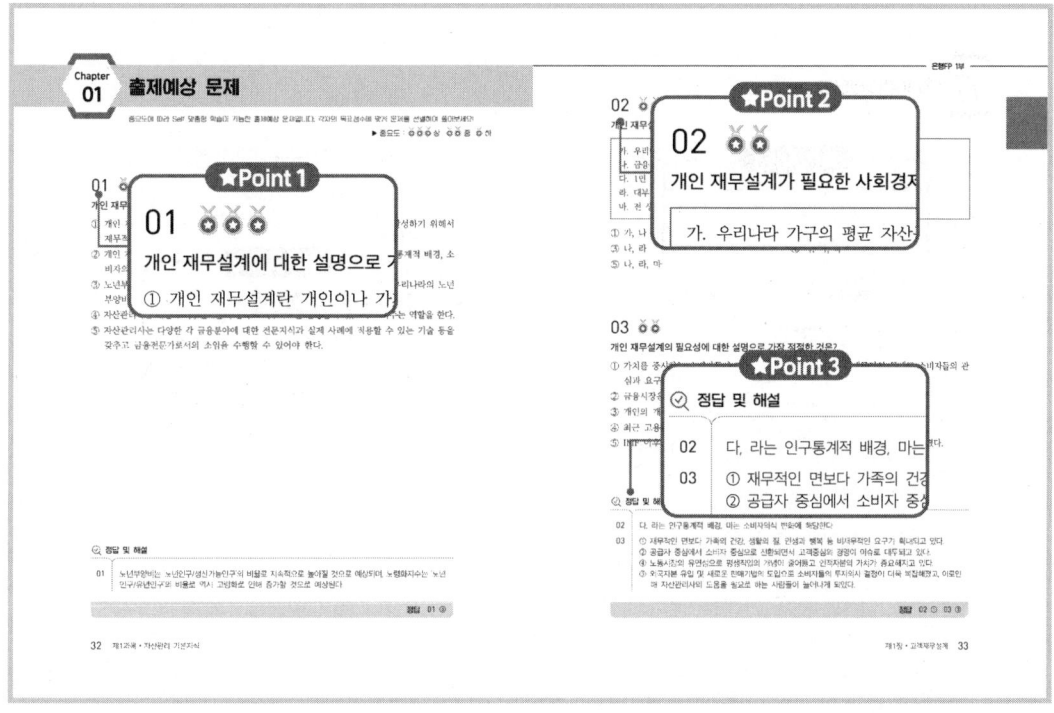

★Point 1 시험 적중률 100%에 도전하며, 시험에 출제될 만한 **예상문제**들로만 알차게 구성하였습니다.

★Point 2 각 문제마다 메달 개수로 **중요도**를 표시해주어, 수험생 각자의 **목표점수**에 맞게 **문제를 선별**하여 풀어볼 수 있도록 구성하였습니다.

★Point 3 문제풀이 후 **빠르게** 정답과 해설을 확인할 수 있으며, **친절한 해설**로 문제의 **키포인트**를 파악할 수 있습니다.

구성 및 특징

📖 자가학습진단표

학습성취도가 어느 정도인지 스스로 진단하도록 하는 자기주도학습법입니다.

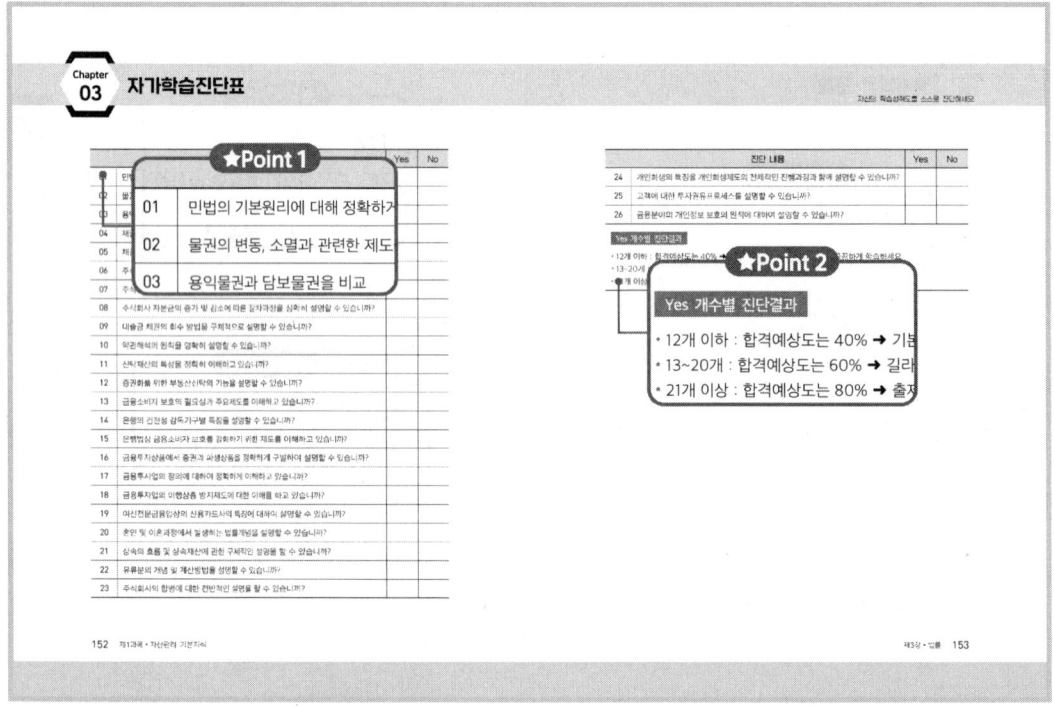

★Point 1   장별 학습을 **마무리하며, 학습자 스스로** 그동안 학습했던 내용들을 하나하나 되짚어 보며 정리할 수 있도록 하였습니다.

★Point 2   <Yes 개수별 진단결과>에 따라 **합격예상 가능성**을 예측해봄으로써, 스스로 부족한 부분을 채울 수 있는 **완전학습** 방법입니다.

실전모의고사

실전과 같이 풀어보는 문제로 합격을 가늠할 수 있습니다.

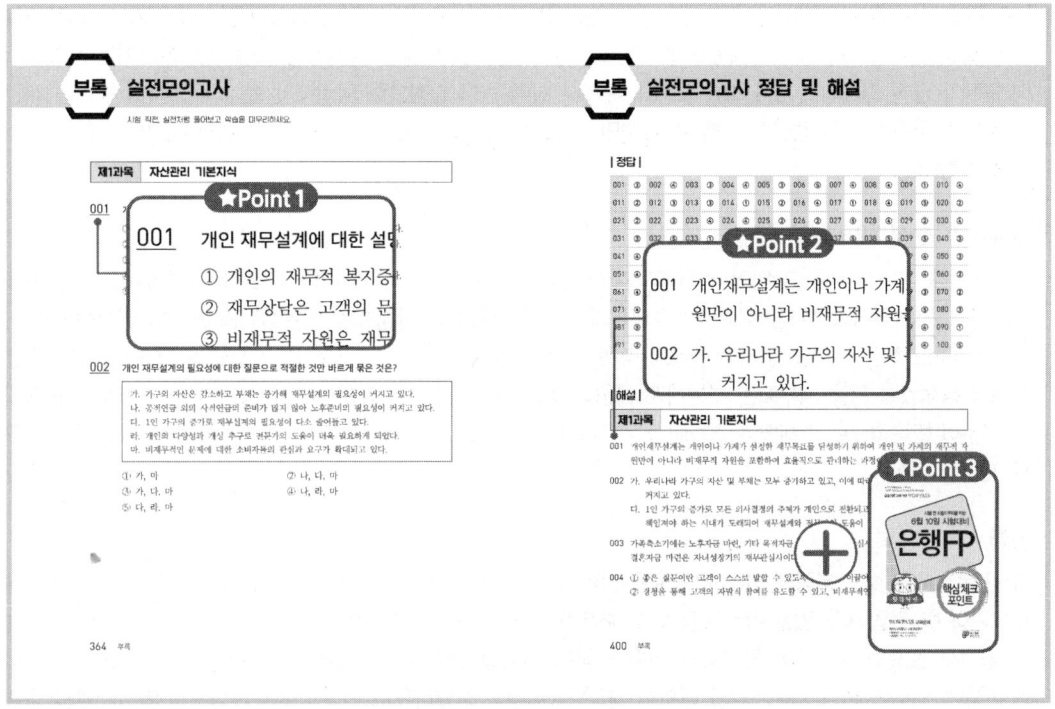

★Point 1　**실제 시험과 동일한 문항수를** 배치함으로써 시험 전 **실전감각을** 기를 수 있습니다.

★Point 2　문제를 모두 풀어본 후, **핵심만 담은 해설을** 확인함으로써 빠르게 **자신의 실력을 점검할** 수 있습니다.

★Point 3　추가로 와우패스 홈페이지에서는 시험장에 들고 갈 **핵심체크포인트 자료집을 무료로 제공**하고 있습니다. (www.wowpass.com) **시험 시작 10분 전 꼭** 읽어보시기 바랍니다.

과목별 학습 전략

제1과목   자산관리 기본지식

- **고객재무설계**

  고객재무설계의 개념과 필요성, 재무설계 절차 6단계와 각 단계별 주요 내용을 다루고 있으며, 학습 분량이나 난이도에 비해 출제문항이 많아 만점전략을 세워 고득점을 노려볼 수 있는 전략과목입니다. 기본 개념을 확실히 정리하고 각 재무설계 단계별로 출제빈도가 높은 중요한 부분은 암기가 필요합니다. 최근에는 사례형태의 문제가 많이 출제되고 있으므로, 교재의 예제나 사례 등을 중심으로 대비해야 합니다. 과목의 특성상 개인의 철학과 주관에 따라 정답이 다를 수 있지만, 교재의 내용을 중심으로 숙지하고 문제를 해결해야 함에 주의하셔야 합니다.

- **경제동향 분석 및 예측**

  거시경제를 기반으로 하고 있어 비전공자가 어려워하는 과목 중 하나입니다. 주요 용어와 원칙, 이론 등을 숙지하고, 거시경제의 4시장에서 5개 경제주체 간의 경제활동의 파급효과가 발생되는 원리를 이해해야 합니다. 전체적으로 큰 흐름을 정리하면서도, 각 변수들의 결정요인과 상관관계, 변동 요인과 그 파급효과, 관련 정책과 정책효과 등을 세부적인 부분까지 꼼꼼하게 확인하는 것이 필요합니다. 내용은 어렵지만 자주 출제되는 부분이 반복적으로 출제되는 경향이 있기 때문에 출제빈도가 높은 부분에 대한 반복학습이 효과적일 것으로 판단됩니다.

- **법률**

  FP 기본법규는 적은 분량에 여러 법률들을 전반적으로 다루고 있기 때문에 기본개념을 중심으로 학습전략을 세워가야 할 것입니다. 법률부분 개정 이후 출제가 누적되면서 특정 법률에 편중되지 않고 여러 법률 부분에서 골고루 출제되고 있으며 앞으로도 이런 경향이 지속될 것이라고 생각됩니다. 법률은 법조문을 기본으로 하고 있기 때문에 항상 기본개념을 정확히 알고 있는 것이 중요하므로 기본교재를 바탕으로 법률개념을 정확히 숙지하는 방향으로 학습목표를 세워 가시는 것이 효과적이라고 생각합니다.

제2과목   세무설계

- **소득세**

  소득세 과세이론(소득원천설), 거주자와 비거주자의 개념 및 판정, 소득의 종류별 과세방법 등을 기본적으로 학습한 후 종합소득세를 계산하기 위한 구조를 이해하고, 종합소득공제와 종합소득세액공제를 구분하여 각각의 공제사유와 공제금액을 암기할 필요가 있습니다. 더불어 종합소득세 절세방안에 대해서는 출제가 반드시 예상되므로 소득별로 절세방안의 내용을 충분히 이해하고 암기할 필요가 있습니다.

- **금융소득종합과세**

    금융소득종합과세 부분은 자세한 이해가 우선되어야 하나 그 내용이 상당히 난해합니다. 하지만, 전체적인 과세내용을 이해하고 이를 바탕으로 상세한 내용을 덧붙이는 방식의 학습전략이 필요합니다.

- **양도소득세**

    전체적인 계산구조를 우선 이해하는 것이 중요합니다. 각 계산단계별 요건과 내용을 이해하고, 특히 양도소득세율과 비과세규정은 자주 출제되므로 정확한 암기가 반드시 필요합니다. 또한 양도소득세 절세방안은 양도소득세의 계산구조 및 비과세 규정과 연결하여 이해할 수 있도록 합니다.

- **상속·증여세**

    전체적인 계산구조를 이해하고 이에 각 부분별 세부내용을 이해하는 방향으로 학습합니다. 각 부분별 내용을 이해할 때 너무 자세한 내용보다는 법적 취지를 생각하여 중요부분 위주로 학습합니다. 지엽적인 문제보다는 개괄적인 문제의 위주의 정답률을 높여가는 방향으로 학습 목표를 수립하는 게 효율적입니다.

- **취득세 및 재산세·종합부동산세**

    전체적인 이해보다는 각 파트별 부분 주요 사항을 암기하는 방식의 전략이 필요합니다.

제3과목 | 보험 및 은퇴설계

- **보험설계**

    위험관리기법/보험원리/보험약관은 핵심 테마에 대한 내용들을 암기해야 합니다. 생명보험 및 손해보험 상품은 주요 특성에 대해 암기와 사례를 통한 상품이해를 할 수 있어야 합니다. 또한 보험상담 프로세스는 실무적 영역이지만 상담 단계별로 주요내용은 이해를 하는 학습전략이 필요합니다.

- **은퇴설계**

    은퇴환경과 은퇴설계 필요성은 기본적인 이해, 공적연금/퇴직연금/연금저축계좌의 주요내용은 확실하게 암기하고, 은퇴설계 프로세스는 실무영역이 많이 담겨 있는 것을 참고하여 객관적 테마를 중심으로 정리하는 학습전략이 효과적일 것으로 보입니다.

Contents

1과목 자산관리 기본지식

제1장 고객재무설계
문제로 보는 출제경향	18
길라잡이 문제	20
출제예상 문제	32
자가학습진단표	53

제2장 경제동향분석 및 예측
문제로 보는 출제경향	56
길라잡이 문제	58
출제예상 문제	73
자가학습진단표	104

제3장 법률
문제로 보는 출제경향	108
길라잡이 문제	110
출제예상 문제	131
자가학습진단표	152

2과목 세무설계

제1장 소득세
- 문제로 보는 출제경향 … 158
- 길라잡이 문제 … 160
- 출제예상 문제 … 164
- 자가학습진단표 … 173

제2장 금융소득종합과세
- 문제로 보는 출제경향 … 176
- 길라잡이 문제 … 178
- 출제예상 문제 … 181
- 자가학습진단표 … 188

제3장 양도소득세
- 문제로 보는 출제경향 … 192
- 길라잡이 문제 … 194
- 출제예상 문제 … 198
- 자가학습진단표 … 209

제4장 상속·증여세
- 문제로 보는 출제경향 … 212
- 길라잡이 문제 … 214
- 출제예상 문제 … 219
- 자가학습진단표 … 241

제5장 취득세 및 재산세·종합부동산세
- 문제로 보는 출제경향 … 244
- 길라잡이 문제 … 246
- 출제예상 문제 … 247
- 자가학습진단표 … 254

Contents

3과목 보험 및 은퇴설계

제1장 보험설계
- 문제로 보는 출제경향   258
- 길라잡이 문제   260
- 출제예상 문제   280
- 자가학습진단표   310

제2장 은퇴설계
- 문제로 보는 출제경향   314
- 길라잡이 문제   316
- 출제예상 문제   334
- 자가학습진단표   361

부록 실전모의고사

- 실전모의고사   364
- 실전모의고사 정답 및 해설   400

1과목
자산관리 기본지식

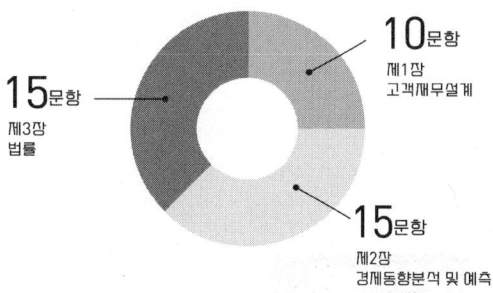

10문항
제1장
고객재무설계

15문항
제3장
법률

15문항
제2장
경제동향분석 및 예측

은행FP 1부

출제경향분석

1장에서 2~3문제, 2장에서 7~8문제, 총 10문제가 출제됩니다. 재무설계의 의미, 재무설계가 필요한 배경, 재무설계 절차 6단계, 최초면담 시 질문기법, 생애주기별 재무목표, 정보수집 방법, 재무적 정보와 비재무적 정보, 자산부채상태표와 현금흐름표의 세부 내용, 제안서 작성 시 주의사항, 연령대별 및 직업별 재무설계 이슈, 계약체결기법 등을 중점적으로 학습하여야 합니다. 최근에는 단순히 내용을 묻는 것이 아니라 사례형태의 문제가 많이 출제되고 있기 때문에 예시까지 꼼꼼하게 정리해 둘 필요가 있습니다. 학습분량에 비해 출제문항수가 많은 전략과목으로 고득점을 목표로 준비하시기 바랍니다.

제1장

고객재무설계

Chapter 01 문제로 보는 출제경향

01

다음 중 개인재무설계의 필요성을 증가시키는 인구통계적 배경을 모두 고르시오.

> 가. 개인소비자의 자산 및 부채가 급격하게 증가하고 있다.
> 나. 핵가족화의 심화로 1인 가구의 비중이 빠르게 증가하고 있다.
> 다. 노령화와 조기퇴직으로 제2의 노후준비에 대한 관심이 증가하고 있다.
> 라. 자신만의 라이프스타일을 추구하는 계층이 증가하고 있다.

① 가, 나
② 가, 라
③ 나, 다
④ 가, 나, 다
⑤ 나, 다, 라

해설 가. 개인 소비자의 자산 및 부채가 증가하여 재무설계의 필요성이 커지는 것은 사회경제적인 배경에 해당한다.
라. 자신만의 라이프스타일을 추구하는 계층이 증가하여 비재무적인 부분을 감안한 재무설계의 필요성이 커지는 것은 소비자 의식 변화 측면의 배경에 해당한다.

정답 ③

02

다음 중 문제인식질문으로 가장 적절한 것은 무엇인가?

① 현재 펀드는 몇 개를 가입하고 계신가요?
② 자녀분들의 대학 교육자금은 준비하고 계신가요?
③ 가장이 갑자기 사망하면 남은 가족의 생활은 어떨까요?
④ 매월 150만원 정도가 지급되는 상품이면 괜찮으신가요?
⑤ 다니시는 직장의 정년퇴직 연령은 몇 세인가요?

해설 문제인식질문은 고객이 현재 안고 있는 문제를 스스로 인식하도록 하는 질문이며, ①, ⑤는 상황파악질문, ③은 시사질문, ④는 해결질문에 해당한다.

정답 ②

03

개인 재무제표에 대한 설명으로 가장 적절한 것은?

① 자산부채상태표는 일정 기간 동안의 자산, 부채, 순자산을 나타낸다.
② 자산부채상태표는 재무상태 변동의 원인을, 현금흐름표는 결과를 나타낸다.
③ 양도성예금증서는 현금등가물로 만기와 상관없이 현금성자산으로 분류한다.
④ 현금유입은 모든 소득과 대출금, 투자자산인출금 등 모든 유입을 포함한다.
⑤ 고정지출은 정기적으로 발생하는 지출로 공교육비, 세금, 통신비 등이 있다.

해설
① 일정 기간 동안이 아니라 특정 시점에서의 자산, 부채, 순자산을 나타낸다.
② 현금흐름표가 재무상태 변동의 원인을, 자산부채상태표가 결과를 나타낸다.
③ 양도성예금증서는 잔존만기 6개월 미만일 경우 현금성자산으로, 잔존만기 6개월 이상일 경우 금융투자자산으로 분류한다.
⑤ 고정지출은 고객이 통제하기 어려운 정기적인 지출항목으로 세금, 공과금, 부채상환금액, 공교육비, 주택관련 비용 등이 해당하며 통신비는 변동지출에 해당한다.

정답 ④

04

제안서 작성 및 대안 수립 단계에 대한 설명으로 가장 적절하지 않은 것은?

① 고객의 이익과 재무목표 달성 여부를 최우선으로 고려해야 한다.
② 자산관리사에 따라 서로 다른 대안을 제시할 수 있다.
③ 제안서는 표준화된 양식을 사용하되 유연성 있는 대안을 제시해야 한다.
④ 개인사업자는 법인사업자로의 전환 여부도 고려해야 한다.
⑤ 임대사업자는 상속세 납부에 대비한 금융상품 가입을 고려해야 한다.

해설 제안서는 표준화된 양식은 없으며 자산관리사에 따라 적절한 양식을 선택하여 사용하되, 고객의 상황변화를 고려하여 유연성 있는 대안을 제시하여야 한다.

정답 ③

Chapter 01 길라잡이 문제

중요이론(Key Point)을 재정리할 수 있는 대표문제로 구성하였습니다.

Key Point 개인 재무설계의 의미

01 개인재무설계에 대한 설명으로 가장 적절한 것은?

① 개인의 재무목표를 달성하기 위해 재무적 자원만을 관리하는 과정이다.
② 개인재무설계는 고객의 문제를 평가하는 것에서 시작된다.
③ 단기적 문제해결 능력을 포함한 중장기적 목표달성을 포함한다.
④ 재무설계는 특정한 상황이 발생할 때마다 일시적으로 진행된다.
⑤ 최근 경기침체와 저금리로 재무설계에 대한 사회적 관심이 감소하고 있다.

해설
① 재무적 자원뿐만 아니라 비재무적 자원까지 포함하여 적절하게 관리하는 과정이다.
② 재무상담은 고객의 문제평가에서 시작하고, 재무설계는 고객의 목표로부터 시작한다.
④ 재무설계는 개인상황, 경제상황, 생애주기상 변화 등을 고려하여 평생에 걸쳐 지속해야 한다.
⑤ 최근 소비자들의 재무설계에 대한 요구와 사회적 관심이 커지고 있는 추세이다.

정답 ③

Key Point 개인 재무설계의 필요성

02 개인재무설계가 필요한 사회 경제적 배경으로 가장 적절한 것만 묶은 것은?

가. 자산 및 부채의 증가	나. 노동환경의 변화
다. 저출산 및 고령화	라. 금융시장 개방 및 국제화
마. 금융 관련 법규 강화	바. 재무설계의 중요성 인식

① 가, 나, 라
② 가, 라, 마
③ 나, 다, 라
④ 나, 라, 마
⑤ 라, 마, 바

해설
나와 다는 1인 가구의 증가와 함께 인구 통계적 배경이며, 바는 개인주의적 사고방식과 개별성 추구, 비재무적요구의 증가와 함께 소비자 의식 변화에 해당한다.

정답 ②

• Key Point • 개인 재무설계의 필요성

03 개인재무설계가 필요한 인구통계적 배경에 대한 설명으로 가장 적절하지 않은 것은?
   ① 1인 가구의 비중이 증가하면서 재무설계의 필요성이 증가하고 있다.
   ② 고령화에 대비하여 사적연금을 준비하고 있는 고객이 많지 않다.
   ③ 출산율의 현저한 감소로 노령화지수가 지속적으로 감소하고 있다.
   ④ 생산가능인구 대비 노년인구의 비율인 노년부양비는 증가하고 있다.
   ⑤ 노동시장의 유연성이 높아지면서 평생직업이라는 개념이 사라지고 있다.

   해설
   노령화지수는 유년인구 대비 노년인구의 비율로, 출산율이 감소하여 유년인구가 줄어들면서 노령화지수는 지속적으로 증가하고 있다.

   정답 ③

• Key Point • 자산관리사의 종류

04 금융업계의 재무설계 관련 업무나 은행의 PB업무를 주로 담당하는 실무자들이 필수적으로 획득해야 하는 자격증으로 가장 적절한 것은 무엇인가?
   ① 금융연수원 자산관리사
   ② 보험연수원 자산관리사
   ③ AFPK, CFP
   ④ ChFC
   ⑤ CFA

   해설
   금융연수원 자산관리사에 대한 설명이다. 자산관리사는 개인의 재무설계를 수립하고 재무목표를 달성할 수 있도록 돕는 역할을 하며, 금융 분야의 전문지식과 실제 사례에 응용할 수 있는 기술 등 다양한 능력을 갖추고 전문가로서의 소임을 수행할 수 있도록 해야 한다.

   정답 ①

• Key Point • 재무설계 절차 6단계

05 재무설계 절차 6단계 중 3단계에 해당하는 것은?

① 고객과의 관계 정립
② 고객의 재무상태 분석 및 평가
③ 고객 정보수집 및 재무목표 설정
④ 재무설계 실행
⑤ 재무설계 제안

💬 해설
1단계. 고객과의 관계 정립 → 2단계. 고객 정보수집 및 재무목표 설정 → 3단계. 고객의 재무상태 분석 및 평가 → 4단계. 재무설계 제안 → 5단계. 재무설계 실행 → 6단계. 정기점검 및 사후관리

✅ 정답 ②

• Key Point • 유망고객

06 유망고객에 대한 설명으로 가장 적절한 것만 묶은 것은?

> 가. 혈연이나 지연, 학연 등의 지인들도 유망고객이라 할 수 있다.
> 나. 이미 금융상품 계약을 체결한 사람은 유망고객 대상에서 제외한다.
> 다. 유망고객을 지속적으로 확보할 수 있는 가장 좋은 방법은 소개를 받는 것이다.
> 라. 재무목표가 명확하지 않은 사람일수록 유망고객이 될 가능성이 높다.
> 마. 자산관리사에게 우호적으로 대하는 사람은 유망고객이라 할 수 있다.

① 가, 다
② 나, 다
③ 다, 마
④ 가, 다, 라
⑤ 나, 라, 마

💬 해설
나. 이미 금융상품 계약을 체결한 기계약자는 유망고객이며 긴밀한 관계를 유지해야 한다.
라. 재무목표가 명확하지 않은 고객은 상품에 가입할 확률이 낮아 유망고객으로 볼 수 없다.
마. 유망고객의 조건은 재무목표가 있는 사람, 경제적 능력이 있는 사람, 만남이 가능한 사람, 실행력이 있는 사람이며, 우호적으로 대한다고 해서 유망고객이라 할 수 없다.

✅ 정답 ①

• Key Point • 접촉채널별 장점 및 유의점

07 고객과의 면담을 위한 사전 접근 방법에 대한 내용으로 가장 적절한 것은?

① TA는 거절에 대한 부담이 적고 동시에 많은 고객과 접촉할 수 있다.
② DM은 비용절감을 고려하여 일률적으로 작성하는 것이 효과적이다.
③ SMS는 거절에 대한 부담이 적고 상대적으로 비용이 저렴한 것이 특징이다.
④ TA는 방문약속을 잡거나 상품판매 목적으로 활용할 수 있어 효과적이다.
⑤ SMS는 동시에 많은 고객과 접촉할 수 있지만 심리적 부담이 크다.

해설
① TA는 거절에 대한 심리적 부담이 크고, 동시에 많은 고객을 접촉할 수 없는 것이 단점이다.
② 일반적인 형태의 DM을 발송하는 경우 고객의 불만을 초래할 가능성이 높기 때문에 고객에게 맞춤화된 DM을 제작하여 발송하는 것이 효과적이다.
④ TA는 방문약속을 잡는 것 이외에 상품판매 등의 목적으로 활용해서는 안 된다.
⑤ SMS는 동시에 많은 접촉이 가능하고 비용이 저렴하며, 심리적인 부담이 적은 것이 장점이다.

정답 ③

• Key Point • 최초 면담

08 고객과의 효과적인 최초 면담에 대한 설명으로 가장 적절하지 않은 것은?

① 고객과의 최초 면담에서 대화를 이끌어가지 않도록 주의해야 한다.
② 고객에게 자산관리사의 경력, 서비스 분야에 대해 설명해야 한다.
③ 가볍고 일상적인 대화로 시작하여 관심을 유도하는 것이 바람직하다.
④ 고객이 스스로 말할 수 있도록 하는 좋은 질문을 활용하는 것이 좋다.
⑤ 완고한 고객일수록 적극적으로 경청하고 공감하는 자세를 가져야 한다.

해설
최초 면담에서 능숙한 의사소통으로 고객과의 대화를 리드해야 하며, 고객과의 편안한 대화를 통해 고객이 마음을 열고 상담할 수 있도록 자연스러운 관계를 형성하도록 노력해야 한다.

정답 ①

• Key Point • 최초 면담시 질문 유형

09 다음 자산관리사의 질문 중 문제인식질문에 해당하는 것은?

① 금융상품은 주로 어떤 상품을 가입하고 계십니까?
② 금리형 상품으로만 준비하실 경우 실질적인 노후자금 마련이 가능할까요?
③ 중대질병에 걸려 막대한 치료비가 필요한 경우 남은 가족의 생활은 어떨까요?
④ 따님의 대학졸업 시까지 필요한 교육자금이 얼마라고 생각하십니까?
⑤ 어떤 상황에서도 가족의 생활자금이 안전하게 제공될 수 있다면 어떠세요?

📝 해설
①은 사실, 정보 등을 수집하기 위한 상황파악 질문이고, ②, ③은 고객 문제로 인해 발생 파급되는 결과에 대한 심각성과 중요성 등을 고객 스스로 인지하게끔 하는 시사 질문이며, ⑤는 자산관리사의 해결안 제안에 동의를 구하는 해결질문에 해당한다.

정답 ④

• Key Point • 재무목표 설정

10 고객의 재무목표 설정 단계에 대한 설명으로 가장 적절한 것은?

① 재무목표는 수치화하여 측정 가능한 형태로 나타나도록 해야 한다.
② 일반적인 고객의 관심사를 재무목표로 설정하는 것은 바람직하지 못하다.
③ 통상 1년 이내의 목표를 단기목표, 3년 이상의 목표를 장기목표로 구분한다.
④ 재무목표의 우선순위는 중요성을 판단하여 자산관리사가 결정해야 한다.
⑤ 한번 설정된 재무목표나 우선순위는 변경되지 않으므로 신중해야 한다.

📝 해설
② 대부분의 고객들이 재무목표는 체계적으로 정리되어 있지 않으므로 일반적인 고객들이 제시하는 재무관심사를 제시하여 재무목표 설정에 도움을 줄 수 있다.
③ 기간별 재무목표는 통상 단기(1년 이내), 중기(1~10년), 장기(10년 이상)로 구분한다.
④ 재무목표의 우선순위는 고객이 중요하다고 생각하는 것부터 우선순위를 결정하도록 조언해야 하며 자산관리사가 중요성을 판단하여서는 안 된다.
⑤ 고객의 상황이나 생애주기 변화에 따라 변경될 수 있고, 주기적으로 변경 여부를 점검해야 한다.

정답 ①

• Key Point • 생애주기별 재무목표

11 생애주기별 재무목표에 대한 설명으로 가장 적절하지 않은 것은?

① 청년기 – 결혼자금 마련
② 가족형성기 – 자동차 구매자금 마련
③ 자녀양육기 – 자녀들의 교육자금 마련
④ 자녀성장기 – 주택 확장자금 마련
⑤ 은퇴 및 노후기 – 노후자금 마련

해설
은퇴 및 노후기의 주요 재무목표는 노후 생활자금 운용과 상속 및 증여에 대한 계획 등이며, 노후자금 마련은 기타 목적자금 마련과 함께 은퇴를 앞둔 가족축소기의 재무목표이다.

정답 ⑤

• Key Point • 재무적 정보 vs 비재무적 정보

12 다음 중 비재무적인 정보로 가장 적절하지 않은 것은?

① 생활방식
② 예상수명
③ 종업원 복지 관련 자료
④ 재무설계 관련 지식
⑤ 위험수용성향

해설
종업원 복지 관련 자료는 소득 및 지출 자료, 자산 및 부채 자료, 세금·은퇴·보험 관련 자료, 개인사업 관련 자료, 증여·상속 관련 자료와 함께 재무적 정보에 해당한다.

정답 ③

• Key Point • 정보수집 방법

13 고객의 정보수집 방법에 대한 설명으로 가장 적절하지 않은 것은?

① 직접 면담은 많은 자료 수집이 가능해 고객을 가장 잘 이해할 수 있다.
② 설문서는 시간이 절약되고 고객의 생각이 잘 반영되는 것이 장점이다.
③ 면담 중 설문서를 이용할 경우 고객 정보를 정확히 점검하면서 받을 수 있다.
④ 인터넷은 시간과 비용은 절약되나 고객과의 의사소통이 곤란한 것이 한계이다.
⑤ 전화는 수집한 정보에 대한 간단한 질문이나 확인이 필요할 경우 유용하다.

해설
인터넷을 통해 이메일 등으로 정보를 수집하는 경우 시간과 비용이 절약되며, 업무 진행과정에서 쌍방향 의사소통을 극대화할 수 있는 것이 장점이다. 다만, 지역적으로 인터넷 사용이 어렵거나 인터넷을 사용하지 못하는 고객에게 활용할 수 없는 것이 한계라 할 수 있다.

정답 ④

• Key Point • 자산부채상태표

14 가계의 자산부채상태표에 대한 설명으로 가장 적절하지 않은 것은?

① 일정 기간 동안의 가계의 자산, 부채, 순자산을 나타낸다.
② 가계 자산의 구성, 부채의 규모, 유동성 등을 파악할 수 있다.
③ 잔존만기가 6개월 미만인 양도성예금증서는 현금성자산으로 구분한다.
④ 부동산자산은 투자 및 거주 목적의 부동산을 모두 포함하여 기재한다.
⑤ 부채는 기간에 따라 단기부채와 장기부채로 구분할 수 있다.

해설
자산부채상태표는 특정 시점에서의 자산, 부채, 순자산을 표시하며, 가계의 자산 구성, 부채 규모 및 적정성, 유동성 등을 파악할 수 있고, 가계 재무상태 변동의 결과를 나타낸다.

정답 ①

• Key Point • 자산의 분류

15 다음 중 자산부채상태표의 자산의 분류로 가장 적절하지 않은 것은?

① 현금성자산　　② 금융투자자산
③ 저축 및 투자　　④ 부동산자산
⑤ 개인사용자산

🗨 해설
자산부채상태표는 자산을 현금성자산, 금융투자자산, 투자목적과 거주목적을 포함한 부동산자산, 개인사용자산으로 구분하며, 저축 및 투자는 현금흐름표의 지출의 분류 중 하나에 해당한다.

✅ 정답 ③

• Key Point • 현금흐름표

16 현금흐름표에 대한 설명으로 가장 적절한 것은?

① 현금흐름표는 대부분 1개월을 단위로 하는 경우가 많다.
② 개인의 소득, 생활수준, 저축 및 투자능력을 파악할 수 있다.
③ 대출입금액은 부채금액이므로 현금유입에는 포함하지 않는다.
④ 고정지출은 고객이 통제하기 어려운 세금, 주택관리비, 건강의료비 등이다.
⑤ 현금흐름은 가계의 재무상태의 결과를 나타낸다고 할 수 있다.

🗨 해설
① 현금흐름표는 연단위 수입과 지출을 고려하여 대부분 1년을 단위로 하는 경우가 많다.
③ 현금유입에는 모든 소득뿐만 아니라 예금인출액, 대출입금액 등 모든 유입을 빠짐없이 기록한다.
④ 고정지출은 고정적으로 발생하고 고객이 통제하기 어려운 공교육비, 부채상환 원리금, 세금, 주택관리비 등이며, 건강의료비는 지출금액의 변동이 있고 고객이 통제 가능한 변동지출이다.
⑤ 자산부채상태표는 가계의 재무상태 변동의 결과를 표시하며, 현금흐름표는 가계의 재무상태 변동의 원인을 나타낸다.

✅ 정답 ②

• Key Point • 제안서 작성 및 대안 수립

17 제안서 작성 및 대안 수립 단계에 대한 설명으로 가장 적절하지 않은 것은?

① 제안서 작성 시 고객의 이익을 최우선으로 고려해야 한다.
② 다양한 환경변화에 대처할 수 있도록 유연성 있는 대안을 마련해야 한다.
③ 물가상승률, 투자수익률 등 대안 수립 시 사용한 경제적 가정을 제시해야 한다.
④ 수립한 제안서의 목적과 대안을 수립한 이유를 상세히 설명해야 한다.
⑤ 재무설계안은 반드시 표준화된 양식을 사용하여 제안하여야 한다.

💬 해설
재무설계 제안서는 표준화된 양식은 없으며, 일반적으로 표지 및 서문, 목차, 고객현황 요약, 제안 목적, 고객 재무상황 분석, 대안 제시 및 제언의 6개 부문으로 구성한다.

정답 ⑤

• Key Point • 제안서 작성 시 유의할 점

18 제안서 작성 시 유의할 점으로 가장 적절한 것만 묶은 것은?

> 가. 가급적 많은 대안을 제공하여 고객의 선택의 폭을 넓혀주는 것이 좋다.
> 나. 제시되는 대안은 가급적 수정하거나 변경하지 않도록 해야 한다.
> 다. 다른 자산관리사에 의해 내용이 달라질 수 있음을 설명해야 한다.
> 라. 고객의 가치관이나 생활방식을 고려한 대안을 마련하여 제시해야 한다.
> 마. 최선의 대안을 마지막에 제시하는 것이 고객 만족도를 높이는 데 효과적이다.

① 가, 나
② 다, 라
③ 라, 마
④ 가, 다, 라
⑤ 나, 다, 마

💬 해설
가. 너무 많은 대안을 나열하지 말아야 하며 가장 적합한 제안 2~3개 정도를 제시하는 것이 좋다.
나. 고객의 상황 변화를 고려하여 수정과 변경이 용이한 유연성 있는 대안을 제시해야 한다.
마. 고객의 재무목표에 적당한 가장 최선의 대안부터 제시하는 것이 좋다.

정답 ②

• Key Point • 고객 연령대별 제안

19 중소기업 과장인 30대 고객에 대한 제안사항으로 가장 적절하지 않은 것은?

① 예산을 수립하고 가급적 예산의 범위 내에서 지출할 수 있도록 제안한다.
② 연금을 가입할 경우 납입기간을 짧게, 납입금액은 크게 하도록 제안한다.
③ 결혼, 자녀 출생, 내 집 마련 등 주요 재무목표를 인식하도록 제안한다.
④ 지나치게 과다한 부동산 투자는 오히려 독이 될 수 있음을 안내한다.
⑤ 재무목표에 따라 단기, 중기, 장기의 기간별로 투자할 것을 제안한다.

해설
연금을 가입할 경우 납입기간은 짧게 납입금액은 크게 하는 것은 은퇴준비 시간이 부족한 50대 고객에게 적합한 제안이며, 30대 고객은 납입기간을 길게 하여 납입금액을 줄일 수 있도록 제안한다.

정답 ②

• Key Point • 고객 직업별 제안

20 개인사업자인 고객과의 상담 시 고려사항으로 가장 적절한 것은?

① 소득공제 구조에 대한 이해 및 절세방안
② 자신의 은퇴 이후 안정적 현금흐름의 준비
③ 중복으로 가입된 금융상품의 재조정
④ 금융상품을 통한 효율적 자산이전 방안
⑤ 노란 우산 공제 가입 여부

해설
①은 근로소득자, ②와 ③은 전문직 종사자, ④는 임대사업자와 상담 시 고려사항에 해당한다.

정답 ⑤

• Key Point • 재무설계안의 실행

21 재무설계안의 실행 단계에 대한 설명으로 가장 적절한 것은?

① 고객이 제안을 실행할 뜻이 없을 때에는 왜 그런지 파악해 두어야 한다.
② 가입해야 하는 이유는 감성을 배제하고 논리적으로 설명하는 것이 좋다.
③ 상품 가입 시 부정적인 영향을 줄 수 있는 사항은 설명하지 않는 것이 좋다.
④ 금융상품의 가입을 미루거나 거절하는 고객을 설득하여서는 안 된다.
⑤ 재무목표를 달성할 때의 구체적 이익과 금액을 제시해서는 안 된다.

💬 해설
② 가입 이유를 논리적으로 설명하되 감성을 자극하는 스토리텔링을 제공하는 것이 효과적이다.
③ 상품 가입 시 고객이 알아야 할 사항은 부정적인 영향을 주는 것이라도 정확히 설명해야 한다.
④ 무형상품인 금융상품의 특성을 고려하여 가입을 미루거나 거절하는 고객을 설득할 수 있는 다양한 거절처리 또는 계약체결 기법을 숙지하고 활용하는 것이 좋다.
⑤ 계약체결 시 자산관리사는 재무목표를 달성할 때의 구체적 이익과 금액을 제시해 주고, 지금이 금융상품을 가입하기 가장 좋은 기회라는 것을 구체적인 예를 들어 고객을 설득해야 한다.

✅ 정답 ①

• Key Point • 계약 체결 기법

22 다음 중 계약 체결 기법 중 묵시적 동의법에 해당하는 것은?

① 자동이체 날자는 25일이 좋으세요, 5일이 좋으세요?
② 만기 수익자는 배우자님으로 할까요?
③ 인사부 이부장님도 지난주에 이 상품에 가입하셨어요.
④ 6월부터 금리가 인하될 예정이어서 지금 하시는 것이 좋습니다.
⑤ 천만원 이하는 수수료율이 높아서 천만원 이상 하시는 것이 유리합니다.

💬 해설
①은 사소한 결정 중 선택하도록 하는 양자택일법, ③은 아는 사람의 사례를 활용하는 예화법, ④와 ⑤는 손해를 암시하여 계약체결을 유도하는 손해암시법에 해당한다.

✅ 정답 ②

• Key Point • 정기점검 및 사후관리

23 정기점검 및 사후관리 단계에 대한 설명으로 가장 적절하지 않은 것은?

① 재무설계가 효과를 거두려면 정기적인 점검은 필수적이다.
② 고객 및 가족의 신상 변화, 건강상태 및 수입원 변화 등을 점검한다.
③ 투자상품의 수익률, 세금 문제, 중도 해지할 경우 수수료 등을 점검한다.
④ 고객이 불안해하지 않도록 정기적으로 점검하고 있음을 알려 주어야 한다.
⑤ 개선을 요하는 피드백은 삼가하여 고객이 자신감을 가지도록 해야 한다.

🗨 해설
고객의 자신감을 강화시켜 주는 긍정적인 피드백과 개선을 요하는 발전적인 피드백을 고객의 상황에 맞게 시의적절하게 해주어야 한다.

✅ 정답 ⑤

Chapter 01 출제예상 문제

중요도에 따라 Self 맞춤형 학습이 가능한 출제예상 문제입니다. 각자의 목표점수에 맞게 문제를 선별하여 풀어보세요!

▶ 중요도 : ❂❂❂ 상 ❂❂ 중 ❂ 하

01 ❂❂❂

개인 재무설계에 대한 설명으로 가장 적절하지 않은 것은?

① 개인 재무설계란 개인이나 가계의 현재의 재무상태를 검토하고 재무목표를 달성하기 위해서 재무적 및 비재무적 자원을 적절하게 관리하는 과정이다.
② 개인 재무설계에 대한 사회적 관심이 커지는 이유로는 사회경제적 배경, 인구통계적 배경, 소비자의식 변화 등을 들 수 있다.
③ 노년부양비란 '생산가능인구/노년인구'의 비율로 고령화 사회에 접어들수록 우리나라의 노년부양비 및 노령화지수는 높아질 것으로 예상된다.
④ 자산관리사는 개인의 재무설계를 수립하고 재무목표를 달성할 수 있도록 도와주는 역할을 한다.
⑤ 자산관리사는 다양한 각 금융분야에 대한 전문지식과 실제 사례에 적용할 수 있는 기술 등을 갖추고 금융전문가로서의 소임을 수행할 수 있어야 한다.

정답 및 해설

01 | 노년부양비는 '노년인구/생산가능인구'의 비율로 지속적으로 높아질 것으로 예상되며, 노령화지수는 '노년인구/유년인구'의 비율로 역시 고령화로 인해 증가할 것으로 예상된다.

정답 01 ③

02 ✪✪

개인 재무설계가 필요한 사회경제적 배경에 해당하는 것으로만 바르게 묶은 것은?

> 가. 우리나라 가구의 평균 자산규모와 가계부채가 모두 증가하고 있다.
> 나. 금융상품이 복잡하고 다양해지면서 재무설계 전문가의 도움이 필요해졌다.
> 다. 1인 가구의 증가로 모든 의사결정의 주체가 개인으로 전환되고 있다.
> 라. 대부분의 사람들이 공적연금을 제외한 사적연금의 준비는 많지 않다.
> 마. 전 생애주기에 걸쳐 생애소비만족을 극대화하려는 개인의 요구가 커지고 있다.

① 가, 나
② 가, 라
③ 나, 라
④ 가, 나, 라
⑤ 나, 라, 마

03 ✪✪

개인 재무설계의 필요성에 대한 설명으로 가장 적절한 것은?

① 가치를 중시하는 소비자들이 많아지면서 비재무적인 면보다 재무적인 문제로 소비자들의 관심과 요구가 확대되고 있다.
② 금융시장은 점차 소비자 중심에서 공급자 중심으로 전환되고 있다.
③ 개인의 개성과 가치를 중시하면서 다양성을 추구하게 될 것으로 보인다.
④ 최근 고용시장은 저출산 및 고령화로 평생직업이라는 개념이 높아지고 있다.
⑤ IMF 이후 전면적 자본시장 개방으로 소비자들의 투자의사 결정이 훨씬 간단해졌다.

✓ 정답 및 해설

02 다, 라는 인구통계적 배경, 마는 소비자의식 변화에 해당한다.

03 ① 재무적인 면보다 가족의 건강, 생활의 질, 인생과 행복 등 비재무적인 요구가 확대되고 있다.
② 공급자 중심에서 소비자 중심으로 전환되면서 고객중심의 경영이 이슈로 대두되고 있다.
④ 노동시장의 유연성으로 평생직업의 개념이 줄어들고 인적자본의 가치가 중요해지고 있다.
⑤ 외국자본 유입 및 새로운 판매기법의 도입으로 소비자들의 투자의사 결정이 더욱 복잡해졌고, 이로인해 자산관리사의 도움을 필요로 하는 사람들이 늘어나게 되었다.

정답 02 ① 03 ③

04 ★★

인구 고령화에 대한 설명으로 적절한 것을 모두 고른 것은?

> 가. 노령화지수가 50이라는 것은 성인 10명 중 5명이 노년인구라는 의미이다.
> 나. 생산가능인구 대비 노년인구의 비율인 노년부양비는 지속적으로 증가하고 있다.
> 다. 고령화사회 진입 후 25년 만에 초고령사회에 이를 만큼 고령화 속도가 빠르다.
> 라. 노후준비의 필요성이 강조되고 있어 사적연금의 준비를 많이 하고 있는 편이다.

① 가, 나
② 나, 다
③ 가, 나, 다
④ 가, 다, 라
⑤ 가, 나, 다, 라

05 ★★

우리나라의 인구 구성이 아래와 같다면 해당 연도의 노령화지수로 가장 적절한 것은?

> - 전체인구 : 50,000,000명
> - 0~14세 인구 : 12,000,000명
> - 65세 이상 인구 : 4,800,000명
> - 15~64세 인구 : 33,200,000명

① 14.5%
② 26.5%
③ 40.0%
④ 60.0%
⑤ 65.5%

정답 및 해설

04
가. 노령화지수는 (노년인구÷유년인구)×100으로 계산하므로 유년인구 10명당 노년인구가 5명이라는 의미이며, 성인인구 대비 노년인구의 비율은 노인인구비율이라고 한다.
라. 우리나라는 노후준비의 필요성을 많이 느끼면서도 공적연금 이외의 사적연금의 준비가 매우 미흡한 수준이며, 노후준비를 위한 재무설계의 필요성은 더욱 커지고 있다.

05
노년부양비 = (노년인구/생산가능인구)×100 = (4,800,000/33,200,000)×100 = 14.5%
노령화지수 = (노년인구/유년인구)×100 = (4,800,000/12,000,000)×100 = 40.0%

정답 04 ② 05 ③

06 ✪✪✪

재무설계가 필요하게 된 인구통계적 배경에 대한 설명으로 가장 적절한 것은?

① 1인 가구의 증가로 자기책임이 강조되고 투자의사 결정이 쉽고 단순해지고 있다.
② 전체 인구 중 노년인구의 비율이 7% 이상인 사회를 고령사회라고 한다.
③ 우리나라의 고령화 속도는 OECD 국가의 평균에 비해 높은 수준을 보이고 있다.
④ 노년인구의 지속적인 증가로 노령화지수는 증가하고 노년부양비는 감소하고 있다.
⑤ 가치를 중시하는 소비자가 증가하면서 비재무적인 부문에 대한 요구가 커지고 있다.

07 ✪

자산관리사의 역할과 업무에 대한 설명으로 가장 적절하지 않은 것은?

① 개인의 재무설계를 수립하고 재무목표를 달성할 수 있도록 돕는 역할을 한다.
② 전문지식과 실제 사례에 응용할 수 있는 기술 등 다양한 능력을 갖추어야 한다.
③ 금융권은 Financial Planner 자격제도를 도입하여 교육과 시험을 실시하고 있다.
④ 한국FPSB에서 주관하는 AFPK와 CFP라는 재무설계전문가 자격증이 있다.
⑤ 한국금융투자협회의 자산관리사는 은행 PB업무 담당자의 필수 획득 자격증이다.

정답 및 해설

06
① 1인가구는 자기책임이 강조되고 투자의사결정이 어려워 전문가의 필요성이 커지고 있다.
② 노년인구비율 7% 이상은 고령화사회, 14% 이상 고령사회, 20% 초과 시 초고령사회라고 한다.
④ 압축고령화로 노년인구가 지속적으로 늘어나 노령화지수, 노년부양비 모두 증가하고 있다.
⑤ 비재무적 요구의 증가는 인구통계적 배경이 아니라 소비자의식 변화에 해당한다.

07 금융업계의 재무설계 관련 업무나 은행의 PB업무를 담당하는 실무자들이 필수적으로 획득해야 할 자격증은 금융연수원의 자산관리사이며, 한국금융투자협회는 증권투자상담사, 펀드투자상담사, 파생상품투자상담사, 투자운용사 등의 자격증을 운영하고 있다.

정답 06 ③ 07 ⑤

08 ⭐⭐⭐

재무설계의 절차를 순서대로 바르게 나열한 것은?

가. 고객에게 재무설계의 개념 및 절차와 정보수집의 중요성에 대해 설명하였다. 나. 소득공제 상품가입을 통한 목표자금 마련과 절세 추진 방안을 제안하였다. 다. 가계의 유동성과 저축 및 투자능력이 얼마나 되는지 등을 파악하였다. 라. 미리 작성해 온 설문서로 파악하기 곤란한 비재무적 정보를 추가 확인하였다. 마. 다음 달부터 금리가 인하될 가능성이 높음을 설명하여 계약을 체결하였다. 바. 유동성을 활용하여 최근 하락폭이 큰 주식의 투자비중을 늘리도록 조언하였다.

① 가 - 라 - 다 - 마 - 나 - 바
② 가 - 다 - 라 - 마 - 나 - 바
③ 가 - 다 - 라 - 나 - 마 - 바
④ 가 - 라 - 다 - 나 - 마 - 바
⑤ 가 - 다 - 마 - 라 - 나 - 바

09 ⭐⭐

유망고객에 대한 설명으로 가장 적절한 것은?

① 친인척 등 이미 친분이 있는 사람은 유망고객에서 배제해야 한다.
② 기계약자는 지속적인 고객 발굴 문제 극복을 위한 가장 좋은 방법이다.
③ 자산관리사에게 우호적으로 대하는 사람은 유망고객이라 할 수 있다.
④ 가입의사가 있더라도 경제적 능력이 없으면 유망고객이라 할 수 없다.
⑤ 고객에게 부담을 주지 않아야 하며 특히 고객 소개 요청은 자제해야 한다.

정답 및 해설

08	재무설계 절차 : 고객과의 관계 정립 → 고객 정보수집 및 재무목표 설정 → 고객의 재무상태 분석 및 평가 → 재무설계 제안 → 재무설계 실행 → 정기점검 및 사후관리
09	① 혈연, 지연, 학연, 사연 등 자산관리사와 이미 친분이 있는 지인은 유망고객에 해당한다. ② 지속적인 고객 발굴 문제를 극복하기 위한 가장 좋은 방법은 소개를 통한 고객찾기이다. ③ 자산관리사에게 우호적으로 대하는지 여부는 유망고객의 조건에 해당하지 않는다. ⑤ 적극적으로 소개를 요청해야 하며, 이를 위해 친밀감과 신뢰를 주는 것이 중요하다.

정답 08 ④ 09 ④

10 ✦✦✦

DM을 활용한 고객 관리에 대한 설명으로 가장 적절한 것만 모두 묶은 것은?

> 가. 거절 등에 따른 심리적 부담을 줄여 준다.
> 나. 면담을 매끄럽게 진행할 수 있도록 해 준다.
> 다. 동시에 많은 사람과 접촉이 가능하다.
> 라. 상대적으로 비용이 가장 저렴한 방법이다.

① 가, 나
② 나, 다
③ 가, 나, 다
④ 가, 다, 라
⑤ 가, 나, 다, 라

11 ✦✦

고객과의 상담을 위한 사전 접촉방법에 대한 설명으로 가장 적절하지 않은 것은?

① DM은 동시에 많은 사람을 접촉할 수 있는 것이 장점이다.
② TA는 궁극적으로 상품판매가 목적임을 고려하여 진행하는 것이 좋다.
③ SMS는 발송시간에 주의해야 하며 늦은 밤이나 새벽에 발송해서는 안 된다.
④ DM은 고객과의 친밀한 관계 형성과 매끄러운 면담을 가능하게 해 준다.
⑤ SMS는 스팸으로 오해받지 않도록 작성하는 것에 유의해야 한다.

정답 및 해설

| 10 | 라. 고객 관리를 위한 접촉채널 중 비용이 가장 저렴한 방식은 문자메세지(SMS)이다. |
| 11 | TA는 방문 약속을 잡기 위한 목적으로 활용해야 하며, 상품판매를 목적으로 활용해서는 안 된다. |

정답 10 ③ 11 ②

12 ✦✦✦

고객과의 최초 면담에 대한 설명으로 가장 적절한 것은?

① 성공적인 재무설계를 하기 위해서는 정보수집이 중요함을 설명한다.
② 재무설계의 개념 및 절차는 어려우므로 가급적 설명하지 않는 것이 좋다.
③ 상담 시 대화를 리드하기보다는 고객의 이야기를 듣는 것에 집중해야 한다.
④ 일상적인 대화는 자제하여 전문가로서의 신뢰를 높일 수 있도록 한다.
⑤ 자산관리사가 원하는 대답이 나올 수 있도록 하는 것이 좋은 질문이다.

13 ✦✦

효과적인 질문과 경청에 대한 설명으로 가장 적절하지 않은 것은?

① 성공적인 재무설계를 효과적으로 이끌어 내기 위해 질문과 경청은 자산관리사가 필수적으로 갖추어야 할 기술이다.
② 고객이 말한 내용 중 자신이 이해한 부분을 반복해서 확인하며 진행하는 것이 좋다.
③ '주로 거래하시는 은행은 어디인가요?'와 같은 질문은 상황 파악 질문이다.
④ 문제 인식 질문은 문제로 인해 발생 파급되는 결과에 대한 심각성, 중요성 등을 고객 스스로 인지하게끔 하는 질문이다.
⑤ 완고한 고객일수록 적극적으로 경청하고 공감하는 자세를 가져야 한다.

◎ 정답 및 해설

12
② 초회 면담에서 재무설계의 개념 및 절차, 자산관리사의 경력 및 서비스 분야, 정보수집의 중요성 등을 설명해 주고 이해시켜 관계를 정립해야 한다.
③ 자산관리사가 능숙한 의사소통으로 대화를 리드하여 고객이 마음을 열고 상담에 임할 수 있도록 자연스러운 관계를 형성하기 위해 노력해야 한다.
④ 가볍고 일상적인 대화로 시작하여 어색함을 해소하고 관심을 유도한 뒤 고객의 생각이나 의견을 들을 수 있는 질문으로 유도하는 것이 좋다.
⑤ 좋은 질문은 고객이 호기심을 가지고 스스로 말할 수 있도록 분위기를 이끄는 질문이다.

13 시사 질문에 대한 설명이며, 문제 인식 질문은 자산관리사의 질문으로 고객이 현재 안고 있는 어려움, 문제 등을 고객 자신이 스스로 인식하게 하는 질문이다.

정답 12 ① 13 ④

14 ✦✦✦
고객 면담 시 효과적인 질문방법 중 시사 질문에 해당하는 것을 모두 묶은 것은?

> 가. 펀드투자 비중이 높으신데 어떤 펀드들에 투자하고 계신가요?
> 나. 암은 치료비도 많이 들지만 수입이 중단될 텐데 생활비는 어떻게 충당할까요?
> 다. 5년 뒤면 큰 따님이 대학에 입학하시는데 학자금은 미리 준비해 두셨어요?
> 라. 가장이 준비없이 사망한다면 남은 자녀들의 교육비는 어떻게 해결할까요?
> 마. 일정 수준의 이자가 확보되면서 주식의 성과를 얻으실 수 있으면 될까요?
> 바. 저금리 시대에 저축으로만 준비한다면 필요한 노후자금 준비가 가능할까요?

① 나
② 나, 라
③ 라, 바
④ 나, 다, 라
⑤ 나, 라, 바

15 ✦✦
고객에 관한 정보수집에 대한 설명으로 가장 적절하지 않은 것은?
① 기간별로 재무목표를 설정하는 경우 10년 이상인 목표를 장기목표로 설정한다.
② 고객이 중요하다고 생각하는 목표부터 하나씩 우선순위를 결정해야 한다.
③ 재무목표는 설정 후 변경하지 않는 것이 원칙이므로 신중하게 결정해야 한다.
④ 가치관, 위험수용성향, 예상수명 등 비재무적 정보도 반드시 함께 파악해야 한다.
⑤ 수집한 정보의 불명확한 부분은 전화를 통해 간단하게 확인하는 것이 효과적이다.

정답 및 해설

14 | '가'는 상황 파악 질문, '다'는 문제인식 질문, '마'는 해결 질문에 해당한다.
15 | 재무목표 및 우선순위는 고객의 상황 및 생애주기, 사회·경제적 상황이 바뀔 때 마다 변경될 수 있으며 이를 반영하여 유연하게 대응할 수 있도록 설정되어야 한다.

정답 14 ⑤ 15 ③

16 ✪✪

고객의 재무목표를 파악하는 방법에 대한 설명으로 가장 적절한 것은?

① 막연한 재무목표를 구체적이고 수치화할 수 있도록 도와주어야 한다.
② 많은 사람들의 일반적인 재무관심사를 참고하여 파악해서는 안 된다.
③ 기간별 재무목표를 파악하는 경우 3년 이내의 목표를 단기목표로 설정한다.
④ 생애주기 중 자녀성장기에는 주택자금 마련이 주요 관심사가 된다.
⑤ 재무목표의 우선순위는 자산관리사가 중요하다고 생각하는 것부터 결정한다.

17 ✪✪✪

다음 중 비재무적인 정보에 해당하는 것으로만 바르게 묶은 것은?

가. 예상 수명	나. 사회적 지지
다. 은퇴 관련 자료	라. 생활방식
마. 개인 재무설계 관련 경험 및 지식	바. 종업원 복지 관련 자료

① 가, 나, 다, 라
② 가, 나, 라, 마
③ 가, 다, 라, 바
④ 가, 다, 마, 바
⑤ 가, 나, 다, 마

✓ 정답 및 해설

16
② 고객들은 재무목표에 대해 익숙하지 않거나 막연하게 생각하는 경우가 많으므로 많은 사람들이 제시하는 일반적인 재무관심사를 살펴보는 방식으로 재무목표를 파악할 수 있다.
③ 기간별 재무목표는 1년 이내를 단기, 1~10년을 중기, 10년 이상을 장기목표로 구분한다.
④ 주택자금 마련은 자녀양육기의 재무관심사이며, 자녀성장기에는 자녀들의 교육자금 및 결혼자금 마련, 주택확장 자금 마련 등이 주요 재무관심사이다.
⑤ 자산관리사는 고객이 중요하다고 생각하는 목표부터 우선순위를 결정하도록 조언해야 한다.

17 다. 은퇴 관련 자료와 바. 종업원 복지 관련 자료는 재무적 정보에 해당한다.

정답 16 ① 17 ②

18 ✪✪✪

정보수집 방법에 대한 설명으로 가장 적절한 것은?

① 직접 면담은 많은 정보나 자료를 수집하기에 적절하지 않다.
② 설문서를 활용할 경우 고객의 생각이 반영되기 어렵다는 것이 단점이다.
③ 직접 면담과 설문서를 활용하는 방법을 병행하여 사용할 수 있다.
④ 인터넷은 시간은 절약되지만 비용이 많이 발생하는 방법이다.
⑤ 전화는 직접 통화하기 때문에 고객을 가장 잘 이해할 수 있는 방법이다.

19 ✪✪

정보수집 방법 중 설문서를 이용하는 방법에 대한 설명으로 가장 적절한 것은?

① 고객의 인생관이나 성향 등을 파악할 기회를 가지게 된다.
② 시간이 절약되고 고객의 생각이 잘 반영된다는 장점이 있다.
③ 간단한 질문이나 답변에 대한 확인이 필요할 경우 적합하다.
④ 자료를 가장 많이 수집할 수 있는 정보수집 방법이다.
⑤ 업무 진행과정의 쌍방향 의사소통을 극대화할 수 있다.

✓ 정답 및 해설

18
① 직접 면담은 가장 많은 자료 수집이 가능해 고객을 가장 잘 이해할 수 있다.
② 설문서는 시간이 절약되고 고객의 생각이 잘 반영된다는 점이 장점이다.
④ 인터넷은 시간과 비용이 절약되며 고객과의 양방향 의사소통을 극대화할 수 있다.
⑤ 전화로 정보를 수집하는 것은 어려우며, 간단한 질문이나 확인이 필요할 때 적합하다.

19 ①과 ④는 직접 면담, ③은 전화, ⑤는 인터넷을 이용한 정보수집 방법에 대한 설명이다.

정답 18 ③ 19 ②

20

고객의 재무상태 분석 및 진단 단계에 관한 설명으로 가장 적절하지 않은 것은?

① 자산관리사는 수집된 고객 정보를 토대로 개인재무제표를 작성해야 한다.
② 개인재무제표로는 자산부채상태표와 현금흐름표가 주로 사용된다.
③ 재무상태의 분석 및 평가를 통해 수정 및 개선방향을 제시하여야 한다.
④ 자산부채상태표는 일정 시점의 재무상태 변동의 원인을 표시한다.
⑤ 현금흐름표는 일정기간 동안의 가계의 현금유출입 현황을 보여 준다.

21

고객의 자산부채상태표에 대한 설명으로 가장 적절한 것은?

① 특정 기간 동안의 고객의 자산, 부채, 순자산 등을 한눈에 보여준다.
② 개인 자산 및 부채의 규모, 유동성, 저축 및 투자능력 등을 파악할 수 있다.
③ 잔존만기 6개월 이상인 금융상품은 자산 중 저축 및 투자 항목으로 구분한다.
④ 자산은 순자산에서 부채를 차감한 것으로 재무상태 변동의 결과를 표시한다.
⑤ 부동산은 투자 목적의 부동산과 거주 목적의 부동산을 모두 포함하여 표시한다.

✅ 정답 및 해설

20	자산부채상태표는 일정 시점에서의 재무상태 변동의 결과를 표시하며, 그 재무상태 변동의 원인은 현금흐름표를 통해 나타나게 된다.
21	① 특정 기간 동안이 아니라 특정 시점에서의 자산, 부채, 순자산 등을 보여준다. ② 저축 및 투자능력은 자산부채상태표가 아니라 현금흐름표를 통해 확인할 수 있다. ③ 잔존만기 6개월 이상인 금융상품은 금융투자자산으로 분류하며, 저축 및 투자는 자산부채상태표의 자산의 분류항목이 아니라 현금흐름표의 지출 분류항목에 해당한다. ④ 재무상태 변동의 결과를 표시하는 순자산은 자산에서 부채를 차감하여 산정하므로, 자산은 순자산과 부채를 합산한 값으로 표시된다.

정답 20 ④ 21 ⑤

22

다음 중 현금성자산으로 구분할 수 있는 것을 모두 고른 것은?

가. 잔존만기 7개월인 양도성예금증서	나. 보통예금
다. 주식형 펀드	라. MMDA
마. 수시입출식예금	바. ELS

① 가, 나, 다
② 가, 나, 라
③ 나, 다, 마
④ 나, 라, 마
⑤ 가, 나, 라, 마

23

현금흐름표에 대한 설명으로 가장 적절하지 않은 것은?

① 일정 기간 동안의 가계의 현금유입과 현금유출, 유동성 등을 나타낸다.
② 개인의 소득수준, 생활수준, 저축 및 투자능력 등을 파악할 수 있다.
③ 대출입금액, 예금인출액 등 기준 기간 동안의 현금유입을 빠짐없이 기록해야 한다.
④ 현금흐름표는 개인이나 가계의 재무상태 변동의 원인을 나타낸다.
⑤ 고정지출은 고객이 통제하기 어려운 공교육비, 세금, 주택관리비 등을 말한다.

정답 및 해설

22
가. 양도성예금증서는 잔존만기에 따라 6개월 미만인 경우 현금성자산, 6개월 이상인 경우 금융투자자산으로 구분한다.
다. 주식형 펀드와 같은 뮤추얼펀드는 투자기간이 긴 것이 일반적이고, 중도환매 시 환매수수료나 자산운용 결과에 따라 손해가 발생할 수 있기 때문에 금융투자자산으로 구분해야 한다.
바. ELS는 만기 이전에 중도환매 시 높은 수수료가 부과되는 금융투자자산에 해당한다.

23 유동성은 자산부채상태표를 통해 확인할 수 있으며, 현금흐름표를 통해 개인의 소득, 생활수준, 저축 및 투자능력 등을 파악할 수 있다.

정답 22 ④ 23 ①

24 ☆☆☆

다음 중 고정지출에 해당하는 것으로만 바르게 묶은 것은?

가. 대출금 상환금	나. 건강의료비
다. 아파트 관리비	라. 사교육비
마. 정기적금 불입액	바. 교통통신비

① 가, 나
② 가, 다
③ 가, 나, 다
④ 가, 다, 마
⑤ 가, 다, 바

정답 및 해설

24 고정지출은 고정적으로 발생하는 것으로 고객이 통제하기 어려운 지출항목으로 공교육비, 대출금상환금, 세금, 주택관리비 등이 해당한다. 나, 라, 바는 지출금액에 변동이 있고 고객이 통제 가능한 변동지출에 해당하며, 마는 소비되지 않고 미래를 위해 적립되는 항목으로 지출과 구분하여 저축 및 투자로 분류한다.

정답 24 ②

25~26 다음 물음에 답하시오.

25 ⚫⚫

고객의 재무상태가 아래와 같다면 고객이 보유하고 있는 금융투자자산은 얼마인가?

자산		현금유출(월간)	
CMA잔액	200만원	대출금 상환금	125만원
보통예금	500만원	공교육비	40만원
정기예금	1,500만원	세금	35만원
주식계좌 잔액	5,000만원	외식비	80만원
주식형펀드	1,000만원	사교육비	160만원
혼합형펀드	500만원	교통통신비	55만원
ELS	2,000만원	건강의료비	35만원
거주 아파트	90,000만원	적립식투자	170만원

① 700만원
② 2,200만원
③ 8,500만원
④ 10,000만원
⑤ 10,700만원

26 ⚫⚫

위 문제에서 예시한 고객의 월간 고정지출 금액은 얼마인가?

① 75만원
② 165만원
③ 200만원
④ 255만원
⑤ 290만원

✓ 정답 및 해설

| 25 | 금융투자자산은 정기예금(1,500만원) + 주식계좌 잔액(5,000만원) + 주식형펀드(1,000만원) + 혼합형펀드(500만원) + ELS(2,000만원) = 10,000만원이며, CMA 잔액과 보통예금은 현금성자산, 거주 아파트는 부동산에 해당한다. |
| 26 | 고정지출은 대출상환금(125만원) + 공교육비(40만원) + 세금(35만원) = 200만원이고, 외식비, 사교육비, 교통통신비, 건강의료비는 변동지출, 적립식투자는 저축 및 투자에 해당한다. |

정답 25 ④ 26 ③

27 ✪✪

자산부채상태표와 현금흐름표에 대한 설명으로 가장 적절한 것은?

① 자산부채상태표는 특정 시점에서 고객의 자산, 부채, 순자산 등을 한눈에 보여준다.
② 금융투자자산으로 분류되는 금융상품은 투자 목적이 1년 이상이어야 한다.
③ 부동산은 토지, 주택, 아파트 등으로 투자목적과 거주목적을 구분하여 분류한다.
④ 현금흐름표를 통해 가계의 부채 규모, 생활수준, 유동성 등을 파악할 수 있다.
⑤ 정기적금은 고객이 금액을 조정할 수 없으므로 고정지출 항목으로 분류해야 한다.

28 ✪

재무설계 제안서에 반영되어야 할 내용으로 가장 적절하지 않은 것은?

① 고객의 재무적 정보 및 비재무적 정보
② 물가상승률, 세후 투자수익률 등에 대한 가정
③ 고객 재무상태의 강점과 문제점
④ 대안의 실행에 따른 예산
⑤ 정기적인 점검 및 포트폴리오 재조정 계획

정답 및 해설

27 ② 금융투자자산이란 투자목적이 6개월 이상인 금융상품의 잔액, 주식, 채권, 펀드 등을 지칭하는 것으로, ELS, ELD, ELF 등이 대표적이다.
③ 부동산자산은 투자 목적 또는 거주 목적을 구분하지 않고 모두 포함하여 분류한다.
④ 현금흐름표를 통해 개인의 소득, 생활수준, 저축 및 투자능력을 파악할 수 있으며, 부채의 규모나 유동성 등은 자산부채상태표를 통해 파악할 수 있다.
⑤ 정기적금은 소비되어 없어지지 않고 미래를 위해 적립되는 항목이므로 지출이 아니라 저축 및 투자항목으로 분류해야 한다.

28 제안서에는 고객의 정보와 재무상태 분석을 바탕으로 한 재무설계 실행안이 제시되며, 정기적인 점검 및 포트폴리오 재조정 계획 등은 포함하지 않는 것이 일반적이다.

정답 27 ① 28 ⑤

29 ✦✦✦

제안서 작성 및 대안 수립 제시 단계에 대한 설명으로 가장 적절한 것은?

① 제안서는 6개 부분으로 구성된 표준화된 양식을 사용하여 작성한다.
② 변화에 유연하게 대처할 수 있도록 여지를 남겨 두어야 한다.
③ 주어진 시간 안에 가급적 많은 대안을 도출하여 제시하도록 노력해야 한다.
④ 어떤 자산관리사도 동일한 결과를 도출할 것임을 설명해 믿음을 주어야 한다.
⑤ 고객의 실행 여부와 상관없이 목적에 충실한 대안을 제시해야 한다.

30 ✦✦

고객의 연령별 특징에 대한 설명으로 가장 적절하지 않은 것은?

① 20대 고객은 재무설계에 대한 정보나 관심이 상대적으로 적은 편이다.
② 20대 고객의 주요 관심사는 결혼과 내 집 마련 자금을 준비하는 것이다.
③ 30대 고객은 일반적으로 자녀에 대한 투자에 관심이 높은 편이다.
④ 40대 고객은 목표자금은 많지만 상대적으로 투자여력이 많지 않다.
⑤ 50대 고객은 부동산에 대한 애착이 강하며 투자성향이 안정적인 편이다.

정답 및 해설

29 ① 제안서는 표준화된 양식은 없으며, 표지 및 서문, 목차, 고객 현황 요약, 제안 목적, 고객 재무상황 분석, 대안 제시 및 제언 등의 6부분으로 구성하는 것이 일반적이다.
③ 너무 많은 대안을 나열하는 것을 지양하고, 실현가능성이 높고 고객에게 적합한 제안을 우선순위로 2~3가지를 제안하는 것이 효율적이다.
④ 제안서는 자산관리사의 주관적 의견이므로 다른 자산관리사에 의해 내용이 달라질 수 있음을 고려하고, 이를 고객에게 설명하여야 한다.
⑤ 효율적인 제안은 제안의 목적이 아니라 고객이 실행할 수 있도록 결심을 촉구하는 것이며, 상품보다 자산관리사의 도움이 필요하게 만드는 것이다.

30 20대 고객은 취업, 결혼 등 굵직한 재무목표를 앞두고 있고 인터넷이나 SNS 등 다양한 채널을 통해 서로의 정보나 지식을 공유하고 있기 때문에, 재무설계에 대한 정보와 관심이 상대적으로 많다.

정답 29 ② 30 ①

31

30대 고객의 특징으로만 바르게 묶은 것은?

> 가. 자녀 출생, 내 집 마련 등 굵직한 재무목표가 집중되어 있는 시기이다.
> 나. 부동산에 대한 애착이 강하고 안정적인 투자성향이 강하다.
> 다. 결혼으로 인한 부부의 명확한 재무목표 재정립이 필요하다.
> 라. 자신만의 라이프스타일을 고수하려는 경향이 강하다.
> 마. 자녀에 대한 투자에 상대적으로 관심이 높다.

① 가, 나, 다
② 가, 다, 라
③ 가, 다, 마
④ 나, 다, 라
⑤ 나, 라, 마

32

자영업을 하고 있고 담보대출을 받아 구입한 주택가격의 하락과 이자부담 가중, 자녀 대학 교육자금 마련 등으로 고민하는 40대 고객과의 상담 시 고려사항 또는 재무설계 제안으로 가장 적절하지 않은 것은?

① 40대는 자녀 양육과 부모 부양을 함께 책임지는 샌드위치 세대임을 감안한다.
② 목표자금은 많지만 투자여력도 그만큼 많은 시기임을 고려한다.
③ 대출리파이낸싱이나 주택 재조정을 통하여 현금흐름을 개선해야 한다.
④ 배우자 연금을 포함하여 연금은 투자형 상품으로 준비하도록 조언한다.
⑤ 가장의 보장자산 준비와 은퇴시기 연장을 위해 자신에 대한 투자를 하도록 조언한다.

정답 및 해설

| 31 | '나'는 50대 고객, '라'는 20대 고객의 재무적 특성에 해당한다. |
| 32 | 40대는 샌드위치 세대로 교육비 지출이 상대적으로 많기 때문에, 일반적으로 목표자금은 많지만 투자여력은 쉽지 않은 시기임을 고려하여야 한다. |

정답 31 ③ 32 ②

33

올해 57세로 연평균 20억원 정도의 도소매 유통 관련 개인사업을 하고 있는 고객에 대한 상담 시 고려사항 또는 재무설계 제안으로 적합한 것만 바르게 묶은 것은?

> 가. 종업원 4대보험 및 퇴직연금 가입 여부
> 나. 법인사업자로의 전환 여부
> 다. 재취업 및 창업 관련 정보
> 라. 세무조사와 관련한 고려사항
> 마. 투자기간 및 목적에 따른 금융상품
> 바. 금융상품을 활용한 상속세 납부 대책

① 가, 나, 마
② 가, 나, 바
③ 가, 라, 마
④ 나, 라, 마
⑤ 나, 마, 바

34

연봉이 7,000만원인 근로소득자의 상담 시 고려사항으로 가장 적절하지 않은 것은?

① 생애 주기별 재무목표 달성 방안
② 예산수립 및 소득과 지출의 통제 가능성
③ 소득공제 구조에 대한 이해 및 절세 방안
④ 중복으로 가입된 금융상품의 재조정
⑤ 퇴직 후 재취업 및 창업 방안

정답 및 해설

33 | 다. 재취업 및 창업 관련 정보는 근로소득자의 상담시 필요한 고려사항이다.
라. 노출되지 않은 자산이 많은 전문직종사자나 임대사업자의 상담 시 필요한 고려사항이다.
바. 자산 중 부동산의 비중이 높은 임대사업자의 상담 시 필요한 고려사항이다.

34 | 중복으로 가입된 금융상품의 재조정은 상대적으로 고소득이고 여유 자금이 많아 효율적 금융자산 포트폴리오 구축이 필요한 전문직 종사자의 상담 시 고려사항에 해당한다.

정답 33 ① 34 ④

35

전문직 종사자의 상담 시 고려할 사항으로 적합한 것만 바르게 묶은 것은?

가. 소득공제에 대한 이해 및 절세방안	나. 종업원 관련 보험 및 공제 가입 여부
다. 사전 증여를 통한 절세 및 자산이전	라. 주소득원에 대한 보장자산 준비 여부
마. 여유자금의 효과적 투자방안	바. 은닉자산에 대한 세무조사 대비

① 가, 다, 마
② 라, 마, 바
③ 나, 라, 마, 바
④ 가, 라, 마, 바
⑤ 가, 다, 라, 마, 바

36

고객 직업별 상담 시 고려사항을 연결한 것으로 가장 적절한 것은?

① 근로소득자 - 자신의 은퇴 이후 안정적 현금흐름의 준비
② 개인사업자 - 예산수립 및 소득과 지출의 통제 가능성
③ 개인사업자 - 은퇴 시점의 실물자산과 금융자산 비율 조절
④ 임대사업자 - 기간별, 투자 목적별 금융상품에 대한 이해
⑤ 전문직 종사자 - 현금흐름 분석을 통한 금융자산 포트폴리오 구축 방안

정답 및 해설

35 가. 소득공제에 대한 이해 및 절세효과는 근로소득자의 상담 시 고려사항이다.
나. 종업원 관련 4대보험 및 각종 보험과 공제여부는 개인사업자의 상담 시 고려사항이다.
다. 사전 증여를 통한 절세 및 자산이전은 부동산이 많은 임대사업자의 상담 시 고려사항이다.

36 ①은 전문직 종사자, ②는 근로소득자, ③은 임대사업자, ④는 개인사업자의 상담 시 고려사항이다.

정답 35 ② 36 ⑤

37 ✪✪

재무설계안의 실행 단계에 대한 설명으로 가장 적절한 것은?

① 가입해야 하는 이유는 감성적 요소를 배제하고 논리적으로 설명해야 한다.
② 손해의 발생을 암시하면서 지금 계약을 체결하도록 유도하는 것도 무방하다.
③ 자산관리사가 가장 잘 알고 있는 자사의 상품을 추천하는 것이 바람직하다.
④ 재무목표 달성 시 예상되는 이익을 구체적으로 제시거나 언급해서는 안 된다.
⑤ 금융상품의 가입을 거절하는 고객을 설득하는 행위는 가급적 자제해야 한다.

38 ✪✪✪

가입을 망설이는 고객에게 '앞으로 상품의 운용 관련 안내는 이메일로 드리면 될까요?'와 같이 계약체결을 유도하는 방법은 무엇인가?

① 묵시적동의법　　② 양자택일법
③ 예화법　　　　　④ 손해암시법
⑤ 사례제시법

정답 및 해설

37 ① 논리적으로 설명하되 감성을 자극하는 스토리텔링을 병행하여 제공하는 것이 효과적이다.
③ 고객의 재무목표에 가장 적합한 상품을 선정해야 하며, 자신의 이익을 위해 자사의 상품을 추천하는 것은 직무윤리에 어긋남을 명심해야 한다.
④ 재무목표 달성 시 예상되는 구체적인 이익과 금액을 제시해 주고, 지금이 금융상품을 가입하기 가장 좋은 기회라는 것을 구체적인 예를 들어 설득해야 한다.
⑤ 금융상품의 가입을 미루거나 거절하는 고객을 설득할 수 있는 거절처리 기법을 무장해야 한다.

38 고객이 금융상품의 가입에 동의한 적이 없지만, 묵시적 동의를 전제로 다음 단계인 안내자료 수령방법을 문의하는 형태로 진행하여 계약체결을 유도하는 묵시적동의법에 대한 설명이다.

정답 37 ②　38 ①

39 ✪✪✪

정기점검 및 사후관리 단계에 대한 설명으로 가장 적절한 것은?

① 고객 이외의 가족 등의 신상 변화 등은 점검대상에서 제외하는 것이 좋다.
② 실행 중인 대안을 점검하고 있다는 사실을 고객에게 알릴 필요는 없다.
③ 긍정적인 피드백뿐만 아니라 개선을 요하는 발전적 피드백도 해 주어야 한다.
④ 제안 이후 새로 출시된 투자상품 관련 사항은 정기적인 점검사항은 아니다.
⑤ 재무설계안은 특별한 경우가 아니면 변경하지 않는 것이 바람직하다.

40 ✪✪

자산관리사가 정기적으로 점검해야 할 투자 관련 사항으로만 바르게 묶은 것은?

가. 수입원의 변화	나. 재무목표의 변화
다. 중도 해지 시 발생하는 수수료	라. 투자상품의 수익률
마. 경제상황 및 금융환경	바. 건강상태의 변화

① 가, 나, 라
② 가, 다, 마
③ 나, 다, 라
④ 다, 라, 마
⑤ 나, 라, 마

✓ 정답 및 해설

39
① 고객 및 가족의 신상 등 사생활은 비재무적정보로 반드시 점검해야 하는 사항이다.
② 주기적인 점검 사실을 알려줌으로써 고객의 불안감을 해소시키고 신뢰감을 높일 수 있다.
④ 새로운 투자상품의 특징 및 수익률, 회사별 수수료 등은 투자 관련 점검 대상이다.
⑤ 재무설계안은 고객 또는 환경 변화 등을 고려하여 정기적으로 재조정하는 것이 좋다.

40 가, 나, 바는 정기적으로 점검해야 할 고객에 관한 사항이며, 투자 관련 점검사항은 투자상품의 수익률 및 세금문제, 중도 해지할 경우 수수료, 새로운 투자상품의 특징 및 수익률, 회사별 수수료, 경제상황 및 금융환경 등이다.

정답 39 ③ 40 ④

Chapter 01 자가학습진단표

자신의 학습성취도를 스스로 진단하세요.

	진단 내용	Yes	No
01	재무설계 절차 6단계를 이해하고 있습니까?		
02	유망고객의 유형과 4가지 조건을 알고 있습니까?		
03	고객 접촉채널 3가지의 장점과 유의점을 알고 있습니까?		
04	효과적인 질문방법 4가지를 이해하고 있습니까?		
05	고객 재무목표를 파악하는 방법 3가지를 알고 있습니까?		
06	정보수집 시 유의사항과 필요한 정보를 일반정보, 재무정보, 비재무적정보로 구분하여 이해하고 있습니까?		
07	정보수집방법 4가지를 이해하고 비교할 수 있습니까?		
08	자산부채상태표의 개념과 각 항목을 알고 있습니까?		
09	현금흐름표의 개념과 각 항목을 알고 있습니까?		
10	자산부채상태표와 현금흐름표를 비교할 수 있습니까?		
11	제안서 작성 시 고려사항과 유의할 점을 알고 있습니까?		
12	제안서에 포함해야 할 내용을 이해하고 있습니까?		
13	고객의 연령별 제안 사례를 이해하고 있습니까?		
14	고객의 직업별 제안 사례를 이해하고 있습니까?		
15	효과적인 가입제안 및 체결의 자세를 알고 있습니까?		
16	계약체결기법 4가지를 비교하여 알고 있습니까?		

Yes 개수별 진단결과

- 7개 이하 : 합격예상도는 40% ➜ 기본서로 관련 내용을 다시 한번 꼼꼼하게 학습하세요.
- 8~12개 : 합격예상도는 60% ➜ 핵심 정리를 통해 주요 내용을 다시 한번 체크하세요.
- 13개 이상 : 합격예상도는 80% ➜ 문제를 통해 100% 합격에 도전하세요.

출제경향분석

1장에서 9~10문제, 2장에서 5~6문제, 총 15문제가 출제됩니다. 1장에서는 장·단기 거시경제, 국민소득 순환모형, 생산물 시장의 총수요와 총공급을 기본으로, 주요 4개 시장에서의 물가, 임금, 이자율, 환율 등 주요 경제변수의 특징과 결정요인 및 파급효과 등을 중심으로 정리하여야 합니다. 2장에서는 경제변수 간의 상관관계와 파급효과, 재정정책과 통화정책의 효과, 경기변동의 특징, 경기예측방법과 장·단점 등을 중심으로 학습하여야 합니다. 문제의 유형은 비교적 단순하지만 기본 이론을 이해하고 있어야 득점할 수 있기 때문에 암기보다는 내용을 이해하는 세심한 학습이 필요합니다.

제2장

경제동향분석 및 예측

Chapter 02 문제로 보는 출제경향

01

장기 거시경제 분석의 총공급의 증가요인으로 가장 적절하지 않은 것은?

① 물적·인적 자본에 대한 투자
② 기술 개발과 혁신
③ 건설적 노사관계 형성
④ 정부의 재정지출과 조세
⑤ 효과적인 기업경영

해설 정부의 재정지출과 조세는 가계의 소비지출, 기업의 투자지출, 순수출과 함께 단기 거시경제 분석의 총수요 증가요인에 해당한다.

정답 ④

02

대부자금의 실질이자율 결정에 대한 설명으로 가장 적절하지 않은 것은?

① 실질GDP가 증가하면 가계나 기업의 대부자금 공급은 모두 증가한다.
② 향후 물가 상승이 기대될 경우 가계의 대부자금 공급은 증가한다.
③ 재정흑자일 경우 정부의 대부자금 공급은 증가하고 수요는 감소한다.
④ 국내 실질GDP가 증가하면 해외부문으로부터 대부자금 수요는 증가한다.
⑤ 중앙은행이 공개시장에서 국채를 매입하면 대부자금 공급은 증가한다.

해설 향후 물가가 상승할 것으로 기대되면 가격이 오를 물건에 대한 수요가 증가하여 소비와 투자는 증가하고 저축은 감소하여 대부자금 공급은 감소한다.

정답 ②

03

다음 중 원/달러 환율의 상승을 유발하는 요인으로 가장 적절한 것은?

① 수출의 증가
② 국내 외국인 관광객의 증가
③ 거주자의 해외 주식투자의 증가
④ 비거주자의 국내 채권투자 증가
⑤ 국내 은행의 해외 차입 증가

해설 거주자의 해외 주식투자가 증가할 경우 그 투자금액만큼 외화가 국외로 유출되어 환율을 상승시키는 요인이 되고, ①, ②, ④, ⑤의 경우 외화의 국내유입이 증가하여 환율이 하락한다.

정답 ③

04

경기예측 방법에 대한 설명으로 가장 적절한 것은?

① 개별경제지표를 이용한 방법은 객관적 관점에서 예측할 수 있는 것이 장점이다.
② 경기종합지수를 이용한 방법은 장기적인 경기추세를 반영하는 것이 곤란하다.
③ 설문조사를 이용한 방법은 결과치의 해석이 상대적으로 객관적이다.
④ 시계열모형은 지표에 영향을 미치는 경제환경의 영향을 설명하는 것이 곤란하다.
⑤ 거시계량경제모형은 오차가 없고 정교한 정책효과 측정이 가능하다.

해설 ① 분석하는 사람의 주관에 치우치기 쉬워 객관적 관점의 경기예측이 곤란한 것이 단점이다.
② 장기적인 경기의 움직임과 추세를 동시에 포함하고 있으며, 경기변동의 방향, 경기국면 및 경기전환점은 물론 속도까지 정교하게 분석할 수 있는 것이 장점이다.
③ 결과치의 해석이 분석자에 주관에 좌우될 가능성이 크고 구체적인 경기전환점 파악이 곤란하다.
⑤ 모든 변수를 고려하지 못하기 때문에 오차가 필연적으로 발생하나 통계학적 관리가 가능하다.

정답 ④

Chapter 02 길라잡이 문제

중요이론(Key Point)을 재정리할 수 있는 대표문제로 구성하였습니다.

• **Key Point** 거시경제에서의 단기와 장기

01 거시경제에서의 단기와 장기에 대한 설명으로 가장 적절하지 않은 것은?

① 단순한 물리적 시간의 구분이 아니라 가격의 신축성, 생산요소의 가변성 등에 의해 구분된다.
② 단기에는 가격과 임금이 경직적이고, 총수요 증가요인이 주요 분석대상이다.
③ 장기에는 완전고용이 달성되고 총공급 증가요인이 주요 분석대상이 된다.
④ 장기에는 기술발전이 가능하고 자본·노동 등 생산요소의 총량이 가변적이다.
⑤ 최장기의 주요 연구 대상은 경제성장이다.

해설
최장기에 대한 설명이며, 장기에는 가격과 임금이 신축적이고 완전고용이 달성되며, 기술의 변화가 없고 생산요소의 총량이 고정되어 있다.

정답 ④

• **Key Point** 장·단기 거시경제 분석

02 다음 중 단기 거시경제 분석의 총수요 구성요소로만 바르게 묶은 것은?

가. 기업의 투자지출	나. 기술 개발과 혁신
다. 효과적인 기업경영	라. 정부의 재정지출과 조세
마. 해외로의 순수출	바. 물적·인적 자본에 대한 투자

① 가, 나, 다
② 가, 나, 바
③ 가, 다, 라
④ 가, 다, 마
⑤ 가, 라, 마

해설
나, 다, 바는 총공급 증가요인이며, 총수요 구성요소는 가계의 소비지출, 기업의 투자지출, 정부의 재정지출과 조세, 순수출이다.

정답 ⑤

• Key Point 거시경제의 4시장

03 개방경제하에서의 거시경제 모형의 4시장에 해당하지 않는 것은?

① 생산물시장　　　　　　② 요소시장
③ 대부자금시장　　　　　④ 외환시장
⑤ 해외시장

🗨 해설
개방경제하에서의 거시경제 모형은 생산물시장, 요소시장(노동시장), 대부자금시장, 외환시장의 4개의 시장과, 각 시장에서 상호작용을 하면서 경제활동을 하는 가계부문, 기업부문, 정부부문, 해외부문, 중앙은행의 5개 경제주체를 중심으로 이루어진다.

✅ 정답 ⑤

• Key Point 국민소득의 순환

04 국민소득 순환모형에 대한 설명으로 가장 적절한 것은?

① 2부문 순환모형은 가계부문과 생산물시장만 가정하는 단순한 모형이다.
② 3부문 순환모형에서 조세는 주입, 재정지출은 누출에 해당한다.
③ 폐쇄경제 순환모형은 3부문 모형에 정부부문이 추가되는 개념이다.
④ 개방경제 순환모형의 균형 상태에서 주입과 누출은 항상 일치한다.
⑤ 국내총저축보다 국내투자가 많으면 상품 및 서비스수지는 흑자가 된다.

🗨 해설
① 2부문 순환모형은 요소시장과 생산물시장에서 가계와 기업만 존재한다고 가정하는 모형이다.
② 가계가 조세를 납부함에 따라 국민소득이 감소하고 실업이 증가하는 것을 국민소득 순환과정의 누출, 재정지출을 통해 생산량을 증가시키고 실업을 감소시키는 것을 주입이라고 한다.
③ 2부문 모형에 정부부문이 추가된 것이 3부문 순환모형이며, 여기에 대부자금시장을 추가한 모형이 폐쇄경제 국민소득 순환모형이다.
⑤ 상품 및 서비스수지는 국내총저축에서 국내투자를 차감하여 계산하므로, 국내총저축보다 국내투자가 많으면 상품 및 서비스수지는 적자가 된다.

✅ 정답 ④

• Key Point • 총공급

05 생산물시장의 총공급에 대한 설명으로 가장 적절하지 않은 것만 묶은 것은?

> 가. 총공급은 투입되는 고용 및 자본량, 생산기술에 의해 결정된다.
> 나. 단기 총공급곡선은 물가와 GDP 평면에서 우하향하는 곡선으로 나타난다.
> 다. 장기 총공급곡선은 물가에 대한 탄력성이 단기 총공급곡선에 비해 크다.
> 라. 장기 총공급곡선은 잠재GDP에 상응하는 완전고용상태의 공급곡선이다.
> 마. 물가가 변동하면 총공급곡선이 좌·우측으로 이동하게 된다.

① 가, 나, 다
② 가, 다, 마
③ 나, 다, 마
④ 나, 라, 마
⑤ 다, 라, 마

🗨 해설

나. 물가가 상승하면 공급이 증가하는 비례관계이므로 단기 총공급곡선은 물가와 GDP평면에서 우상향하는 곡선으로 나타난다.
다. 장기 총공급곡선의 물가에 대한 탄력성은 '0'이 되어 단기 총공급곡선에 비해 작다.
마. 물가가 변동하면 총공급량이 변동하여 총공급곡선상에서 움직이고, 물가 이외의 요인이 변동할 경우 총공급이 변화하여 총공급곡선 자체가 이동한다.

정답 ③

• Key Point • 총공급곡선의 이동

06 단기 총공급곡선의 이동 요인 중 그 이동방향이 다른 것은 무엇인가?

① 경제활동인구의 증가
② 기대 인플레이션 상승에 따른 임금상승
③ 투자를 통한 자본량의 증가
④ 기술향상 또는 혁신에 의한 요소생산성 향상
⑤ 총수요의 증가 예상

🗨 해설

경제활동인구의 증가, 투자 자본량의 증가, 요소생산성의 향상, 생산요소 가격의 하락, 총수요 증가 예상, 긍정적 공급충격은 총공급의 증가요인이고, 기대 인플레이션에 따른 임금상승, 환율 상승에 따른 생산요소 가격 상승, 부정적 공급충격은 공급의 감소요인에 해당한다.

정답 ②

• Key Point • 총수요

07 생산물시장의 총수요에 대한 설명으로 가장 적절하지 않은 것은?

① 총수요곡선은 물가와 실질국민소득 평면에서 우하향의 형태를 갖는다.
② 물가가 하락하면 실질통화 공급이 증가하고 실질이자율이 하락하며 소비와 투자가 증가하여 총수요량이 증가한다.
③ 부의효과란 물가 하락에 따른 실질소득 증가로 총수요가 증가하는 것이다.
④ 물가가 하락하면 국내 생산물의 가격경쟁력이 커져 순수출은 증가한다.
⑤ 물가가 변동하면 총수요는 곡선 상에서 총수요량이 변화하게 한다.

해설
구매력효과에 대한 설명이며, 부의효과는 물가가 하락하면 부의 실질구매력이 증가하고 소비지출이 증가하여 총수요가 증가하는 효과이며 실질잔고효과라고도 한다. ②는 실질통화 공급효과, ④는 순수출효과에 대한 설명이다.

정답 ③

• Key Point • 총수요곡선의 이동

08 총수요의 변동에 영향을 미치는 요인에 대한 설명으로 가장 적절한 것은?

① 실질이자율이 상승할 것으로 기대되면 가계의 소비지출은 증가한다.
② 물가가 상승할 것으로 기대되면 가계의 소비지출은 감소한다.
③ 기술이 발전하면 생산성이 향상되어 기업의 투자지출은 감소한다.
④ 상대물가가 상승하면 순수출은 증가한다.
⑤ 중앙은행이 통화공급을 증가시키면 총수요곡선은 좌측으로 이동한다.

해설
② 물가가 상승하기 전에 구매하려 하기 때문에 가계의 소비지출은 증가한다.
③ 기술 발전이 있는 경우 생산량을 늘리기 위해 기업의 투자지출은 증가한다.
④ 상대물가는 상대국가 대비 자국물가의 수준을 나타내며, 상대물가의 상승은 상대적으로 자국의 물가가 상승하는 것이므로 경쟁력이 약화되어 순수출은 감소한다.
⑤ 중앙은행이 통화공급을 증가시키면 가계나 기업의 구매력이 증가하고, 실질이자율이 하락하여 총수요는 증가하고 총수요곡선은 우측으로 이동한다.

정답 ①

Key Point · 노동시장

09 노동시장에 대한 설명으로 가장 적절한 것은?

① 실질임금은 명목임금에 물가상승률을 곱하여 계산한다.
② 노동공급의 실질임금에 대한 탄력성은 임금수준이 낮을수록 작아진다.
③ 노동의 한계생산량이 체감하므로 실질임금이 하락하면 노동수요량은 감소한다.
④ 기업의 이윤은 노동의 한계생산물의 가치와 실질임금이 같을 때 극대화된다.
⑤ 자연실업률 수준에서 기대 인플레이션율은 실제 인플레이션율보다 낮다.

해설
① 실질임금은 명목임금을 물가상승률로 나누어 계산한다.
② 노동공급곡선은 고용량과 실질임금의 평면에서 우상향의 기울기를 가진다. 따라서 낮은 실질임금 수준에서 노동공급의 실질임금에 대한 탄력성이 크고, 임금수준이 상승할수록 수직에 근접한다.
③ 실질임금이 하락하면 기업의 노동수요량은 증가하고, 실질임금이 상승하면 노동수요량은 감소한다. 따라서 노동수요곡선은 고용량과 실질임금의 평면에서 우하향하는 형태를 가진다.
⑤ 자연실업률은 노동시장에서 완전고용이 달성되는 잠재GDP 상태의 실업률을 의미하며, 자연실업률 수준에서는 기대 인플레이션율이 실제 인플레이션율과 같다.

정답 ④

Key Point · 물가와 인플레이션

10 물가와 인플레이션에 대한 설명으로 가장 적절한 것만 묶은 것은?

> 가. 일회적 물가의 상승은 인플레이션이라고 하지 않는다.
> 나. 총수요가 증가하여 발생하는 인플레이션을 수요견인 인플레이션이라 한다.
> 다. 인플레이션은 잠재GDP의 성장이 통화량 증가 속도보다 빠를 때 발생한다.
> 라. 예기치 못한 인플레이션은 채무자에서 채권자로 부를 재분배시킨다.
> 마. 스태그플레이션은 실질국민소득이 감소하는 비용인상 인플레이션이다.

① 가, 나, 다   ② 가, 나, 마
③ 가, 다, 라   ④ 가, 다, 마
⑤ 가, 라, 마

해설
다. 인플레이션은 잠재GDP의 성장보다 통화량의 증가 속도가 빠를 때 발생한다.
라. 예기치 못한 인플레이션은 채권자로부터 채무자에게 또 노동자로부터 기업가에게로 부가 재분배되는 효과를 가져 온다.

정답 ②

• Key Point • 스태그플레이션

11 다음 중 스태그플레이션을 유발하는 요인으로 가장 적절한 것은?

① 가계의 실질소득 증가
② 중앙은행의 통화량 조절
③ 기업의 긍정적 미래 기대
④ 생산요소 가격의 상승
⑤ 실질 이자율의 하락

해설
스태그플레이션은 총공급이 감소하여 실질국민소득은 감소하는데 물가와 실업률은 상승하는 비용인상 인플레이션으로, 생산성의 하락, 생산요소 가격의 상승, 생산설비의 망실 등의 요인에 의해 발생한다. ①, ②, ③, ⑤는 총수요 증가로 발생하는 수요견인 인플레이션의 발생요인이다.

정답 ④

• Key Point • 실업

12 실업에 대한 설명으로 가장 적절한 것은?

① 고용률은 경제활동인구 대비 취업자의 비율을 의미한다.
② 구조적실업은 일시적인 노동의 수요와 공급의 불일치로 생기는 실업이다.
③ 자연실업률 수준에서는 마찰적 실업과 구조적 실업만 존재한다.
④ 젊은 연령의 인구비율이 증가하면 자연실업률은 감소한다.
⑤ 단기 필립스곡선은 인플레이션과 실업의 평면에서 우상향하는 형태이다.

해설
① 고용률 = 취업자 / 노동가능인구×100, 실업률 = 실업자 / 경제활동인구×100
② 마찰적 실업에 대한 설명이며, 구조적 실업은 기술발전이나 국제경쟁에 따라 요구되는 기술의 변화 등에 따라 발생하는 실업을 의미한다.
④ 젊은 연령인구 구성비가 증가하거나, 대규모 경제구조의 변화, 실질임금의 증가, 실업급여 등의 실업혜택이 증가되면 자연실업률은 상승한다.
⑤ 단기 필립스곡선은 인플레이션과 실업의 평면에서 우하향하는 형태를 나타내며, 장기 필립스곡선은 자연실업률 수준에서 수직의 형태를 갖는다.

정답 ③

• Key Point • 재정정책

13 재정정책에 대한 설명으로 가장 적절한 것은?

① 재정정책이란 정부의 수입과 재정지출을 변동시키는 정책이다.
② 재량적 재정정책은 비재량적 재정정책에 비해 파급효과가 작다.
③ 재정수지가 적자이면 대부자금시장으로 자금이 공급되어 이자율은 하락한다.
④ 조세징수를 통한 재정지출은 가계소득 감소로 확대효과가 완전히 상쇄된다.
⑤ 재정정책은 상대적으로 내부시차는 짧고 외부시차는 긴 것이 일반적이다.

📝 해설
② 재량적 재정정책은 자동안정화장치인 비재량적 재정정책에 비해 파급효과가 큰 것이 일반적이다.
③ 재정흑자에 대한 설명이며, 재정적자 시 부족자금 조달을 위한 국채를 공개시장에서 매각하면 구축효과가 발생하고, 중앙은행이 인수하면 통화공급이 증가하여 인플레이션을 유발할 수 있다.
④ 조세는 일부 소비감소를 통해 그리고 일부는 저축감소를 통해 납부하기 때문에 재정지출 확대효과를 완전히 상쇄하지 않는 불완전 구축효과가 발생한다.
⑤ 재정정책은 일반적으로 내부시차는 긴 편이나, 외부시차는 짧은 편이다.

정답 ①

• Key Point • 통화지표

14 우리나라에서 통화지표를 구분하는 가장 중요한 기준은 무엇인가?

① 발행기관 ② 수익성
③ 유동성   ④ 안전성
⑤ 교환가치

📝 해설
우리나라의 통화지표를 구분하는 가장 중요한 기준은 유동성이며, 이에 따라 협의통화(M1), 광의통화(M2), 금융기관유동성(Lf), 광의유동성(L) 등의 통화지표를 사용하고 있다.

정답 ③

• Key Point • 통화정책

15 통화정책에 대한 설명으로 가장 적절한 것은?

① 본원통화는 화폐발행액과 예금은행 지급준비금의 합계이다.
② 통화승수란 증가한 통화량을 본원통화로 나누어 계산한다.
③ 예금자의 현금보유비율이 높아지면 통화의 공급은 증가한다.
④ 실질이자율이 하락하면 은행의 초과지급준비율은 하락한다.
⑤ 통화정책은 내부시차가 외부시차에 비해 길고 큰 편이다.

🗨 해설
① 화폐발행액은 현금통화와 예금은행시재금의 합이고 예금은행 지급준비금은 예금은행시재금과 중앙은행 지준예치금의 합이므로, 예금은행 시재금이 중복 계산되었다.
③ 예금자의 현금비율은 이자율이 낮을수록, 예금기관의 위험 클수록, 소득이 낮을수록 높아지며, 이 비율이 높으면 대출가능 금액이 감소해 통화공급은 감소된다.
④ 실질이자율이 하락하면 은행의 초과지급준비율은 상승하여 통화량은 감소한다.
⑤ 통화정책은 내부시차는 짧은 편이나, 외부시차는 길고 그 길이의 변화도 큰 편이다.

✅ 정답 ②

• Key Point • 통화정책의 수단

16 통화정책의 수단에 대한 설명으로 가장 적절하지 않은 것은?

① 지급준비제도, 공개시장운영, 중앙은행의 대출제도, 외환시장 개입 등이 있다.
② 지급준비율을 올리면 은행의 대출여력이 감소하여 통화량이 감소한다.
③ 중앙은행이 금융기관으로부터 매도했던 증권을 사들이면 통화량이 증가한다.
④ 중앙은행이 외환시장에서 외환을 매입하면 통화공급이 감소한다.
⑤ 중앙은행이 금융기관에 빌려주는 자금 금리를 올리면 통화공급이 감소한다.

🗨 해설
중앙은행이 외환시장에서 외환을 매입하면 본원통화가 증가하여 통화공급이 증가하고, 반대의 경우에는 통화공급이 감소한다.

✅ 정답 ④

• Key Point • 한국은행의 통화정책

17 한국은행의 통화정책에 대한 설명으로 가장 적절한 것만 모두 묶은 것은?

> 가. 1998년 한국은행법 개정에 따라 물가안정목표제 방식을 채택하였다.
> 나. 물가안정목표제하에서 통화량을 중간목표로 두고 정책을 운용한다.
> 다. 한국은행은 정부와 협의하여 5년간 적용할 중기 물가안정목표를 설정한다.
> 라. 물가안정목표 달성을 위하여 단기금리인 RP금리를 운용목표로 하고 있다.
> 마. 결정된 기준금리는 즉시 실물경제 활동에 영향을 미치게 된다.

① 가, 나
② 가, 라
③ 가, 나, 다
④ 가, 다, 라
⑤ 나, 라, 마

해설
나. 중앙은행은 물가안정목표제하에서 통화량과 같은 중간목표를 두지 않으며, 거시경제 변수들을 이용하여 장래의 인플레이션을 예측하고 물가목표를 달성하는 통화정책을 운용한다.
다. 한국은행은 정부와 협의하여 3년간 적용할 중기 물가안정목표를 설정하고 있다.
마. 결정된 기준금리는 초단기금리인 콜금리에 즉시 영향을 미치고, 장단기 시장금리, 예금 및 대출금리 등의 변동으로 이어져 궁극적으로는 실물경제 활동에 영향을 미치게 된다.

정답 ②

• Key Point • 실질이자율의 변동 원인

18 대부자금의 실질이자율의 변동 원인에 대한 설명으로 가장 적절하지 않은 것은?

① 무위험이자율이 높을수록 현재의 소비를 줄이고 저축을 증가시킨다.
② 무위험이자율에 국가위험, 산업위험, 신용위험에 대한 보상이 더해진다.
③ 조세는 실질이자율 상승, 정부보조는 실질이자율 하락 요인이다.
④ 만기가 길어질수록 무위험이자율에 유동성에 대한 프리미엄이 더해진다.
⑤ 기대이론은 통상 수익률곡선이 우상향한다는 것을 잘 설명하는 이론이다.

해설
수익률곡선이 일반적으로 우상향한다는 사실을 설명할 수 있는 이론은 유동성프리미엄이론이며, 기대이론과 시장분할이론은 우상향하는 형태 이외의 수익률곡선을 잘 설명할 수 있는 이론이다.

정답 ⑤

• Key Point • 실질이자율의 결정

19 대부자금의 실질이자율 결정에 대한 설명으로 가장 적절하지 않은 것은?

① 미래에 대한 기대가 낙관적일 경우 대부자금의 공급은 감소한다.
② 정부의 재정수지가 흑자일 경우 대부자금의 공급은 증가한다.
③ 국내 물가가 상승할 것으로 기대될 경우 대부자금 공급은 감소한다.
④ 가계부채가 증가할 경우 대부자금의 수요는 증가한다.
⑤ 국내 실질GDP가 상대적으로 증가하면 국내 시장에서 대부자금 수요는 감소한다.

해설
가계부채가 증가하면 차입이 줄어들어 대부자금 수요는 감소하며, 물가, 이자율, 소득이 증가할 것으로 기대되거나 조세부담 감소, 정부보조 증가 시에 대부자금 수요는 증가한다.

정답 ④

• Key Point • 환율

20 외환과 환율에 대한 설명으로 가장 적절한 것은?

① 자국통화표시환율은 자국통화 1단위와 교환되는 외국통화의 단위량을 표시한다.
② 매입환율이 매도환율보다 높으며 그 차이가 딜러의 매매차익이 된다.
③ 교차환율은 자국통화가 개입되지 않은 외국통화 간의 환율을 의미한다.
④ 실효환율은 교차환율과 기준환율과의 관계로부터 도출되는 환율이다.
⑤ 실질환율이 높다는 것은 자국의 재화와 용역의 가격이 비싼 것을 의미한다.

해설
① 외국통화표시환율에 대한 설명이며, 자국통화표시환율은 외국통화를 기준으로 외화 1단위와 교환되는 자국통화의 단위량을 표시하며 가장 많이 활용되는 방식이다.
② 매도환율은 딜러가 고객에게 팔 때 적용되는 환율이고, 매입환율은 살 때 적용되는 환율이므로 매도환율이 매입환율보다 높은 것이 일반적이다.
④ 재정환율에 대한 설명이며, 실효환율은 자국 통화와 2개국 이상의 통화 간의 환율을 가중치로 가중평균한 환율을 의미한다.
⑤ 실질환율은 명목환율을 상대물가지수로 나눈 환율로, 상대물가지수는 자국물가지수를 상대국물가지수로 나누어 산출하므로, 실질환율이 높으면 자국의 재화와 용역의 가격이 싼 것이다.

정답 ③

• Key Point • 환율변동 원인

21 다음 중 환율이 상승하는 요인으로 적절한 것만 모두 묶은 것은?

가. 국내 실질GDP의 고성장	나. 중앙은행의 외환 매입
다. 국내 물가 하락	라. 국내 실질이자율 상승
마. 민간수지 흑자	

① 가, 나
② 나, 라
③ 가, 다, 마
④ 나, 다, 마
⑤ 다, 라, 마

📝 해설

가. 국내 실질GDP가 고성장하면 수입수요가 증가해 환율은 상승한다.
나. 중앙은행이 외환을 매입하면 유통되는 외화가 감소하고 외환수요가 증가해 환율은 상승한다.
다. 국내 물가가 하락할 경우 수출이 증가해 외화공급이 증가하고 환율은 하락한다.
라. 국내 실질이자율이 상승하면 투자자금의 유입이 많아져 외화공급이 증가하고 환율은 하락한다.
마. 민간수지가 흑자라는 것은 외화공급이 증가하는 것이므로 환율은 하락한다.

정답 ①

• Key Point • 국제수지표

22 국제수지표에 대한 설명으로 가장 적절한 것은?

① 국제적으로 통일된 기준은 없으며 각 국가별 기준에 따라 작성한다.
② 교환거래가 아닌 이전거래와 같은 일방적인 거래는 별도로 기록하지 않는다.
③ 무상거래의 수지차를 기록하는 이전소득수지는 경상수지로 기록해야 한다.
④ 준비자산이 증가하면 통화당국의 외환보유액도 증가하게 된다.
⑤ 국제수지표의 자금흐름은 외환시장에서의 수요와 공급과 항상 일치한다.

📝 해설

① 국제수지표는 복식부기의 원리에 의해 국제적으로 통일된 기준에 의해 작성된다.
② 이전거래 등과 같은 일방적인 거래도 대차 균형을 위해 별도의 항목을 설정하여 기록한다.
④ 경상수지 적자 시 외국으로부터 자본을 도입하여 충당하지 못한 경우 부족한 외화를 통화당국이 보유한 외환보유액에서 충당한다. 즉 준비자산이 증가하면 외환보유액은 감소한다.
⑤ 국제수지표는 외환거래의 수반 여부와 관계없이 거주자와 비거주자의 모든 거래를 기록하기 때문에 국제수지표상의 자금의 원천과 사용은 외환시장에서의 수요 및 공급과 일치하지 않는다.

정답 ③

• Key Point • 국제수지표의 작성

23 다음 중 국제수지표의 차변 항목으로 가장 적절하지 않은 것은?

① 재화와 용역의 수입
② 거주자의 해외자산 매각
③ 거주자의 해외 투자
④ 중앙은행의 준비자산 증가
⑤ 대외부채 감소

해설

차변에는 대외지불이 발생되는 항목으로 (−)부호를 붙여 기록하며, ①, ③, ④, ⑤ 이외에 해외에 이자 및 배당지급, 이전소득 지출, 비거주자의 국내자산 매각 등이 있다.

정답 ②

• Key Point • 경기침체기의 경제상태 분석

24 경제가 침체국면이고, 국가 간 자본이동이 자유로우며, 중앙은행의 외환시장 개입이 없고, 변동환율제를 채택하고 있는 경우 경제상태 분석에 대한 설명으로 가장 적절한 것은?

① 실업률은 높고, 설비이용률은 낮고, 실질GDP 성장률이 낮다.
② 총수요가 증가할 경우 실질GDP 증가율이 물가상승률보다 작다.
③ 노동공급곡선은 급격한 기울기를 가진다.
④ 실질이자율에 대한 대부자금의 공급은 비탄력적이다.
⑤ 외환수요와 공급의 환율에 대한 탄력성은 매우 비탄력적이다.

해설

② 유휴 생산요소가 많아 총공급의 물가에 대한 탄력성이 큰 편이므로 총수요가 증가할 경우 실질GDP 증가율이 물가상승률보다 크다.
③ 경기 침체국면에서 노동공급곡선은 완만한 기울기를 가지게 되고 고용량의 실질임금에 대한 탄력성이 커서 기업은 실질임금 상승 압력 없이 고용량을 늘릴 수 있다.
④ 국가 간 자본이동성이 높기 때문에 실질이자율 변동에 대한 해외부문으로부터의 자금이동이 민감하게 반응하므로 대부자금의 공급은 실질이자율 변동에 대해 탄력적이다.
⑤ 변동환율제하에서 자국의 중앙은행이나 상대국의 중앙은행이 외환시장에 개입하지 않는다고 가정하였으므로 외환 수요와 공급의 환율에 대한 탄력성은 명확하지 않다.

정답 ①

• Key Point • 확장적 재정정책

25 다른 조건이 모두 일정하다고 가정할 경우 침체국면에서의 확장적 재정정책에 따른 거시경제 변수의 변동으로 가장 적절한 것만 묶은 것은?

> 가. 실질GDP와 명목GDP 모두 증가한다.
> 나. 명목이자율은 상승하지만 실질이자율은 하락한다.
> 다. 실업률은 낮아지고 고용률은 높아진다.
> 라. 국내 민간총투자는 증가한다.
> 마. 명목환율과 실질환율 모두 하락해 경상수지는 감소한다.

① 가, 나
② 나, 라
③ 가, 다, 마
④ 나, 다, 마
⑤ 다, 라, 마

🗨 해설

나. 확장적 재정정책은 본원통화와 통화공급량에 영향을 미치지 않으며, 대부자금 수요가 증가하여 실질이자율이 상승하고, 물가 상승으로 기대 인플레이션율이 상승해 명목이자율도 상승한다.
라. 실질이자율의 상승은 투자 감소 요인이지만 실질GDP의 증가는 투자 증가 요인이므로 국내 민간총투자의 증감은 알 수 없다.

✅ 정답 ③

• Key Point • 확장적 통화정책

26 다른 조건이 모두 일정하다고 가정할 경우 침체국면에서의 확장적 통화정책에 따른 거시경제 변수의 변동으로 가장 적절하지 않은 것은?

① 물가는 상승하고 실질GDP와 명목GDP는 증가한다.
② 실질임금은 상승하지만 실질임금의 상승률은 물가상승률보다 낮다.
③ 실질이자율은 하락하지만 명목이자율의 변동 방향은 알 수 없다.
④ 국내 민간총투자의 증감은 알 수 없다.
⑤ 명목환율과 실질환율이 모두 상승하여 경상수지는 증가한다.

🗨 해설

대부자금시장에서 실질이자율의 하락과 실질GDP의 증가는 모두 투자 증가 요인으로 구축효과가 발생하지 않으므로 국내 민간총투자는 증가한다.

✅ 정답 ④

Key Point 경기와 경기변동

27 경기와 경기변동에 대한 설명으로 가장 적절한 것은?

① 국민경제활동 수준이 2분기 이상 장기추세선을 상회하면 확장국면으로 본다.
② 경기변동은 예측이 불가능하며 확장과 수축의 대칭성을 나타낸다.
③ GDP갭은 확장국면에서는 음(-), 수축국면에서는 양(+)의 값을 가진다.
④ 내구재산업의 생산과 고용의 진폭은 작고 상대적으로 가격변화는 크다.
⑤ 생산성의 변동성은 GDP 변동성 보다 작고 경기변동에 후행한다.

해설
② 경기변동은 반복적으로 나타나지만 그 주기는 일정하지 않아 불규칙적이고 예측불가능하며, 확장기간과 수축기간이 다른 비대칭성을 가진다.
③ GDP갭은 실제GDP에서 잠재GDP를 차감한 값으로, 경기 확장국면에서는 양(+)의 값을 가지는 인플레이션 갭이, 수축국면에서는 음(-)의 값을 가지는 디플레이션 갭이 나타난다.
④ 내구재 산업의 생산과 고용의 진폭은 크고 상대적으로 가격변화는 작으며, 비내구재산업의 생산과 고용의 진폭은 작은 편이나 상대적으로 가격변화가 크다.
⑤ 생산성의 변동성은 GDP 변동성과 비슷하며 경기변동에 선행하는 경향이 있다.

정답 ①

Key Point 종합경기지표를 이용하는 방법

28 종합경기지표를 활용한 경기예측에 대한 설명으로 가장 적절하지 않은 것은?

① 발표빈도, 수정주기, 일관성, 리드타임 등을 기준으로 선정한다.
② 소매판매액지수와 내수출하지수는 대표적인 선행종합지수이다.
③ 경기변동의 방향, 경기국면 및 경기전환점 뿐 아니라 속도까지 분석할 수 있다.
④ 지수가 반대방향으로 3개월 이상 연속하여 움직이면 경기전환점으로 본다.
⑤ 동일 지수 내 경제지표들이 서로 다르거나 상반된 신호를 나타낼 수 있다.

해설
소매판매액지수와 내수출하지수는 경기동행지수이며, 경기선행지수는 재고순환지표, 경제심리지수, 기계류내수출하지수, 건설수주액, 코스피지수, 장단기금리차, 수출입물가비율 등의 7개 항목으로 구성된다.

정답 ②

Key Point 설문조사 및 계량모형을 이용하는 방법

29 설문조사 및 계량모형을 이용한 경기예측에 대한 설명으로 가장 적절한 것은?

① 기업경기실사지수는 0에서 100 사이의 값으로 나타난다.
② 설문조사를 이용한 경기예측은 경기전환점을 파악하기 용이한 것이 장점이다.
③ 시계열모형은 비교적 정교한 예측이 가능하지만 시간과 노력이 많이 든다.
④ 시계열모형은 지표에 영향을 미치는 경제환경의 영향을 설명할 수 없다.
⑤ 거시계량경제모형은 오차 발생은 필연적이며 통계학적 관리가 곤란하다.

해설
① 기업경기실사지수는 0~200 사이의 값으로 나타나며 100을 초과할 경우 확장국면으로 판단한다.
② 설문조사를 이용한 경기예측은 비교적 쉽게 경기의 움직임을 판단할 수 있고 속보성 면에서 유리하나, 해석이 분석자의 주관에 좌우될 가능성이 크고 구체적인 경기전환점의 파악이 어려운 것이 단점이다.
③ 시계열모형은 비교적 간단하고 시간과 노력이 적게 들고 단기예측에 유용하지만, 경제환경의 영향을 설명할 수 없고 정책효과를 정교하게 측정하기 어려운 것이 한계이다.
⑤ 거시계량경제모형은 오차 발생은 필연적이지만, 경제구조 전체를 파악함에 있어 일관성과 동시성을 유지할 수 있고 정립된 이론적 근거를 가지며 오차에 대한 통계학적 관리가 가능하다.

정답 ④

Chapter 02 출제예상 문제

중요도에 따라 Self 맞춤형 학습이 가능한 출제예상 문제입니다. 각자의 목표점수에 맞게 문제를 선별하여 풀어보세요!

▶ 중요도 : 🏅🏅🏅상 🏅🏅중 🏅하

01 🏅🏅

거시경제 분석에 있어 분석 대상 시계를 단기로 상정하였을 때 거시경제 분석 모형의 특징으로 가장 적절한 것은?

① 가격과 임금이 신축적이다.
② 생산요소가 불완전 고용될 수 있다.
③ 생산요소의 총량이 가변적이다.
④ 기술발전이 가능하다고 가정한다.
⑤ 총공급의 증가요인이 주 분석 대상이다.

02 🏅🏅🏅

단기 거시경제의 집중 분석 대상은 총수요의 변동이다. 다음 중 총수요의 증가요인으로 가장 적절하지 않은 것은?

① 가계의 소비지출
② 기업의 투자지출
③ 정부의 재정지출과 조세
④ 기술 개발과 혁신
⑤ 대외 순수출

◎ 정답 및 해설

01 ① 장기에 대한 설명이며, 단기에는 가격과 임금이 경직적이다.
③ 최장기에 대한 설명이며, 단기에는 자본, 노동 등 생산요소의 총량은 고정되어 있다.
④ 최장기에 대한 설명이며, 단기에는 기술의 변화가 없다고 가정한다.
⑤ 장기에 대한 설명이며, 단기의 주 분석 대상은 총수요 증가요인이다.

02 기술 개발과 혁신은 물적·인적 자본에 대한 투자, 건설적 노사관계 형성, 효과적인 기업경영과 함께 장기 거시경제 분석에서의 총공급 증가요인에 해당한다.

정답 01 ② 02 ④

03 ★★

개방경제하에서의 거시경제모형에 대한 설명으로 가장 적절한 것은?

① 거시경제 모형은 5개의 시장과 4개의 경제주체로 구성되어진다.
② 단기 거시경제분석은 자본시장을 중심으로 요소시장을 분석한다.
③ 특별한 언급이 없는 한 물가는 변동이 없고 모든 변수는 명목변수이다.
④ 기업은 요소시장에서 생산요소를 공급하는 공급자의 역할을 한다.
⑤ 가계 저축과 기업 투자는 대부자금시장의 이자율에 큰 영향을 미친다.

04 ★

거시경제의 주체 중 가계부문의 기능으로 가장 적절하지 않은 것은?

① 해외에서 수입한 재화와 용역의 수요
② 대부자금시장에서 대부자금의 공급
③ 정부부문에 조세의 납부
④ 요소시장에서 생산요소의 수요
⑤ 기업부문이 생산한 재화와 용역의 수요

정답 및 해설

03
① 개방경제하에서의 거시경제모형은 생산물시장, 요소시장, 대부자금시장, 외환시장의 4개의 시장과 가계, 기업, 정부, 해외, 중앙은행의 5개의 경제주체로 구성된다.
② 생산요소는 토지나 원자재 등의 천연자원, 투하되는 자본, 노동력, 기업가 등 다양하지만 단기 거시경제분석은 가장 중요한 생산요소를 노동으로 가정하고 있어서 노동시장을 중심으로 요소시장을 분석한다.
③ 단기 거시경제분석은 물가변동을 언급하지 않는 한 물가변동은 없는 것으로 가정하기 때문에 모든 변수는 실질변수이다. 물가변동을 고려할 경우 명목변수와 실질변수를 구별한다.
④ 요소시장에서 기업은 생산요소를 사용하는 수요자의 역할을 담당하게 되며, 생산요소를 소유하고 있는 가계가 공급자의 역할을 담당한다.

04 요소시장에서 생산요소의 수요는 기업부문의 기능이며, 가계부분은 요소시장에서 천연자원, 자본, 노동, 기업가 등 생산요소의 공급의 기능을 한다.

정답 03 ⑤ 04 ④

05

개방경제하의 거시경제모형의 가정에 대한 설명으로 적절하지 않은 것만 묶은 것은?

> 가. 명시적으로 장기라는 언급이 없으면 단기를 가정한다.
> 나. 실물의 흐름과 같은 방향으로 동일한 금액의 화폐흐름이 있다고 가정한다.
> 다. 모형의 변수나 구성요소들은 언급되지 않을 때에는 없는 것으로 가정한다.
> 라. 다르게 정의하지 않는 한 환율은 외국통화표시환율로 표시한다.
> 마. 설명되는 변수 이외의 다른 변수 등은 일정한 것으로 가정한다.

① 가, 다
② 나, 라
③ 다, 라
④ 가, 다, 라
⑤ 나, 다, 라

06

국민소득 순환모형에 대한 설명으로 가장 적절하지 않은 것은?

① 2부문 순환모형은 요소시장과 생산물시장, 가계와 기업만 존재하는 모형이다.
② 3부문 순환모형에서 가계의 소비지출은 조세의 크기만큼 감소한다.
③ 폐쇄경제 순환모형은 3부문 순환모형에 외환시장을 추가한 모형이다.
④ 개방경제 순환모형의 균형 상태에서 국민소득의 흐름은 누출과 주입이 일치한다.
⑤ 상품 및 서비스수지는 국내총저축에서 국내투자를 차감한 것이다.

정답 및 해설

05	나. 실물과 화폐의 교환비율은 1 : 1 이라고 가정하고 실물의 흐름과 반대방향으로 동일한 금액의 화폐흐름이 있는 것으로 가정한다. 라. 별도로 정의하지 않는 한 환율은 자국통화표시환율로 표시하며 가격표시방법이라고도 한다.
06	폐쇄경제 순환모형은 3부문 순환모형에 대부자금시장을 추가하여 저축과 국내투자를 고려한 모형이며, 여기에 외환시장과 해외시장, 중앙은행까지를 고려한 것이 개방경제 순환모형이다.

정답 05 ② 06 ③

07 ★★

개방경제하의 국민소득 순환모형에 대한 설명으로 가장 적절한 것은?

① 5개의 경제주체와 4개의 시장이 모두 반영된 순환모형이다.
② 저축, 조세, 수입을 국민소득 순환과정상 주입이라고 한다.
③ 상품·서비스수지가 적자인 경우 중앙은행의 준비자산을 늘릴 수도 있다.
④ 국내총저축보다 국내투자가 많으면 상품·서비스수지는 흑자가 된다.
⑤ 상품·서비스수지 흑자를 늘리기 위해서는 조세징수를 줄이고 재정지출을 늘려야 한다.

08 ★★★

생산물시장의 총공급에 대한 설명으로 가장 적절하지 않은 것은?

① 단기 총공급량은 노동시장에서의 균형 고용량에 의해서 결정된다.
② 단기 총공급곡선은 물가와 실질국민소득의 평면에서 우상향의 기울기를 갖는다.
③ 물가와 실질GDP 수준이 높아질수록 단기 총공급의 물가에 대한 탄력성은 커진다.
④ 장기 총공급은 생산요소를 완전 고용하여 달성할 수 있는 잠재GDP에 상응한다.
⑤ 물가 이외의 요인이 변동할 경우 총공급이 변화하여 총공급곡선 자체가 이동한다.

정답 및 해설

07 ② 가계 소득 중 국내에서 생산된 재화와 용역에 지출되지 않고 국민소득 순환과정에서 빠져나가는 저축, 조세, 수입을 누출이라고 하며, 투자, 재정지출, 수출을 주입이라고 한다.
③ 상품·서비스수지가 적자인 경우 국내 생산과 고용이 감소하며, 외채가 증가하거나 해외투자 또는 중앙은행의 준비자산이 감소할 수 있다.
④ 상품·서비스수지는 국내총저축에서 국내투자를 차감하여 산정하므로 국내총저축보다 국내투자가 많으면 상품·서비스수지는 적자가 된다.
⑤ 상품·서비스수지 흑자를 늘리기 위해서는 소비를 줄이고 저축을 늘리거나, 국내투자를 줄이거나, 조세징수를 늘리거나, 재정지출을 줄여야 한다.

08 물가 수준이 높아지고 실질GDP가 잠재GDP에 근접할수록 총공급곡선은 수직에 가까워지고 단기 총공급의 물가 탄력성은 작아진다.

정답 07 ① 08 ③

09

단기 총공급의 증가 요인으로 가장 적절하지 않은 것은?

① 경제활동인구의 증가
② 투자를 통한 자본량 또는 질의 향상
③ 기술향상 또는 혁신에 의한 요소생산성 향상
④ 환율상승에 따른 수입원자재 등 가격 상승
⑤ 총수요 증가 예상

10

다음 중 장기 총공급곡선의 변동 요인으로만 바르게 묶은 것은?

가. 경제활동 참가율 증가	나. 임금 등 생산요소 가격 하락
다. 투자를 통한 자본량 증가	라. 물적 자본의 증가
마. 기술의 진보	바. 총수요 증가 예상

① 가, 나, 다
② 가, 다, 마
③ 가, 라, 마
④ 나, 라, 마
⑤ 라, 마, 바

정답 및 해설

09 환율상승에 따른 수입원자재 가격이 상승하거나, 기대 인플레이션 상승에 따른 임금인상 등 생산요소의 가격이 상승할 경우 단기 총공급은 감소하며, 총공급곡선을 좌측으로 이동시킨다.

10 장기 총공급곡선은 인구 또는 경제활동 참가율 증가로 인한 총노동시간의 증가와, 인적·물적 자본의 증가, 기술의 진보로 인한 노동생산성 증가가 변동요인이다. 나, 다, 바는 단기 총공급곡선의 변동요인에 해당한다.

정답 09 ④ 10 ③

11 ✪✪✪

생산물시장의 총수요에 대한 설명으로 가장 적절한 것은?

① 총수요곡선은 물가와 실질GDP의 평면에서 우상향의 형태를 가진다.
② 물가가 하락하면 실질소득이 증가하여 총지출이 늘어나는 것은 부의 효과이다.
③ 물가가 변동하면 총수요량이 변동하여 총수요곡선 자체가 이동하게 된다.
④ 중앙은행이 통화공급을 증가시키는 경우 총수요곡선은 좌측으로 이동한다.
⑤ GDP갭이 음(-)일 경우 인플레이션 압력없이 총수요를 증가시킬 수 있다.

12 ✪

기업 부문의 투자지출이 증가하는 요인으로 가장 적절하지 않은 것은?

① 실질소득의 증가
② 물가가 상승할 것으로 기대
③ 기술의 발전
④ 실질이자율의 상승
⑤ 실질이자율이 상승할 것으로 기대

✓ 정답 및 해설

11
① 물가가 하락하면 총수요는 증가하고, 반대로 물가가 상승하면 총수요는 감소하기 때문에 총수요곡선은 물가와 실질GDP 평면에서 우하향의 형태를 가진다.
② 구매력 효과에 대한 설명이며, 부의 효과는 물가하락으로 부의 실질구매력이 증가하여 소비지출이 늘어나는 것으로 실질잔고효과라고도 한다.
③ 물가가 변동하면 총수요량이 변동하여 실질국민소득은 총수요곡선을 따라 움직이며, 물가 이외의 변수가 변동할 경우 총수요가 변화하여 총수요곡선 자체가 이동하게 된다.
④ 중앙은행이 통화공급을 증가시키면 경제주체의 구매력이 증가하고, 실질이자율이 하락하여 소비지출과 투자지출이 증가하여 총수요가 증가하며, 총수요곡선은 우측으로 이동한다.

12 실질이자율이 상승할 것으로 기대하는 경우 상승하기 전에 자금을 조달하여 투자하려는 수요가 증가해 투자지출이 증가하지만, 실질이자율이 상승하면 부담이 증가해 투자지출은 감소한다.

정답 11 ⑤ 12 ④

13 ⭐⭐

대미 순수출에 영향을 미치는 요인에 대한 설명으로 가장 적절하지 않은 것은?

① 미국의 실질국민소득 증가율이 우리나라 보다 낮으면 순수출은 증가한다.
② 미국의 물가상승률이 우리나라 보다 높으면 순수출은 증가한다.
③ 우리나라의 실질이자율이 상승하면 환율이 하락하여 순수출은 감소한다.
④ 국내 금융시장에 외국인의 자금유입이 증가하면 순수출은 감소한다.
⑤ 미국 제품에 대한 우리나라의 관세율을 인상하면 순수출은 증가한다.

14 ⭐⭐⭐

가계의 소비지출이 증가하는 요인으로 적합한 것만 모두 묶은 것은?

> 가. 펀드를 환매한 자금으로 주택담보대출의 일부를 상환하였다.
> 나. 배우자가 취업에 성공하여 실질소득이 증가할 것으로 기대된다.
> 다. 근로자의 연말정산 개정으로 소득세의 부담이 증가하였다.
> 라. 최근 국제 유가의 상승으로 국내 물가가 상승할 것으로 예상된다.
> 마. 한국은행의 기준금리 인상으로 실질이자율이 25bp 상승하였다.

① 가, 나
② 가, 라
③ 가, 나, 다
④ 가, 나, 라
⑤ 가, 나, 라, 마

정답 및 해설

13 | 미국의 실질국민소득 증가율이 국내보다 낮으면 미국의 소비가 위축되고, 원화의 가치가 상승해 환율이 하락하기 때문에 수출이 감소하고 수입이 증가해 순수출은 감소한다.

14 | 다. 소득세 등 조세부담이 증가할 경우 소비심리가 위축되어 가계의 소비지출은 감소한다.
마. 실질이자율이 상승하면 자금조달 비용이 상승하기 때문에 가계의 소비지출은 위축되어 감소하고, 저축을 늘리려는 경향이 많아진다.

정답 13 ① 14 ④

15 ✪✪✪

다음 중 노동시장에 대한 설명으로 가장 적절한 것은?

① 단기에 고용량을 증가시킬 경우 총생산량은 체증적으로 증가하게 된다.
② 임금수준이 낮을수록 임금에 대한 노동공급의 탄력성은 작아진다.
③ 기업은 노동의 한계생산성과 실질임금이 같은 수준에서 고용량을 결정한다.
④ 노동수요곡선은 고용량과 실질임금 평면에서 우상향하는 형태를 갖는다.
⑤ 자연실업률 수준에서는 기대 인플레이션율보다 실제 인플레이션율이 높다.

16 ✪✪

생산물시장과 노동시장에서의 장기 균형에 대한 설명으로 가장 적절하지 않은 것은?

① 실제 실질GDP와 잠재GDP가 일치한다.
② 총수요는 물가에만 영향을 미치고 실질GDP에는 영향을 미치지 못한다.
③ 물가가 상승하면 명목임금도 물가상승률과 비례적으로 상승하여 실질임금은 변동이 없다.
④ 노동시장에서 완전고용이 이루어진다.
⑤ 실업률은 자연실업률 수준보다 낮은 수준에서 결정된다.

정답 및 해설

15 ① 단기 노동시장에서 고용량을 증가시키면 총생산량은 증가하지만, 노동의 한계생산량은 체감하며, 총생산량도 체감적으로 증가한다.
② 낮은 실질임금 수준에서는 노동공급곡선이 완만한 형태를 가지므로 임금에 대한 노동공급의 탄력성이 크고, 임금이 상승할수록 탄력성이 작아진다.
④ 실질임금이 상승하면 기업의 노동수요량은 감소한다. 따라서 노동수요곡선은 고용량과 실질임금의 평면에서 우하향의 형태를 갖는다.
⑤ 자연실업률은 노동시장에서 완전고용이 달성되는 잠재GDP 상태에서의 실업률로, 자연실업률 수준에서 기대 인플레이션율과 실제 인플레이션율은 같다.

16 노동시장의 장기 균형상태에서의 실업률은 완전고용이 달성되는 잠재GDP 상태에서의 실업률인 자연실업률과 같은 수준에서 결정된다.

정답 15 ③ 16 ⑤

17 ✦✦

인플레이션에 대한 설명으로 가장 적절한 것은?

① 지속적이지 않은 일회적인 물가상승은 인플레이션으로 보지 않는다.
② 잠재GDP의 성장 속도가 통화량 증가 속도보다 빠를 때 인플레이션이 발생한다.
③ 과도한 통화공급의 증가로 발생하는 인플레이션을 비용인상 인플레이션이라 한다.
④ 실질국민소득이 증가하면서 물가가 상승하는 것을 스태그플레이션이라고 한다.
⑤ 예기치 못한 인플레이션의 경우 기업가로부터 노동자에게 부가 재분배된다.

18 ✦✦✦

다음 중 수요견인 인플레이션의 원인으로 적절한 것만 모두 묶은 것은?

가. 생산요소 가격의 상승	나. 실질이자율의 하락
다. 가계 및 기업의 긍정적 미래 기대	라. 환율 상승으로 인한 순수출 증가
마. 경제 전반적인 생산성의 하락	바. 중앙은행의 통화량 조절

① 가, 나
② 가, 다, 바
③ 나, 라, 마
④ 다, 라, 마
⑤ 나, 다, 라, 바

🔍 정답 및 해설

17
② 인플레이션은 잠재GDP의 성장 속도보다 빠르게 통화량이 지속적으로 증가하여, 생산량에 비해 더 많이 증가한 통화의 가치가 하락할 때 발생한다.
③ 과도한 통화공급의 증가로 총수요가 증가해 물가가 상승하는 것은 수요견인 인플레이션이다.
④ 스태그플레이션은 실질국민소득은 감소하면서 물가와 실업률이 상승하는 것으로 비용인상 인플레이션에 해당한다.
⑤ 예기치 못한 인플레이션은 화폐가치의 하락으로 채권자로부터 채무자에게 또는 노동자로부터 기업가에게 부가 재분배되는 효과를 가져 온다.

18 가, 마는 비용인상 인플레이션의 원인이며, 수요견인 인플레이션은 총수요의 구성요소인 가계 소비지출, 기업 투자지출, 정부 재정지출, 순수출, 중앙은행의 통화량 조절의 변동이 원인이 된다.

정답 17 ① 18 ⑤

19

실업에 대한 설명으로 가장 적절한 것은?

① 취업자는 한 달 동안 수입을 목적으로 주당 평균 1시간 이상 일한 사람이다.
② 전업주부나 적극적인 구직의사가 없는 구직단념자는 실업자에 해당하지 않는다.
③ 구조적실업은 노동의 수요와 공급이 일시적으로 일치되지 않아 발생하는 실업이다.
④ 자연실업률 수준에서는 마찰적·구조적 실업 없이 계절적·경기적 실업만 존재한다.
⑤ 젊은 연령의 인구비율이 증가하거나 실질임금이 상승하면 자연실업률이 낮아진다.

20

다음 (　　) 안에 들어갈 알맞은 내용을 순서대로 바르게 나열한 것은?

> 가. (　　) = 경제활동인구 / 노동가능인구 × 100
> 나. 실업률 = 실업자 / (　　) × 100

① 경제활동참가율, 경제활동인구
② 경제활동참가율, 노동가능인구
③ 노동가능인구, 경제활동인구
④ 고용률, 노동가능인구
⑤ 고용률, 경제활동인구

정답 및 해설

19
① 취업자는 매월 15일이 속한 1주일 동안 수입을 목적으로 1시간 이상 일한 사람으로 정의된다.
③ 마찰적 실업에 대한 설명이며, 구조적 실업은 기술발전이나 국제경쟁에 따라 요구되는 기술의 변화 등에 따라 발생하는 실업이다.
④ 자연실업률은 완전고용 수준하에서 인플레이션율을 가속화하지 않는 수준의 실업률이므로, 계절적 실업이나 경기적 실업 없이 마찰적 실업과 구조적 실업만 존재한다.
⑤ 젊은 연령인구 구성비 증가, 대규모 경제구조의 변화, 실질임금의 증가, 실업급여 등 높은 실업혜택은 자연실업률을 증가시키는 요인이다.

20
가. 경제활동참가율에 대한 설명이며, 경제활동인구는 실업자와 취업자의 합, 노동가능인구는 경제활동인구와 비경제활동인구의 합으로 산출한다.
나. 실업률은 경제활동인구 대비 실업자의 비율(= 실업자/경제활동인구×100)이며, 고용률은 노동가능인구 대비 취업자의 비율(= 취업자/노동가능인구×100)이다.

정답 19 ② 20 ①

21 ✪✪

인플레이션과 실업에 대한 설명으로 가장 적절한 것은?

① 인플레이션과 실업률은 양(+)의 상관관계를 가진다.
② 단기필립스곡선은 기대 인플레이션율과 자연실업률이 일정하다고 가정한다.
③ 장기필립스곡선은 인플레이션율과 실업률의 평면에서 우상향의 형태를 나타낸다.
④ 기대 인플레이션율이 상승하는 경우 장기필립스곡선은 우측으로 이동한다.
⑤ 자연실업률이 상승하는 경우 장기필립스곡선은 이동하지 않는다.

22 ✪✪✪

정부의 재정정책에 대한 설명으로 가장 적절하지 않은 것은?

① 재정정책은 정부의 수입과 지출의 변동을 말한다.
② 재정정책은 시장가격기구에 의한 자원 배분의 결점을 보완하는 기능을 한다.
③ 재정정책은 누진소득세, 이전소득 등을 통해 소득재분배 기능을 한다.
④ 재정정책은 경기변동의 진폭을 최소화하는 경제안정화 기능을 한다.
⑤ 일반적으로 통화정책에 비해 내부시차는 짧고 외부시차는 긴 편이다.

정답 및 해설

21 ① 총수요가 증가할 경우 실업률은 낮아지고 인플레이션율은 높아져 음(-)의 상관관계를 가지며 단기필립스곡선은 인플레이션율과 실업률의 평면에서 우하향의 형태를 나타낸다.
③ 장기필립스곡선은 인플레이션율과 실업률의 평면에서 수직의 형태를 나타낸다.
④ 기대 인플레이션율이 상승할 경우 단기필립스곡선은 위쪽으로 평행이동하지만, 장기필립스곡선은 이동하지 않는다.
⑤ 자연실업률이 상승하면 단기필립스곡선과 장기필립스곡선이 동시에 우측으로 이동한다.

22 재정정책은 시차가 길 뿐만 아니라 시차 길이의 변동성이 크며, 일반적으로 통화정책에 비해 내부시차는 길고 외부시차는 짧은 편이다.

정답 21 ② 22 ⑤

23

재정적자 시 발생하는 구축효과에 대한 설명으로 가장 적절한 것은?

① 국가신용등급이 하락하여 해외로부터 투자자금 유입이 감소하는 현상
② 실질이자율이 상승하여 기업의 투자, 가계의 소비지출이 감소하는 현상
③ 실질이자율이 상승하여 국채 등 채권가격이 하락하는 현상
④ 상품수지가 호전되어 상품수지 적자가 감소하거나 흑자가 증가하는 현상
⑤ 재정적자에 따라 노동시장에서 비자발적 실업이 감소하는 현상

24

재정수지와 재정지출 확대를 위한 재원조달에 대한 설명으로 가장 적절하지 않은 것은?

① 재정흑자가 발생하면 피드백효과로 인해 전체적으로 총수요는 증가한다.
② 국채를 공개시장에서 매각할 경우 소비와 투자가 감소하는 구축효과가 발생한다.
③ 국채를 중앙은행이 인수하는 경우 통화공급 증가로 인플레이션이 유발된다.
④ 조세 증가로 인한 소비감소는 재정지출 확대효과를 완전히 상쇄시키지 못한다.
⑤ 재정흑자가 발생하면 통화공급이 증가해 이자율은 하락하게 된다.

정답 및 해설

23 | 재정적자 시 부족한 자금을 조달하기 위하여 국채를 공개시장에서 매각하는 경우 이자율이 상승하여 민간부문의 소비지출과 투자지출이 감소하는 구축효과가 발생한다. 국채를 중앙은행이 인수할 경우 구축효과는 발생하지 않으나 통화공급이 증가하여 인플레이션을 유발할 수 있다.

24 | 재정흑자가 발생하면 정부가 여유자금을 대부자금 시장에 공급하면서 이자율이 하락하고 가계소비와 기업투자가 증가하여 총수요가 증가하는 피드백효과가 발생하지만, 전체적으로 총수요는 감소한다.

정답 23 ② 24 ①

25 🏅🏅🏅

대부자금시장에 대한 설명으로 적합한 것만 모두 묶은 것은?

> 가. 유동성이 높은 준통화비율이 증가하면 통화승수는 증가한다.
> 나. 예금자의 현금보유비율은 소득이 낮을수록 높아진다.
> 다. 현금보유비율이 상승하면 통화승수는 증가한다.
> 라. 중앙은행이 필요지급준비율을 높이면 통화공급이 감소한다.
> 마. 실질이자율이 하락하면 은행은 초과지급준비율을 낮춘다.

① 가, 다
② 나, 마
③ 가, 나, 라
④ 가, 다, 마
⑤ 가, 나, 라, 마

26 🏅🏅

화폐발행액이 250억원, 예금은행 지급준비금이 200억원, 예금은행 시재금이 120억원인 경우 본원통화는 얼마인가?

① 250억원
② 330억원
③ 380억원
④ 420억원
⑤ 450억원

정답 및 해설

25 다. 현금보유비율이 상승하면 통화량이 감소하므로 통화승수는 감소하는 역의 관계를 가진다.
마. 실질이자율이 높아 대출로 인한 마진이 커질 경우 은행은 초과지급준비율은 낮추어 대출금액을 늘리려고 하고, 반대로 실질이자율이 하락하면 초과지급준비율을 높인다.

26 • 화폐발행액(250억원) = 현금통화 + 예금은행 시재금(120억원)이므로, 현금통화 = 130억원
• 예금은행 지급준비금(200억원) = 예금은행 시재금(120억원) + 중앙은행 지준예치금이므로, 중앙은행 지준예치금 = 80억원
• 본원통화 = 현금통화 + 예금은행 시재금 + 중앙은행 지준예치금 = 330억원

정답 25 ③ 26 ②

27 ✦✦

한국은행이 경기를 부양하기 위해 본원통화 100억원을 추가 공급하면서 지급준비율은 2.0%로 유지하였을 경우, 증가되는 예금통화액과 통화승수를 순서대로 바르게 나열한 것은? (단, 초과지급준비금은 없으며, 고객이 대출받은 금액을 다시 100% 은행에 예금한다고 가정)

① 5백억원, 5배
② 1천억원, 10배
③ 2천억원, 20배
④ 5천억원, 50배
⑤ 1조원, 100배

28 ✦✦✦

한국은행의 통화정책에 대한 설명으로 가장 적절한 것은?

① 일정수준의 통화량을 유지하는 통화량 목표제를 채택하고 있다.
② 금리, 물가, 환율 등을 중간목표로 설정하고 통화정책을 운용한다.
③ RP금리를 운용목표로 하는 금리중심 통화정책 운용방식으로 운용한다.
④ 중앙은행이 보유하고 있는 증권을 매도하면 통화량은 증가한다.
⑤ 과열된 경기의 진정효과보다 침체된 경기의 부양효과가 더 크다.

⊘ 정답 및 해설

27
- 예금통화액 = 본원통화÷지급준비율 = 100억원÷0.02 = 5,000억원
- 통화승수 = 통화량(예금통화액)÷본원통화 = 5,000억원÷100억원 = 50배

28
① 최종목표인 물가상승률 자체를 통화정책의 기준지표로 하는 물가안정목표제 방식을 채택하고 있으며, 정부와 협의하여 3년간 적용할 중기 물가안정목표를 설정하고 있다.
② 물가안정목표제하에서는 통화량 등 중간목표를 두지 않으며, 통화량, 금리, 환율 등 거시경제 변수들을 이용하여 장래 인플레이션을 예측하여 물가목표를 설정한다.
④ 중앙은행이 보유하고 있는 증권을 매도하면 시중자금이 흡수되어 통화량은 감소하고 금리는 상승한다.
⑤ 통화정책은 과열된 경기를 진정시킬 때는 효과가 있지만 침체된 경기를 부양하는 효과는 상대적으로 크지 않은 것으로 평가된다.

정답 27 ④ 28 ③

29

중앙은행의 통화정책 수단 중 통화량의 변동방향이 다른 것은?

① 지급준비율 인하
② 통화안정증권 매각
③ 외환시장에서 외환매입
④ 공개시장에서의 국채매입
⑤ 중앙은행의 대출 이자율 인하

30

실질이자율의 변동원인에 대한 설명으로 적절하지 않은 것만 모두 묶은 것은?

가. 향후 이자율이 상승할 것으로 예상될 경우 변동금리로 차입해야 한다.
나. 무위험이자율이 높을수록 저축은 증가하고 소비는 감소한다.
다. 조세는 실질이자율을 하락시키고 정부보조는 실질이자율을 상승시킨다.
라. 기대이론은 통상 수익률곡선이 우상향한다는 것을 설명하지 못한다.
마. 이자율이 불변할 경우 유동성프리미엄이론의 수익률곡선은 수평이 된다.

① 가, 다
② 나, 마
③ 가, 나, 라
④ 가, 다, 마
⑤ 가, 나, 라, 마

정답 및 해설

29 ①, ③, ④, ⑤는 통화량이 증가하는 요인이며, 통화안정증권을 매각하면 그 매각금액에 해당하는 통화량이 중앙은행으로 흡수되므로 시장의 통화량은 감소하고, 이자율은 상승한다.

30
가. 향후 이자율이 상승할 것으로 예상될 경우 이자부담을 줄이기 위해 고정금리로 차입해야 하며, 이자율이 하락할 것으로 예상될 경우 변동금리로 차입해야 한다.
다. 조세는 시중 자금이 회수되어 통화량이 감소하므로 실질이자율을 상승시키고, 정부보조는 통화량을 증가시켜 실질이자율이 하락한다.
마. 이자율이 변동하지 않을 경우에도 유동성프리미엄이론에 따른 수익률곡선은 완만한 우상향의 형태를 가지며, 미래 이자율이 소폭 하락할 것으로 예상될 경우 수평이 된다.

정답 29 ② 30 ④

31

대부자금의 공급에 대한 설명으로 가장 적절한 것은?

① 실질이자율이 상승하면 정부나 기업의 대부자금 공급량은 증가한다.
② 실질GDP가 증가하면 가계나 기업의 대부자금 공급량은 감소한다.
③ 사회, 경제에 대한 미래 기대가 낙관적일 경우 대부자금 공급량은 증가한다.
④ 재정의 재량적인 부분은 재정흑자에 직접적인 영향을 미치지 못한다.
⑤ 국내 물가가 상승할 것으로 기대되면 해외로부터 대부자금 공급이 증가한다.

32

대부자금의 수요곡선에 대한 설명으로 가장 적절하지 않은 것은?

① 중앙은행은 대부자금의 수요 주체에 해당하지 않는다.
② 실질이자율이 하락하면 대부자금에 대한 수요량이 증가한다.
③ 실질이자율과 수요량 평면에서 수요곡선은 우하향의 형태를 가진다.
④ 가계 소득의 증가가 예상될 경우 대부자금 수요는 감소한다.
⑤ 경상수지가 흑자일 경우 해외부문의 국내 대부자금 수요는 증가한다.

정답 및 해설

31
② 실질GDP가 증가하면 가계나 기업의 저축이 증가해 대부자금의 공급량은 증가한다.
③ 미래에 대한 기대가 낙관적일 경우 현재의 소비가 증가하므로 가계와 기업의 저축이 감소하여 대부자금 공급량은 감소한다.
④ 재정의 비재량적인 부분은 실질GDP에 따라 자동으로 변동하므로 재정흑자에 영향을 미치지 못하며, 재량적인 부분인 조세, 재정지출 등은 재정흑자에 직접적인 영향을 미치는 요인이다.
⑤ 국내 물가가 상승할 것으로 기대되면 해외로부터 자금유입이 감소되거나 자금유출이 발생하여 대부자금의 공급이 감소한다.

32 가계 소득의 증가가 예상될 경우 소비가 늘어나게 되고, 미래의 소득 증가분을 고려한 대출이나 차입이 증가하기 때문에 대부자금의 수요는 증가하게 된다.

정답 31 ① 32 ④

33 ✪✪✪

외부충격과 대부자금 실질이자율 변동에 대한 설명으로 적절한 것만 묶은 것은?

> 가. 재정흑자일 경우 대부자금 공급이 증가하고 실질이자율은 하락한다.
> 나. 확장적 통화정책을 시행할 경우 실질이자율은 하락한다.
> 다. 재정적자일 경우 동일한 크기로 기업의 투자가 감소하는 완전구축효과가 발생한다.
> 라. 자본도피 등 투기자금이 국외로 유출될 경우 실질이자율은 상승한다.
> 마. 경기가 확장국면일 경우 가계저축이 증가해 실질이자율은 하락한다.

① 가, 다
② 나, 마
③ 가, 나, 라
④ 가, 다, 마
⑤ 나, 라, 마

34 ✪✪

환율에 대한 설명으로 가장 적절하지 않은 것은?

① 외국통화표시환율은 자국통화 1단위와 교환되는 외국통화의 단위량을 나타낸다.
② 매도환율이 매입환율보다 높으며 그 차이는 딜러의 매매차익이 된다.
③ 재정환율은 교차환율과 기준환율과의 관계로부터 도출되는 환율이다.
④ 실질환율은 자국 실질GDP 한 단위에 대한 상대국 실질GDP의 교환비율이다.
⑤ 실질환율이 낮으면 상대적으로 자국의 재화와 용역이 싼 것을 의미한다.

정답 및 해설

33 다. 재정적자로 대부자금 공급량이 감소하여 실질이자율이 상승하고 기업의 투자가 감소하는 구축효과가 발생하지만, 실질이자율이 상승하면 가계의 저축이 증가하고 해외부문으로부터 대부자금이 유입되기 때문에 재정적자와 동일한 크기의 완전구축효과는 발생하지 않는다.
마. 경기 확장국면 시 가계의 저축 증가 등 대부자금 공급 증가로 실질이자율이 하락하지만, 기업의 투자 증가 등 대부자금 수요 증가로 실질이자율이 상승해 서로 상쇄되므로, 경기변동과 실질이자율은 강한 상관관계가 존재하지 않는 중립적 관계로 본다.

34 실질환율은 명목환율을 상대물가지수로 나눈 환율로, 실질환율이 낮으면 상대적으로 자국 재화와 용역이 비싸고 상대국 재화와 용역의 가격이 싸다는 것을 의미한다.

정답 33 ③ 34 ⑤

35

다음의 자료를 이용하여 원/유로의 환율을 구한 것으로 가장 적절한 것은? (단, 소수점 둘째자리 이하 버림)

> 2022년 ○월 ○일 현재
> • 원/달러 환율 : 1,280.00원/달러
> • 달러/유로 환율 : 0.80유로/달러

① 1,350.00원/유로
② 1,380.50원/유로
③ 1,530.00원/유로
④ 1,600.00원/유로
⑤ 1,640.00원/유로

36

우리나라의 외환시장과 환율에 대한 설명으로 가장 적절한 것은?

① 우리나라는 외국통화를 기준으로 한 외국통화표시환율을 채택하고 있다.
② 환율이 상승한다는 것은 원화가치가 상승하는 것을 의미한다.
③ 북한리스크 등 국내 지정학적 위험이 커지면 환율은 상승한다.
④ 중앙은행이 외환시장에서 외환을 매입하면 환율은 하락한다.
⑤ 국내 채권시장에 외국인의 투자가 증가하면 환율은 상승한다.

정답 및 해설

35	재정환율 = 기준환율÷교차환율이므로, 1,280.00원/달러÷0.8유로/달러 = 1,600.00원/유로
36	① 우리나라는 외국통화를 기준으로 외화 1단위와 교환되는 자국통화의 단위량으로 표시하는 자국통화표시환율을 채택하고 있어서 1달러에 1,140원식으로 표시한다. ② 자국통화표시환율 방식에서 환율이 상승한다는 것은 외국통화의 가치가 상승하고 원화의 가치는 하락하는 평가절하를 의미한다. ④ 중앙은행이 외환시장에서 외환을 매입하면 시장에서 외화가 감소하고 외화를 매입하기 위해 원화의 통화량이 증가하므로 환율은 상승한다. ⑤ 국내 채권시장에 외국인의 투자가 증가하면 해외 부문에서 국내 외환시장으로 투자자금의 순유입이 증가하는 것이므로 환율은 하락한다.

정답 35 ④ 36 ③

37 ✦✦✦
다음 중 환율의 변동 방향이 다른 하나는 무엇인가?
① 국내 실질GDP가 높은 성장률을 보이며 증가하고 있다.
② 국내 물가상승률이 지속적으로 하락하고 있다.
③ 중앙은행의 긴축정책으로 국내 실질이자율이 상승하였다.
④ 국내 자산에 대한 투자수익률이 상승할 것이라는 기대가 커지고 있다.
⑤ 준비자산의 변동없이 민간수지의 흑자가 발생하였다.

38 ✦✦✦
다른 조건이 일정할 때 환율 하락이 미치는 효과로 적절한 것만 모두 묶은 것은?

가. 수출 감소	나. 수입상품가격 상승
다. 수출채산성 호전	라. 국내물가 안정
마. 외화표시부채의 상환부담 감소	

① 가, 나
② 다, 라
③ 가, 나, 라
④ 가, 다, 마
⑤ 가, 라, 마

정답 및 해설

37　②, ③, ④, ⑤는 환율이 하락하는 요인이며, 국내 실질GDP가 높은 성장률을 보이며 증가할 경우 경기 활황으로 수입이 증가하여 외화의 국외유출이 늘어나 환율이 상승한다.

38　나. 환율이 하락하면 수입상품과 수입원자재의 가격은 하락하고 국내물가는 안정된다.
　　다. 환율이 하락하면 수출채산성이 악화되어 수출은 감소하고 수입은 증가한다.

정답 37 ① 38 ⑤

39 ⭐⭐

국제수지표에 대한 설명으로 가장 적절한 것은?

① 단식부기의 원리에 의해 작성하며 그 작성기준은 국가별로 다르다.
② 대가를 지급하지 않는 이전거래 등의 일방적인 거래는 작성 시 제외한다.
③ 비거주자를 제외한 거주자의 모든 경제적 거래를 기록한다.
④ 국제수지표는 작성원칙에 따라 대차 양변의 합계가 항상 일치하여야 한다.
⑤ 거래의 성질 보다는 거래금액의 크기에 따라 분류하여 기록한다.

40 ⭐⭐⭐

다음 중 국제수지표의 차변에 기록하는 거래로 적합한 것만 묶은 것은?

가. 재화와 용역의 수입	나. 해외로부터 이자 및 배당수입
다. 이전소득 지출	라. 거주자의 해외투자
마. 거주자의 해외자산 매각	바. 중앙은행 준비자산의 감소

① 가, 나, 라　　　　　　　　② 가, 다, 라
③ 가, 다, 바　　　　　　　　④ 다, 라, 바
⑤ 다, 마, 바

정답 및 해설

39
① 국제수지표는 복식부기의 원리에 의해 국제적으로 통일된 기준에 의해 작성된다.
② 교환거래가 아닌 대가를 지급하지 않는 이전거래 등과 같은 일방적인 거래의 경우에도 대차의 균형을 위해 별도의 항목을 설정하여 작성해야 한다.
③ 거주자와 비거주자 사이에 일어난 모든 경제적 거래를 기록하며, 거주자와 비거주자의 구분은 국적이 아니라 실질적인 경제활동이 이루어지는 곳을 기준으로 구분한다.
⑤ 국제수지표는 거래의 성질에 따라 경상계정과 자본 및 금융계정으로 나누어 작성한다.

40 나, 마, 바는 대변에 기록하는 거래이며, 차변에는 자금이 대외로 유출되는 항목을 기록한다. 경상수지 항목 중 '가', '다' 이외에 해외에 이자 및 배당지급이 있으며, 자본 및 금융수지 항목 중 '라' 이외에 비거주자의 국내자산 매각, 대외부채 감소, 중앙은행 준비자산의 증가 등이 해당된다.

정답 39 ④　40 ②

41

국제수지표에 대한 설명으로 가장 적절하지 않은 것은?

① 직접투자, 증권투자, 파생금융상품, 기타투자 등은 금융계정으로 분류한다.
② 대외로부터 지불이 유입되는 대변 항목은 플러스(+) 부호를 붙여서 기록한다.
③ 경상수지가 흑자이면 자본 및 금융수지는 적자인 것이 일반적이다.
④ 준비자산이 증가하면 통화당국의 외환보유액은 감소한다.
⑤ 국제수지표상의 자금흐름은 외환시장의 수요, 공급과 항상 일치하여야 한다.

42

다른 조건이 일정하다면 4시장 모형의 파급효과로 가장 적절한 것만 모두 묶은 것은?

> 가. 실질이자율이 상승하면 대부자금의 공급량은 증가하고 수요량은 감소한다.
> 나. 노동수요가 증가하면 실질임금은 상승하고 고용량은 감소한다.
> 다. 총공급이 증가하면 물가는 하락하고 고용량이 증가하여 실업률은 감소한다.
> 라. 대부자금의 공급이 증가하면 실질이자율은 하락하고 거래량은 감소한다.
> 마. 외환에 대한 수요가 증가하면 외국 화폐의 가치 개념인 환율은 상승한다.

① 가, 다
② 나, 마
③ 가, 나, 라
④ 가, 다, 마
⑤ 나, 라, 마

정답 및 해설

41 국제수지표는 외환거래의 수반 여부와 관계없이 거주자와 비거주자의 모든 거래를 기록하기 때문에, 국제수지표상의 자금의 원천과 사용은 외환시장에서의 외환에 대한 수요, 공급과 일치하지 않는다.

42 나. 노동수요가 증가하면 실질임금은 상승하고 고용량도 증가한다.
라. 대부자금의 공급이 증가하면 실질이자율은 하락하지만 거래량은 증가한다.

정답 41 ⑤ 42 ④

43

각 시장에서의 경제상태 분석에 대한 설명으로 가장 적절한 것은?

① 디플레이션갭이 클 때 총수요를 증가시키면 물가상승이 가속화된다.
② 임금수준이 낮을수록 노동공급의 실질임금에 대한 탄력성은 작아진다.
③ 실질이자율 탄력성이 작을수록 재정정책보다 통화정책의 효과가 커진다.
④ 변동환율제하에서는 인플레이션 위험보다 환율변동 위험이 더 중요하다.
⑤ 외환수요와 공급의 탄력성이 작을수록 환율의 변동성은 작아진다.

44

경기침체 시 대부자금시장에 대한 분석으로 가장 적절하지 않은 것은?

① 실질이자율에 대한 대부자금의 수요는 비탄력적이다.
② 실질이자율의 변동보다 대부자금 수요량의 변동이 크게 나타난다.
③ 해외부문을 고려하지 않으면 실질이자율에 대한 대부자금 공급은 비탄력적이다.
④ 대부자금 공급은 실질이자율보다 미래 기대에 대해 더 민감하게 반응한다.
⑤ 국가 간 자본이동성이 높으면 실질이자율에 대한 대부자금 공급은 탄력적이다.

정답 및 해설

43
① 디플레이션갭은 실제GDP가 잠재GDP보다 작은 상태이므로 총공급의 물가에 대한 탄력성이 커서 총수요가 증가할 경우 물가상승 압력 없이 실질GDP의 증가가 가능하다.
② 낮은 실질임금 수준에서는 노동공급의 실질임금에 대한 탄력성이 커서 실질임금의 부담없이 고용을 증가시킬 수 있고, 실질임금이 상승할수록 여가의 기회비용이 커져 탄력성이 작아진다.
③ 실질이자율 탄력성이 작을 경우 이자율이 변동하더라도 대부자금의 거래량의 변동은 작기 때문에 통화정책의 효과는 작아지고 재정정책의 효과는 커지게 된다.
⑤ 외환수요와 공급의 탄력성이 작을수록 환율의 변동에 비해 외환거래량은 작게 변동하기 때문에, 환율의 변동성은 커지고 외환거래량의 변동성은 작아진다.

44 침체국면에서는 불확실성이 크기 때문에 소비와 투자심리가 위축되어 실질이자율이 하락하더라도 대부자금의 수요가 크게 증가하지 않고, 실질이자율이 상승하더라도 크게 줄어들지 않는다.

정답 43 ④ 44 ②

45 ✪✪✪

경기침체 시 경제상태 분석에 대한 설명으로 가장 적절하지 않은 것은?

① 대부자금 수요의 실질이자율 탄력성이 작을수록 통화정책의 효과는 커진다.
② 경기침체기에는 총공급의 물가에 대한 탄력성은 커진다.
③ 기업은 실질임금 상승에 대한 부담없이 고용을 확대할 수 있다.
④ 확장적 재정정책은 실질GDP의 증가를 가져와 환율이 상승한다.
⑤ 해외부문이 없다면 실질이자율에 대한 대부자금의 공급은 비탄력적이다.

46 ✪✪

경기침체 시 확장적 재정정책에 대한 설명으로 적절하지 않은 것만 모두 묶은 것은?

> 가. 대부자금의 수요곡선은 비탄력적이고 공급곡선은 탄력적이다.
> 나. 총수요가 증가할 경우 실질GDP 증가율이 물가상승률보다 크다.
> 다. 실질임금이 큰 폭으로 상승해도 고용량의 증가율은 크지 않다.
> 라. 자본이동성이 높은 경우 확장적 재정정책의 효과는 폐쇄경제일 때보다 작다.
> 마. 자본이동성이 높으면 자본거래에 미치는 영향보다 경상거래에 미치는 영향이 크다.

① 가, 다
② 나, 라
③ 다, 마
④ 나, 다, 마
⑤ 나, 라, 마

정답 및 해설

45 대부자금 수요의 실질이자율 탄력성이 작으면, 실질이자율이 하락하더라도 소비와 투자가 빠르게 증가하지 않기 때문에, 통화정책의 효과는 작아지고, 재정정책의 효과는 커진다.

46 다. 경기가 침체국면에 있어 유휴 노동인력이 많아 실질임금에 대한 노동공급의 탄력성이 크기 때문에 낮은 실질임금 상승에도 균형 고용량은 큰 폭으로 증가한다.
마. 자본이동성이 높으면 경상거래보다 자본·금융거래에 미치는 영향이 크며, 재정지출 증가로 실질이자율이 상승하면 자본유입이 증가하여 환율은 하락하고 외환거래량은 증가한다.

정답 45 ① 46 ③

47 ✪✪✪

경기침체 시 확장적 재정정책에 따른 거시경제 변수의 변동으로 가장 적절하지 않은 것은?

① 물가도 상승하고, 실질GDP와 명목GDP 모두 증가한다.
② 실질임금 상승률이 물가상승률보다 낮아 고용량은 증가한다.
③ 실질이자율도 상승하고 명목이자율도 상승한다.
④ 본원통화에는 변동이 없지만, 통화공급량은 늘어난다.
⑤ 실질적인 국내 민간총투자의 증감은 알 수 없다.

48 ✪✪

경기침체 시 지급준비율을 낮추어 실질통화공급을 증가시키는 확장적 통화정책에 대한 설명으로 가장 적절한 것만 모두 묶은 것은?

> 가. 통화승수가 작아짐에 따라 실질이자율은 하락하고, 대부자금거래량은 증가한다.
> 나. 총수요가 증가할 경우 낮은 물가 상승에 비해 실질GDP는 크게 증가한다.
> 다. 노동수요가 증가하지만 실질임금이 상승하여 고용량은 감소하게 된다.
> 라. 자본이동성에 관계없이 환율은 상승하며 자본이동성이 높을수록 상승률은 커진다.
> 마. 개방경제하에서 통화정책은 폐쇄경제에서보다 효과가 크다.

① 가, 나 ② 나, 라
③ 가, 나, 다 ④ 나, 다, 마
⑤ 나, 라, 마

정답 및 해설

47	확장적 재정정책은 본원통화의 변동을 발생시키지 않고, 통화정책과 달리 직접적인 통화공급이 없기 때문에 통화공급량에도 영향을 미치지 않는다.
48	가. 지급준비율을 낮추면 통화승수는 커지고 예금통화가 증가하여 통화공급량이 증가하며, 실질이자율은 하락하고 대부자금거래량은 증가한다. 다. 실질임금에 대한 노동공급의 탄력성이 커서 실질임금이 조금만 상승해도 균형고용량은 큰 폭으로 증가하므로, 노동수요 증가로 실질임금이 상승하면 고용량도 함께 증가한다.

정답 47 ④ 48 ⑤

49

경기침체 시 지급준비율을 낮추어 실질통화공급을 증가시키는 확장적 통화정책에 따른 거시경제변수의 변동에 대한 설명으로 가장 적절하지 않은 것은?

① 물가는 상승하고 실질GDP와 명목GDP 모두 증가한다.
② 국가간 자본이동성과 상관없이 명목환율과 실질환율 모두 하락한다.
③ 실질이자율은 하락하나 물가가 상승해 명목이자율의 방향은 알 수 없다.
④ 본원통화에는 변동이 없고 통화공급량은 증가한다.
⑤ 실질이자율 하락과 실질GDP의 증가로 국내 민간총투자는 증가한다.

50

경기변동에 대한 설명으로 가장 적절하지 않은 것만 묶은 것은?

> 가. 경기변동의 주기는 일정하지 않지만 진폭은 대체로 일정하게 나타난다.
> 나. 국민경제 활동수준이 3개월 이상 장기추세선을 상회하면 확장국면으로 판단한다.
> 다. 국민경제의 총체적 활동수준을 측정하는 척도는 실질GDP가 사용된다.
> 라. 확장국면에서는 GDP갭이 양(+), 수축국면에서는 음(-)의 값을 갖는다.
> 마. 확장국면에는 일반적으로 상대가격 변동성 및 소득분배 불균형이 확대된다.

① 가, 나
② 나, 라
③ 가, 나, 다
④ 나, 라, 마
⑤ 다, 라, 마

정답 및 해설

49　확장적 통화정책으로 통화공급이 증가하면 실질이자율이 하락하여 자본이동성과 상관없이 명목환율과 실질환율은 모두 상승하며, 경상수지는 순증가하게 한다.

50　가. 경기변동은 반복적으로 나타나지만 그 주기와 진폭이 일정하지 않은 불규칙성과 예측불가능성의 특징을 가지며, 확장기간과 수축기간이 다른 비대칭성을 보인다.
　　나. 국민경제 활동수준이 2분기 이상 장기추세선을 상회할 경우 확장국면으로, 하회할 경우 수축국면으로 판단한다.

정답　49 ②　50 ①

51 ✪✪✪

경기변동의 일반적 특징에 대한 설명으로 가장 적절한 것은?

① 경기변동은 반복적으로 나타나며 그 주기는 거의 일정하다.
② 내구재 산업의 생산과 고용의 가격변화는 상대적으로 크다.
③ 생산성의 변동성은 GDP 변동성과 비슷하며 경기변동에 후행하는 경향이 있다.
④ 내구재 소비는 GDP보다 변동성이 크며 GDP에 선행하는 경향이 있다.
⑤ 실업률의 변동성은 경기역행적이며 경기변동에 선행하는 경향이 있다.

52 ✪

개별경제지표를 활용한 경기예측에 대한 설명으로 가장 적절하지 않은 것은?

① 종합적인 경기의 움직임을 전체적으로 파악하기 어렵다.
② 가계소비와 기업투자가 증가하면 총수요도 증가한다.
③ 객관적 관점에서 경기를 예측할 수 있다는 것이 장점이다.
④ 소비자물가지수는 통계청이, 생산자물가지수는 한국은행이 발표한다.
⑤ 한국은행의 경제통계시스템은 100대 통계지표를 속보로 제공한다.

정답 및 해설

51	① 경기변동은 반복적으로 나타나지만 주기는 일정하지 않은 것이 일반적이다. ② 내구재 산업의 생산과 고용의 진폭은 크고 상대적으로 가격변화는 작다. ③ 생산성의 변동은 GDP의 변동성과 비슷하며 경기변동에 선행하는 경향이 있다. ⑤ 실업률의 변동성은 GDP의 변동성 보다 작고 경기역행적이며 경기변동에 후행한다.
52	상대적으로 쉽고 빠르게 사용할 수 있는 방법이지만, 분석하는 사람의 개인적인 주관에 치우치기 쉬워 객관적 관점의 경기예측이 곤란한 것이 단점이다.

정답 51 ④ 52 ③

53 ✪✪

다음 중 경기선행종합지수의 구성지표로 적절한 것만 묶은 것은?

가. 재고순환지표	나. 소매판매액지수
다. 수출입물가비율	라. 장단기금리차
마. 소비재수입액	바. 건설기성액

① 가, 나, 다
② 가, 다, 라
③ 가, 다, 마
④ 다, 라, 마
⑤ 라, 마, 바

54 ✪✪✪

경기종합지수를 이용한 경기예측에 대한 설명으로 가장 적절한 것은?

① 지수가 반대방향으로 2분기 이상 연속하여 움직이면 전환점으로 본다.
② 경기종합지수는 장기적인 경기추세를 반영하지 못하는 것이 한계이다.
③ 경기변동의 방향과 전환점은 알 수 있지만, 속도는 분석할 수 없다.
④ 선행종합지수 전년동월비는 크기, 증감률, 진폭보다는 방향이 중요하다.
⑤ 월간의 미세한 경기변동은 파악하는 것이 곤란하다는 점이 한계이다.

정답 및 해설

| 53 | 나와 바는 동행종합지수, 마는 후행종합지수에 해당하며, 선행종합지수는 가, 다, 라 외에 경제심리지수, 기계류내수출하지수, 건설수주액, 코스피지수 등 7개로 구성된다. |
| 54 | ① 현재와 반대방향으로 3개월 이상 연속하여 움직이는 것을 경기전환점으로 본다.
② 경기종합지수는 장기적인 경기추세와 경기의 움직임을 동시에 포함하고 있다.
③ 경기종합지수는 개별지표를 지수화하여 분석하기 때문에 경기변동의 방향과 경기국면 및 경기전환점은 물론 속도까지도 정교하게 분석할 수 있는 것이 장점이다.
⑤ 구성지수의 변동을 전월과 대비할 뿐 아니라 동 증감률 자체를 가지고 경기방향 및 변동폭을 판단하기 때문에 월간의 미세한 변동까지도 파악이 가능하다. |

정답 53 ② 54 ④

55 ★★

경기종합지수를 이용한 경기예측에 대한 설명으로 적절한 것만 모두 묶은 것은?

> 가. 경기변동의 단기예측이 가능하고 비교적 정확한 경기상태를 반영한다.
> 나. 경기변동의 방향은 분석할 수 있으나 구체적인 경기전환시점의 파악은 곤란하다.
> 다. 서로 다른 경제지표들이 경기에 대해 서로 상반된 신호를 나타낼 수 있다.
> 라. 경제지표의 증감은 실제 발생한 경기변동의 진폭과는 관련성이 낮다.
> 마. 경제구조가 빠르게 변화하더라도 경기예측이 가능한 것이 장점이다.

① 가, 나
② 다, 라
③ 가, 다, 라
④ 나, 다, 마
⑤ 다, 라, 마

56 ★★★

경제지표를 이용한 경기예측의 문제점에 대한 설명으로 가장 적절하지 않은 것은?

① 각 경제지표들이 거짓신호를 보내는 경우도 있다.
② 예측한 시점과 실제 발생시점이 불규칙하게 나타날 수 있다.
③ 각 경제지표들이 경기에 대해 상반된 신호를 나타낼 수 있다.
④ 장기추세보다 경제지표의 월간 변동을 더 중요하게 고려해야 한다.
⑤ 경기구조의 변화에 따라 사용하는 경제지표도 개편되어야 한다.

정답 및 해설

55	나. 경기종합지수를 이용한 방법은 경기변동의 진폭까지 알 수 있어 경기변동의 방향, 경기국면 및 경기전환점뿐만 아니라 그 속도까지도 분석할 수 있다. 마. 경제구조가 빠르게 변화할 경우 경제지표의 경기대응성이 저하될 가능성이 크므로 적절한 시기에 구성지표나 합성방법 등의 변경을 통해 경제지표를 개편해야 한다.
56	한 달 동안의 경제지표의 움직임으로 경기변동을 예측하는 것은 다양한 측면에서 무리가 따르기 때문에, 월간 변동보다는 장기적인 추세와 전환점을 파악하고 예측하는 것이 더 중요하다.

정답 55 ③ 56 ④

57

설문조사에 의한 경기 예측방법에 대한 설명으로 가장 적절하지 않은 것은?

① 비교적 손쉽게 경기의 움직임을 판단할 수 있고 속보성 면에서 유용하다.
② 기업경기실사지수(BSI)가 100을 초과하는 경우 확장국면으로 판단한다.
③ 설문조사에 의하므로 지수작성 과정과 결과의 해석이 다른 방법에 비해 객관적이다.
④ 구체적인 경기전환점을 파악하기 어려운 것이 한계라고 할 수 있다.
⑤ 응답자가 호황에서는 보다 낙관적으로, 불황에서는 비관적으로 반응을 보이는 경향이 있어 실제보다 과대 또는 과소 예측될 수 있다.

58

기업체를 대상으로 향후 경기에 대한 설문조사를 실시한 결과 긍정적으로 응답한 기업이 580개, 부정적으로 응답한 기업이 420개인 경우 기업경기실사지수는 얼마인가?

① 101.6
② 116.0
③ 128.0
④ 142.5
⑤ 158.0

정답 및 해설

57 설문조사에 의한 경기예측은 결과치의 해석이 분석자의 주관에 좌우될 가능성이 크고 구체적인 경기전환점 파악이 어렵다는 것이 단점이다.

58 기업경기실사지수는 [(긍정적인 응답업체수 - 부정적 응답업체수) / 전체 응답업체수]×100 + 100으로 계산하므로, [(580 - 420) / 1,000]×100 + 100 = 116.0

정답 57 ③ 58 ②

59

시계열모형을 이용한 경기예측에 대한 설명으로 가장 적절하지 않은 것은?

① 시간변수나 시계열의 행태를 이용하여 경기변동을 예측한다.
② 일부 관심 경제변수 간의 상관관계에 바탕을 두고 작성된다.
③ 비교적 간단하지만 막대한 시간과 노력이 소요되는 것이 단점이다.
④ 지표에 영향을 미치는 경제환경의 영향을 설명하는 것이 곤란하다.
⑤ 과거 행태가 반복되고 외부충격이 없는 경우 단기예측에 유용하다.

정답 및 해설

59 | 거시경제계량경제모형에 비해 비교적 간단하고 시간과 노력의 투입이 작아 비용이 적게 든다는 것이 장점이며, 정책의 효과를 정교하게 측정하고 분석할 수 없는 것이 한계이다.

정답 59 ③

60 ✪✪✪

거시계량경제모형을 이용한 경제예측 방법에 대한 설명으로 적절한 것만 묶은 것은?

> 가. 모형의 작성과 유지에 막대한 시간과 노력이 소요되는 점이 한계이다.
> 나. 탄탄한 경제이론에 바탕을 두고 있어 오차가 발생하지 않는 것이 장점이다.
> 다. 경제여건이나 구조가 크게 바뀌더라도 정교한 경기예측이 가능하다.
> 라. 거시경제변수들의 움직임과 변수 간의 파급효과 등을 구체적으로 측정할 수 있다.
> 마. 모형을 구성하는 변수 간의 관계가 안정적이지 않을 경우 예측력이 떨어진다.

① 가, 나
② 다, 라
③ 가, 나, 다
④ 가, 라, 마
⑤ 나, 다, 마

정답 및 해설

60
나. 현실경제에 작용하는 모든 요인을 변수화할 수 없으므로 오차 발생은 필연적이고, 모형에 표기되지 않은 변수의 충격이 클 경우 오차 발생 가능성은 더 높아진다.
다. 모형의 기초가 되는 경제이론이 맞지 않거나, 경제 여건이나 구조가 크게 바뀌어 경제변수 간의 관계가 변하는 경우 예측력이 떨어진다.

정답 60 ④

Chapter 02 자가학습진단표

	진단 내용	Yes	No
01	개방경제하에서의 단기, 장기를 구분할 수 있습니까?		
02	단기/장기 거시경제분석의 특징을 비교할 수 있습니까?		
03	거시경제의 4시장과 경제주체를 알고 있습니까?		
04	생산물시장과 요소시장과 2부문모형, 3부문모형, 폐쇄경제 국민소득 순환모형, 개방경제 국민소득 순환모형의 개념과 구조도를 이해하고 있습니까?		
05	총공급의 개념과 공급곡선의 영향요인을 알고 있습니까?		
06	총수요의 개념과 수요곡선의 영향요인을 알고 있습니까?		
07	노동공급과 노동수요, 고용량결정을 이해하고 있습니까?		
08	인플레이션의 종류와 문제점을 알고 있습니까?		
09	실업의 종류와 자연실업률을 이해하고 있습니까?		
10	단기/장기 필립스곡선에 대해 이해하고 있습니까?		
11	재정수지와 재원조달 방법을 알고 있습니까?		
12	통화지표의 종류와 구분기준을 알고 있습니까?		
13	본원통화의 구성과 증감에 대해 알고 있습니까?		
14	통화승수와 통화량 변동요인을 이해하고 있습니까?		
15	통화정책의 수단과 파급효과를 알고 있습니까?		
16	한국은행의 통화정책의 세부내용을 알고 있습니까?		
17	실질이자율의 변동요인과 수익률곡선을 알고 있습니까?		
18	대부자금에 대한 실질이자율 결정과 관련하여, 대부자금 공급곡선, 수요곡선, 이자율 결정 방법을 알고 있습니까?		
19	외부충격과 대부자금의 영향을 이해하고 있습니까?		
20	환율표시방법과 종류에 대해 알고 있습니까?		

	진단 내용	Yes	No
21	외환 수요/공급, 균형환율 결정에 대해 알고 있습니까?		
22	환율 변동요인 그 효과에 대해 알고 있습니까?		
23	국제수지표의 구성과 세부내용에 대해 알고 있습니까?		
24	주요 4시장에서의 경제변수의 영향과 파급효과에 대해 이해하고 있습니까?		
25	4시장의 현재 경제상태 분석방법을 알고 있습니까?		
26	확장적 재정정책의 시장별 연쇄반응을 알고 있습니까?		
27	확장적 재정정책에 따른 거시경제 변수의 변동을 이해하고 있습니까?		
28	확장적 통화정책의 시장별 연쇄반응을 알고 있습니까?		
29	확장적 통화정책에 따른 거시경제 변수의 변동을 이해하고 있습니까?		
30	경기변동의 원인과 특징을 알고 있습니까?		
31	개별경제지표를 이용한 경기예측에 대해 알고 있습니까?		
32	종합경기지표를 이용한 경기예측에 대해 알고 있습니까?		
33	경기종합지수의 구성지표를 선행지수, 동행지수, 후행지수로 나누어 이해하고 있습니까?		
34	설문조사를 이용한 경기예측에 대해 알고 있습니까?		
35	계량모형을 이용한 경기예측에 대해 알고 있습니까?		

Yes 개수별 진단결과

- 15개 이하 : 합격예상도는 40% ➜ 기본서로 관련 내용을 다시 한번 꼼꼼하게 학습하세요.
- 16~30개 : 합격예상도는 60% ➜ 핵심 정리를 통해 주요 내용을 다시 한번 체크하세요.
- 31개 이상 : 합격예상도는 80% ➜ 문제를 통해 100% 합격에 도전하세요.

출제경향분석

생소한 법률용어들이 매우 많아 대부분의 수험생에게 어렵게 느껴질 것으로 보입니다.
다행히도 시험문제는 썩 어렵게 출제되지는 않고 있으므로 완벽하지 않더라도 열심히 공부하시면 득점이 가능할 것으로 보입니다.

제3장

법률

Chapter 03 문제로 보는 출제경향

01

민법상 물권에 대한 다음의 설명 중 타당한 것은?

① 소유권은 본권유무를 묻지 않고 사실상의 지배에 의하여 성립하는 권리이다.
② 소유의 형태 중 공유는 공동의 목적으로 결합된 형태를 말한다.
③ 용익물권은 다른 사람의 물건을 일정한 범위 안에서 사용·수익할 수 있는 권리이다.
④ 지상권은 자기 토지의 가치를 증대시키기 위하여 다른 사람의 토지를 이용하는 용익물권이다.
⑤ 유치권은 목적물의 교환가치를 채권의 담보로 하는 담보물권으로 점유를 상실하여도 유치권은 존속한다.

해설 ① 본권유무를 묻지 않고 사실상의 지배에 의하여 성립하는 권리는 점유권이다.
② 공유는 공동목적이 없이 결합된 것을 의미한다.
④ 자기 토지의 가치를 증대시키기 위하여 다른 사람의 토지를 이용하는 용익물권은 지역권이다.
⑤ 유치권은 담보물권의 한 종류로 점유를 상실하면 유치권은 소멸한다.

정답 ③

02

자본시장과 금융투자업에 관한 법률의 금융투자업에 관한 설명 중 잘못된 것은?

① 금융투자업은 이익을 얻을 목적으로 영업활동을 하는 경우에 한하여 인정된다.
② 금융투자업은 투자매매업, 투자중개업, 집합투자업, 투자자문업, 투자일임업, 신탁업의 6가지로 분류된다.
③ 증권회사의 회사채 발행 및 인수업무는 투자매매업에 해당한다.
④ 대가 없이 다른 영업에 부수하여 금융투자상품의 가치나 금융투자상품에 대한 투자판단에 관한 자문에 응하는 경우에도 기능적으로 판단하여 투자자문업으로 본다.
⑤ 동법에서는 기능별로 분류된 6개 금융투자업에 대해서 상호 간 겸영을 허용하고 있다.

해설 투자자문업이란 금융투자상품의 가치 또는 금융투자상품에 대한 투자판단에 관한 자문에 응하는 것을 영업으로 하는 것을 말한다. 따라서 대가 없이 다른 영업에 부수하여 금융투자상품의 가치나 금융투자상품에 대한 투자판단에 관한 자문에 응하는 경우에는 투자자문업으로 보지 않는다.

정답 ④

03

민법의 상속제도에 대한 다음의 설명 중 가장 타당한 것은?

① 상속의 제1순위인 직계비속은 피상속인의 자녀들만을 의미한다.
② 직계비속에는 양자녀는 포함하지 않는다.
③ 상속에 있어 배우자는 직계비속, 직계존속과 공동상속인이 된다.
④ 배우자에는 사실혼의 배우자를 포함한다.
⑤ 우리나라 상속제도에서는 대습상속을 인정하지 않는다.

해설
① 상속의 제1순위인 직계비속은 피상속인의 자녀 외에 손자녀·증손자녀 등도 포함된다.
② 직계비속에는 양자녀는 포함한다.
④ 배우자에는 사실혼의 배우자는 포함하지 않는다.
⑤ 우리나라 상속제도에서는 대습상속을 인정한다.

정답 ③

04

금융투자상품의 투자권유 시 유의사항에 대한 다음의 설명 중 잘못된 것은?

① 거짓의 내용을 알리는 행위를 하여서는 아니 된다.
② 증권과 장내파생상품에 대하여 투자권유를 하는 경우에는 방문·전화 등 실시간 대화의 방법을 이용하는 행위를 할 수 있다.
③ 투자권유를 받은 투자자가 이를 거부하는 취지의 의사표시를 한 후 1개월이 지난 후에 다시 투자권유를 하는 행위를 할 수 있다.
④ 임직원은 투자자에게 투자권유를 하는 경우 금융투자상품의 가치에 중대한 영향을 미칠 수 있는 중요사항을 거짓 또는 왜곡하여 설명하거나 누락하여서는 아니 된다.
⑤ 계열회사의 펀드를 투자권유하는 경우 회사와 계열회사에 해당한다는 사실을 고지하기만 하면 된다.

해설 계열회사의 펀드를 투자권유하는 경우 회사와 계열회사에 해당한다는 사실을 고지하여야 하고, 계열회사가 아닌 집합투자업자가 운용하는 유사한 펀드를 함께 투자권유하여야 한다.

정답 ⑤

Chapter 03 길라잡이 문제

중요이론(Key Point)을 재정리할 수 있는 대표문제로 구성하였습니다.

• Key Point • 민법의 기본원리

01 다음 중 민법의 기본원리에 해당하는 것을 모두 고르시오.

> ㄱ. 사유재산 존중의 원칙 ㄴ. 사적자치의 원칙
> ㄷ. 과실책임의 원칙 ㄹ. 사회적 조정의 원칙
> ㅁ. 공신의 원칙

① ㄱ, ㄴ, ㄷ, ㄹ ② ㄴ, ㄷ, ㄹ
③ ㄱ, ㄷ, ㄹ, ㅁ ④ ㄱ, ㄷ, ㅁ
⑤ ㄴ, ㄹ

해설
공신의 원칙은 민법의 기본원리가 아니라 물권의 변동과 관련된 물권법의 원칙이다.

정답 ①

• Key Point • 민법의 기본구조

02 민법의 기본구조에 대한 다음의 설명 중 잘못된 것은?

① 법에 의하여 구속되는 사람의 지위를 의무라고 한다.
② 법에 의하여 보호되는 사람의 지위를 권리라고 한다.
③ 권리·의무의 주체가 될 수 있는 능력을 행위능력이라고 한다.
④ 친족법상 권리의 객체는 '신분상의 지위'이다.
⑤ 법률행위란 법률관계의 발생과 변경 또는 소멸을 목적으로 하는 행위이다.

해설
권리·의무의 주체가 될 수 있는 능력을 권리능력이라고 한다.

정답 ③

• Key Point • 용익물권

03 다음 중 용익물권에 해당하는 것을 모두 고르시오.

ㄱ. 저당권	ㄴ. 지역권
ㄷ. 전세권	ㄹ. 지상권
ㅁ. 유치권	

① ㄱ, ㄴ, ㄷ, ㄹ
② ㄴ, ㄷ, ㄹ
③ ㄱ, ㄷ, ㄹ
④ ㄱ, ㄷ
⑤ ㄴ, ㄹ

해설
지상권, 지역권, 전세권이 용익물권이고 유치권, 질권, 저당권이 담보물권이다.

정답 ②

• Key Point • 물권의 변동

04 물권의 변동에 대한 다음의 설명 중 잘못된 것은?

① 부동산 물권에 관해서는 등기를 공시방법으로 하고 있다.
② 동산물권에 관해서는 점유를 공시방법으로 정하고 있다.
③ 판례는 수목의 집단·미분리의 과실 등의 공시방법으로 명인방법을 인정하고 있다.
④ 매도인의 등기명의를 믿고 매수한 선의의 제3자는 법률행위가 무효 취소되더라도 항상 물권을 취득할 수 있다.
⑤ 상속에 의한 부동산 물권 취득 및 소멸은 등기를 하지 않아도 효력이 발생한다.

해설
부동산물권에 대해서는 독일민법과 달리 공신의 원칙을 인정하지 않고 있다. 그러므로 매도인의 등기명의를 믿고 거래한 제3자는 법률행위가 무효 또는 취소되면 별도로 선의의 제3자 보호규정이 없는 이상 무권리자로부터 물권을 취득한 것이 되어 물권을 취득할 수 없다.

정답 ④

Key Point 물권의 소멸

05 물권의 소멸에 대한 다음의 설명 중 잘못된 것은?

① 물건이 멸실되면 물권은 당연히 소멸한다.
② 저당권자가 저당부동산의 소유권을 취득하면 저당권은 소멸한다.
③ 채권 및 소유권 이외의 재산권은 20년간 행사하지 아니하면 소멸시효가 완성한다.
④ 물권의 포기는 물권자가 자기의 물권을 포기한다는 의사표시를 하는 물권적 단독행위이다.
⑤ 후순위저당권이 있는 상태에서 선순위저당권자가 소유권을 취득한 경우에는 혼동으로 저당권이 소멸한다.

해설
저당권자가 저당부동산의 소유권을 취득하면 동일한 부동산의 소유권과 제한물권이 동일인에게 귀속하게 되어 저당권은 소멸하지만, 후순위저당권이 있는 상태에서 선순위저당권자가 소유권을 취득한 경우에는 혼동으로 저당권이 소멸하지 않는다.

정답 ⑤

Key Point 집합건물의 소유권

06 집합건물의 소유권에 관한 다음 내용 중 틀린 것은?

① 집합건물은 일반부동산과 달리 '집합건물의 소유 및 관리에 관한 법률'에 의해서 별도로 규율된다.
② 집합건물의 전유부분에 대해서는 단독소유권을 인정한다.
③ 집합건물의 공유부분과 대지에 대해서는 전유부분에 따르는 공유지분을 인정한다.
④ 집합건물법에 의해 구분 소유되는 구분건물은 근저당권의 목적물이 될 수 없다.
⑤ 대지권은 구분건물의 종물로 인정된다.

해설
집합건물법에 의해 구분 소유되는 구분건물도 근저당권의 목적물이 된다.

정답 ④

Key Point 공동소유권

07 공동소유권에 관한 다음 내용 중 맞는 것을 모두 고르시오.

> ㄱ. 공유는 공동의 목적을 가지고 수인이 물건을 소유하는 것을 말한다.
> ㄴ. 합유는 일정한 사업 등 공동의 목적을 위하여 결합하였으나 그 결합체가 단체로서의 성질을 가지지 못하는 조합이 물건을 소유하는 것을 말한다.
> ㄷ. 총유는 법인이 아닌 사단이 물건을 소유하는 것을 말한다.

① ㄱ, ㄴ, ㄷ 　　② ㄴ, ㄷ
③ ㄱ, ㄷ 　　　　④ ㄱ
⑤ ㄴ

해설
공유는 공동의 목적이 없이 수인이 물건을 소유하는 것을 말한다.

정답 ②

Key Point 저당권

08 저당권에 대한 내용 중 옳지 않은 것은?

① 다수의 저당권이 설정되어 있는 경우 그 순위는 설정등기의 순서에 의한다.
② 저당권이 성립하기 위해서는 당사자 사이의 저당권설정의 합의와 등기를 하여야 한다.
③ 저당권자는 경매절차에서 일반채권자보다 우선하여 배당을 받을 수 있다.
④ 등기 또는 등록으로 공시하는 일정한 동산에 대하여는 저당권의 설정이 인정되고 있다.
⑤ 근저당권은 채권최고액만 등기하면 된다.

해설
근저당권은 계약과 등기에 의해 성립하며, 근저당권이라는 사실과 채권최고액이 등기되어야 한다.

정답 ⑤

* Key Point * 채권의 종류

09 채권에 관한 다음 내용 중 맞는 것을 모두 고르시오.

> ㄱ. 지명채권의 양도는 양도인의 채무자에 대한 통지 또는 채무자의 승낙이 없으면 채무자에게 채권양도를 가지고 대항하지 못한다.
> ㄴ. 무기명채권은 특정한 채권을 증권의 소지인에게 변제하여야 하는 증권적 채권이다.
> ㄷ. 지시채권은 그 증서에 배서하여 양수인에게 교부하는 방식으로 양도한다.
> ㄹ. 지명채권의 양도에서 채무자의 승낙이 있으면 제3자에게 대항할 수 있다.

① ㄱ, ㄴ, ㄷ
② ㄱ, ㄴ, ㄷ, ㄹ
③ ㄱ, ㄷ, ㄹ
④ ㄱ, ㄷ
⑤ ㄴ, ㄹ

해설
지명채권의 양도를 제3자에게 대항하기 위해서는 양도인의 채무자에 대한 통지 또는 채무자의 승낙이 확정일자 있는 증서에 의하여야 한다.

정답 ①

* Key Point * 채권의 소멸 사유

10 채권의 소멸 사유 중 채권자와 채무자가 서로 같은 종류를 목적으로 하는 채권·채무를 가지고 있는 경우에 그 채무들을 대등액에서 소멸하게 하는 단독행위는 무엇인가?

① 변제
② 공탁
③ 상계
④ 경개
⑤ 혼동

해설
채권의 소멸 사유 중 상계에 관한 설명이다.

정답 ③

• Key Point • 주식회사의 설립

11 주식회사의 설립과 관련된 설명 중 잘못된 것은?

① 주식회사의 설립사무를 담당하는 자는 특수한 지위를 가진 발기인이다.
② 주식회사의 설립방법에는 발기설립과 모집설립이 있다.
③ 발기인의 수는 1인 이상이어야 하고, 주주의 수는 3인 이상이어야 한다.
④ 설립 중인 회사의 성립시기는 정관이 작성되고 발기인이 1주 이상의 주식을 인수한 때이다.
⑤ 주주는 주식의 인수가액을 한도로 회사에 대하여 출자의무를 부담하며 회사채권자에 대하여 책임을 지지 않는다.

해설
주주의 수는 발기인의 수와 같이 1인 이상이어야 하고, 성립 후에도 제한이 없으므로 주주가 1인인 회사도 인정된다.

정답 ③

• Key Point • 주식회사의 기관

12 주식회사의 기관에 관한 다음 내용 중 맞는 것을 모두 고르시오.

ㄱ. 이사·감사의 선임은 주주총회의 특별결의 사항에 해당한다.
ㄴ. 주주총회는 상법이 정하는 사항에 대해서만 의결할 수 있다.
ㄷ. 이사는 구성원으로서 회사의 업무집행에 관한 의사결정과 대표이사의 업무집행을 감독하는 데 참여할 권한을 갖는 자이다.
ㄹ. 감사는 이사의 업무집행을 감사하고 회계를 감사할 권한을 가진 주식회사의 기관이다.

① ㄱ, ㄴ, ㄷ, ㄹ
② ㄴ, ㄷ, ㄹ
③ ㄱ, ㄷ, ㄹ
④ ㄱ, ㄷ
⑤ ㄷ, ㄹ

해설
ㄱ. 이사·감사의 선임은 주주총회의 보통결의 사항에 해당한다.
ㄴ. 주주총회는 상법 또는 정관이 정하는 사항에 대해서만 의결할 수 있다.

정답 ⑤

• Key Point • 주식회사의 자본금

13 주식회사의 자본금에 대한 다음의 설명 중 타당한 것은?

① 사채는 자기자본이다.
② 주식은 타인자본이다.
③ 자본의 증가는 정관에 특별한 규정이 없는 한 이사회의 결정으로 가능하다.
④ 신주가 발행되면 등기사항이 아니므로 등기할 필요는 없다.
⑤ 자본금 감소는 주주총회의 보통결의가 있어야 한다.

📝 해설
① 사채는 타인자본이다.
② 주식은 자기자본이다.
④ 신주가 발행되면 발행주식총수 및 주식의 종류와 수의 변경이 생기고 자본의 총액이 증가하므로 변경등기를 하여야 한다.
⑤ 자본금의 감소는 주주의 이해관계에 중대한 영향을 미치는 행위이므로 정관변경의 경우와 마찬가지로 주주총회의 특별결의가 있어야 한다.

✅ 정답 ③

• Key Point • 회사분할 시 채권자보호절차

14 회사의 분할 또는 분할합병 시 채권자보호절차에 관한 다음 내용 중 틀린 것은?

① 채권자의 이의권은 단순분할의 모든 경우에 인정된다.
② 분할합병의 경우에는 모든 채권자의 이의가 인정된다.
③ 알고 있는 채권자에 대하여는 최고하여야 한다.
④ 채권자가 기간 내에 이의를 제출하지 아니하면 분할 또는 분할합병을 승인한 것으로 본다.
⑤ 채권자의 이의권은 분할로 설립되는 회사가 분할되는 회사의 채무를 제한적으로 승계한 경우에만 인정된다.

📝 해설
채권자의 이의권은 단순분할의 모든 경우에 인정되지 않고 분할로 설립되는 회사가 분할되는 회사의 채무를 제한적으로 승계한 경우에만 인정된다.

✅ 정답 ①

• Key Point • 전자증권제도

15 전자증권제도에 관한 다음 내용 중 틀린 것은?

① 2019년 9월 시행 이후 증권시장에 상장된 회사는 의무적으로 예탁제도에서 전자증권제도로 전환된다.
② 실물증권의 발행 없이 전자적 방법에 따라 증권을 등록발행하고 전산장부상으로만 양도, 담보, 권리행사 등이 이루어지는 제도이다.
③ 전자등록의 효과로는 권리추정력, 효력발생요건, 선의취득이 있다.
④ 신탁의 경우에도 효력발생요건이 된다.
⑤ 증권예탁제도와 달리 실물발행이 금지된다.

해설
신탁의 경우는 효력발생요건이 아닌 제3자에 대한 대항요건이다.

정답 ④

• Key Point • 예금계약의 성립시기

16 은행거래에서 예금계약의 성립시기가 타당하지 못한 것은?

① 현금입금 : 은행직원이 예금자가 의사표시와 함께 청약한 금액과 일치함을 확인한 때
② 현금계좌송금 : 예금원장에 입금이 기록된 때
③ 어음 : 예금원장에 입금이 기록된 때
④ 자기앞수표 : 지급제시기간 내 사고신고가 없고 결제를 은행이 확인하고 예금원장에 입금기장을 마친 때
⑤ 전자자금이체 : 수취인의 계좌가 개설되어 있는 금융회사의 계좌원장에 입금기록이 끝난 때

해설
어음 및 수표는 현금 입금의 경우와 달리 은행이 그 증권을 교환에 돌려 부도반환시한이 지나고 결제를 확인한 때에 예금계약이 성립한다.

정답 ③

• Key Point • 대출계약

17 대출계약과 관련된 다음의 설명 중 잘못된 것은?

① 대출계약은 민법상 소비대차계약이다.
② 대출계약은 유상·낙성·쌍무계약의 성격을 가진다.
③ 여신계약의 기본적인 내용은 여신거래기본약관에서 규정하고 있고, 세부적인 사항은 여신거래약정서 등을 이용하여 약정한다.
④ 대출계약의 성립시기는 차주가 금전소비대차약정서를 작성하여 은행에 제출하고 은행이 이를 이의 없이 수리한 때이다.
⑤ 어음대출은 차주가 취득한 어음을 금융기관이 어음 만기일까지의 이자를 차감하여 매입함으로써 자금을 공급하는 형식의 대출이다.

ꕜ 해설
어음할인에 관한 내용이다.
어음대출은 여신거래약정서 이외에 담보용도의 어음을 추가로 징구한다.

 ⑤

• Key Point • 상계

18 상계에 관한 다음 내용 중 맞는 것을 모두 고르시오.

> ㄱ. 상계는 채권자와 채무자가 서로 같은 종류를 목적으로 하는 채권·채무를 가지고 있는 경우에 그 채무들을 대등액에서 소멸하게 하는 단독행위이다.
> ㄴ. 유효한 상계가 있으면 자동채권과 수동채권은 상계의 의사표시 당시의 대등액에 관하여 소멸한다.
> ㄷ. 상계의 의사표시를 해야 상계의 효력이 발생한다.
> ㄹ. 상계가 유효하려면 상계적상에 있어야 한다.

① ㄱ, ㄴ, ㄷ, ㄹ
② ㄴ, ㄷ, ㄹ
③ ㄱ, ㄷ, ㄹ
④ ㄱ, ㄷ
⑤ ㄴ, ㄹ

ꕜ 해설
유효한 상계가 있으면 자동채권과 수동채권은 그 상계적상 시로 소급하여 대등액에 관하여 소멸한다.

 ③

• Key Point • 약관

19 약관에 대한 다음의 설명 중 가장 타당한 것은?

① 약관과 개별약정이 충돌할 때에는 충돌부분에 대해서는 항상 약관이 우선한다.
② 약관이 계약의 내용으로 되기 위해서는 당사자 사이의 편입합의가 있어야 한다.
③ 약관내용을 명시하면 되고 약관의 사본을 교부할 필요는 없다.
④ 약관내용 명시의무를 위반하면 계약은 무효이다.
⑤ 약관의 중요한 내용은 어떠한 경우에도 구두로 설명되어야 한다.

해설
① 약관과 개별약정이 충돌할 때에는 충돌부분에 대해서는 개별약정이 우선한다.
③ 약관내용을 명시하여야 하고, 약관의 사본을 고객이 요구하는 경우 교부하여야 한다.
④ 은행이 약관내용 명시의무 및 사본교부의무에 위반하여 계약을 체결한 때에는 당해 약관을 계약의 내용으로 주장할 수 없다.
⑤ 구두설명이 원칙이나 부득이한 경우 약관 외에 별도의 설명문에 의해 성실하고 정확하게 고객에게 설명한 경우 설명의무를 다한 것으로 볼 수 있다.

정답 ②

• Key Point • 신탁제도

20 신탁제도에 관한 다음 내용 중 맞는 것을 모두 고르시오.

> ㄱ. 수탁자가 파산하는 경우 신탁재산은 수탁자의 파산재단에 속하지 않는다.
> ㄴ. 신탁은 위탁자, 수탁자, 수익자의 3당사자 관계이다.
> ㄷ. 신탁법과 자본시장법이 충돌하는 경우에는 특별법인 자본시장법이 우선한다.
> ㄹ. 수탁자는 자신의 고유한 재산과 신탁재산을 구분하여 관리하여야 한다.

① ㄱ, ㄴ, ㄷ, ㄹ ② ㄴ, ㄷ, ㄹ
③ ㄱ, ㄷ, ㄹ ④ ㄱ, ㄷ
⑤ ㄴ, ㄹ

해설
모두 맞는 내용이다.

정답 ①

• Key Point • 금융소비자보호법

21 금융소비자보호법에 대한 다음의 설명 중 잘못된 것은?

① 금융소비자 보호가 필요한 이유는 정보의 비대칭성으로 인하여 금융소비자의 교섭력이 떨어지기 때문이다.
② 파생결합증권에 50% 초과하여 운용하는 펀드는 적정성원칙 대상상품에 해당한다.
③ 금융투자회사는 일반투자자에 대해서 투자권유를 하고 난 후 투자의 최종결정 전에 투자자의 투자목적, 재산상황 및 투자경험 등에 비추어 투자자에게 적합한 투자권유를 하여야 한다.
④ 소비자가 자발적으로 구매하려는 금융상품이 재산상황, 투자경험 등에 비추어 부적절한 경우 이를 고지, 확인하여야 한다.
⑤ 은행상품 광고에는 소비자의 오해 유발 또는 분쟁 야기 우려가 있는 표현의 사용은 금지된다.

해설
금융투자회사는 일반투자자에 대해서 투자권유를 하기 전에 투자자의 투자목적, 재산상황 및 투자경험 등에 비추어 투자자에게 적합하게 투자권유를 하도록 하고 있다.

정답 ③

• Key Point • 금융상품판매행위에 따른 분류

22 금융소비자보호법상 '금융상품 판매행위에 따른 분류'에 있어 판매대리중개업자가 아닌 것은?

① 투자권유대행인　　② 보험대리점
③ 대출모집인　　　　④ 투자자문업자
⑤ 보험설계사

해설
금융상품 판매행위의 속성에 따른 분류
① 직접판매업자 : 은행, 보험사 등
② 판매대리중개업자 : 투자권유대행인, 보험설계사, 보험대리점, 대출모집인 등
③ 자문업자 : 투자자문업자

정답 ④

• Key Point • 금융소비자보호법상 금융상품 판매원칙

23 금융소비자보호법상 금융상품 판매원칙에 관한 다음 내용 중 틀린 것은?

① 금융상품 계약체결을 권유하거나 소비자가 설명을 요청하는 경우 상품의 중요사항을 설명해야 한다.
② 적합성, 적정성원칙 위반행위에 대해서도 과태료 부과가 가능하다.
③ 소비자가 자발적으로 구매하려는 금융상품이 재산상황, 투자경험 등에 비추어 부적절한 경우 이를 고지, 확인하는 것은 적정성원칙이다.
④ 적합성원칙은 예금성상품에는 적용되지 않는다.
⑤ 판매업자 등이 금융상품 판매 시 우월적 지위를 이용하여 소비자의 권익을 침해하는 행위가 금지된다.

📩 해설
적합성원칙은 예금성상품의 경우 수익률 변동가능성이 있는 상품에 한정한다.

 ④

• Key Point • 금융소비자보호법상 판매원칙 위반 시 제재강화

24 금융소비자보호법상 판매원칙 위반 시 제재강화에 관한 다음 내용 중 틀린 것은?

① 설명의무 위반여부관련 손해배상청구 소송 시 고의, 과실 입증책임을 금융회사 등으로 전환하였다.
② 판매원칙 위반 시 1억원 이하 또는 3천만원 이하의 과태료 부과가 가능하다.
③ 금융소비자가 금융상품 판매업자 등의 위법한 행위로 금융상품에 관한 계약을 체결한 경우 체결일로부터 1년 내 계약의 해지요구가 가능하다.
④ 주요 판매원칙 위반 시 관련 수입 등의 50%까지 과징금 부과가 가능하다.
⑤ 사용자책임을 일반화하여 모든 판매채널에 적용한다.

📩 해설
금융소비자가 금융상품 판매업자 등의 위법한 행위로 금융상품에 관한 계약을 체결한 경우 체결일로부터 5년 내, 위법사실을 안 날로부터 1년 이내에 계약해지요구가 가능하다.

정답 ③

• Key Point • 금융소비자권익보호

25 금융소비자보호법에 관한 다음 내용 중 틀린 것은?

① 일정기간 내 소비자가 금융상품 계약을 철회하는 경우 판매자는 이미 받은 금전, 재화 등을 반환해야 한다.
② 분쟁조정이 신청된 사건에 대하여 소송이 진행 중일 경우 법원이 중지할 수 있다.
③ 직판업자에게 대리, 중개업자에 대한 관리책임을 부여하고 위반 시 과징금, 과태료, 손해배상 책임을 부과하였다.
④ 일반금융소비자가 신청한 3천만원 이하의 소액분쟁은 분쟁조정 완료 시까지 금융회사의 제소를 금지하였다.
⑤ 청약철회권은 대출성, 보장성 상품과 일부 투자성상품에 적용된다.

해설
일반금융소비자가 신청한 2천만원 이하의 소액분쟁은 분쟁조정 완료 시까지 금융회사의 제소를 금지하였다.

정답 ④

• Key Point • 은행의 건전성 감독기구

26 다음 중 은행의 건전성 감독기구에 해당하는 것을 모두 고르시오.

ㄱ. 증권선물위원회　　　　ㄴ. 공정거래위원회
ㄷ. 한국은행　　　　　　　ㄹ. 금융위원회
ㅁ. 기획재정부

① ㄱ, ㄴ, ㄷ, ㄹ　　　　　② ㄴ, ㄷ, ㄹ
③ ㄱ, ㄷ, ㄹ, ㅁ　　　　　④ ㄱ, ㄷ, ㅁ
⑤ ㄴ, ㄹ

해설
은행의 건전성 감독기구로 기획재정부, 금융위원회, 증권선물위원회, 금융감독원, 한국은행이 있다.

정답 ③

• Key Point • 은행의 불공정영업행위

27 다음 중 은행의 불공정영업행위에 해당하지 않는 것은?

① 여신거래와 관련하여 차주의 의사에 반하여 예금 가입을 강요하는 행위
② 여신거래와 관련하여 차주 등에게 부당하게 담보를 요구하거나 보증을 요구하는 행위
③ 은행 또는 그 임직원이 업무와 관련하여 부당하게 편익을 요구하거나 제공받는 행위
④ 은행이 적극적으로 은행 상품을 광고하는 행위
⑤ 은행이 우월적 지위를 이용하여 은행이용자의 권익을 부당하게 침해하는 행위

해설
은행의 금융상품 광고행위는 그 자체로서 불공정영업행위에 해당하지 않는다.

정답 ④

• Key Point • 자본시장법상 증권

28 다음 중 자본시장법상 증권에 해당하는 것을 모두 고르시오.

ㄱ. 수익증권	ㄴ. 파생결합증권
ㄷ. 지분증권	ㄹ. 예탁증권
ㅁ. 투자증권	

① ㄱ, ㄴ, ㄷ, ㄹ
② ㄴ, ㄷ, ㄹ
③ ㄱ, ㄷ, ㄹ, ㅁ
④ ㄱ, ㄷ, ㅁ
⑤ ㄴ, ㄹ

해설
자본시장법상 증권에 해당하는 것은 "채무증권, 지분증권, 수익증권, 투자계약증권, 파생결합증권, 예탁증권"이다.

정답 ①

• Key Point • 금융투자업

29 다음 중 타인의 계산으로 금융투자상품의 매도·매수, 증권의 발행·인수를 업으로 하는 금융투자업은?

① 투자중개업 ② 투자매매업
③ 집합투자업 ④ 투자자문업
⑤ 투자일임업

해설
투자중개업이란 누구의 명의로 하든지 타인의 계산으로 금융투자상품의 매도·매수, 증권의 발행·인수 또는 그 청약의 권유, 청약, 청약의 승낙을 영업으로 하는 것을 말한다.

정답 ①

• Key Point • 신용카드

30 여신전문금융업법의 신용카드에 대한 규제 내용 중 잘못된 것은?

① 신용카드는 본인의 신청에 의해서만 발급되며 길거리 모집도 본인의 자발적인 신청에 의해서만 가능하다.
② 가맹점 모집을 위해서는 신용카드사가 실사업장을 방문하여 개별적인 가맹점계약을 체결하여야 한다.
③ 가맹점은 신용카드를 이용한 대금결제를 이유로 물품의 판매 또는 용역의 제공을 거절하거나 차별할 수 없다.
④ 신용카드 가맹점 수수료는 신용카드 회원에게 전가할 수 없다.
⑤ 신용카드사가 회원의 신용정보를 제3자에게 제공하기 위해서는 신용카드 발급신청서와 분리된 신용정보제공서를 받아야 한다.

해설
신용카드는 본인의 신청에 의해서만 발급되며 길거리 모집은 금지된다.

정답 ①

• Key Point • 혼인과 이혼

31 혼인과 이혼에 관련된 법률 설명 중 잘못된 것은?

① 민법은 부부재산의 귀속에 관하여 별산제를 채용하고 있다.
② 부부 중 누구에게 속하는 것인지 분명하지 않은 재산은 부부의 공유로 추정한다.
③ 일상의 가사에 관하여 부부는 서로 대리권이 있다.
④ 이혼이 성립하면 혼인에 의하여 배우자의 혈족과 사이에 생겼던 인척관계는 소멸한다.
⑤ 재산분할청구권은 이혼을 한 당사자의 일방이 다른 일방에 대하여 재산분할을 청구할 수 있는 권리로서 이혼한 날로부터 1년이 지나면 소멸한다.

해설
재산분할청구권은 이혼한 날부터 2년이 지나면 소멸한다.

정답 ⑤

• Key Point • 친권과 후견

32 민법상 친권과 후견에 대한 다음의 설명 중 잘못된 것은?

① 친권은 부모가 미성년의 자녀를 보호·교양하는 권리임과 동시에 의무이다.
② 이해상반행위에는 친권행사를 제한하고 가정법원이 선임한 특별대리인을 선임하여야 한다.
③ 친권자가 미성년인 자녀와 이해상반되는 행위를 특별대리인에 의하지 않고 대리하여 한 경우, 그 행위는 무권대리행위로서 무효이다.
④ 한정후견에서 피한정후견인은 단독으로 유효한 법률행위를 할 수 있다.
⑤ 성년후견은 질병, 노령 등으로 사무처리 능력이 부족한 경우에 해당한다.

해설
성년후견은 질병, 노령 등으로 사무처리 능력이 지속적으로 결여된 경우에 해당한다.

정답 ⑤

• Key Point • 상속제도

33 상속제도에 대한 다음의 설명 중 잘못된 것은?

① 상속의 제1순위는 직계비속과 배우자다.
② 상속에 있어 배우자는 사실혼의 배우자를 포함하지 않는다.
③ 상속인은 상속이 있음을 안 날로부터 6개월 안에 단순승인, 한정승인 또는 포기를 할 수 있다.
④ 상속재산의 분할에서 최우선 고려사항은 피상속인의 유언이다.
⑤ 상속인이 기간 내에 승인이나 포기를 하지 않으면 단순승인한 것으로 의제한다.

💬 해설
상속인은 상속이 있음을 안 날로부터 3개월 안에 단순승인, 한정승인 또는 포기를 할 수 있다.

✅ 정답 ③

• Key Point • 유언

34 유언에 관한 다음 내용 중 틀린 것은?

① 상대방 없는 단독행위이다.
② 일정한 방식에 따르지 않은 유언은 유언자의 진정한 의사이더라도 무효이다.
③ 자필증서·녹음·공정증서·비밀증서·구수증서유언 중 자필증서, 공정증서유언을 제외한 나머지는 증인이 참여해야 한다.
④ 공정증서유언은 법원의 검인절차가 필요 없다.
⑤ 유증은 유언에 의하여 재산상의 이익을 타인에게 무상으로 주는 단독행위이다

💬 해설
자필증서·녹음·공정증서·비밀증서·구수증서유언 중 자필증서유언을 제외한 나머지는 증인이 참여해야 한다.

✅ 정답 ③

• Key Point • 주식회사의 합병

35 주식회사의 합병에 관한 다음 내용 중 맞는 것을 모두 고르시오.

> ㄱ. 합병은 원칙적으로 자유이다.
> ㄴ. 합병이란 둘 이상의 회사가 경제적·법률적으로 하나의 회사로 통합되는 기업결합방식을 말한다.
> ㄷ. 소멸회사의 권리·의무는 존속회사 또는 신설회사로 포괄적으로 승계한다.
> ㄹ. 합병은 주주총회특별결의로 승인된다.

① ㄱ, ㄴ, ㄷ, ㄹ   ② ㄴ, ㄷ, ㄹ
③ ㄱ, ㄷ, ㄹ   ④ ㄱ, ㄷ
⑤ ㄷ, ㄹ

해설
모두 맞는 내용이다.

정답 ①

• Key Point • 회사의 분할

36 회사의 분할에 관한 다음 내용 중 틀린 것은?

① 주식회사에 한하여 주주총회의 특별결의로 가능하다.
② 분할합병은 분할에 의하여 분할된 부분을 기존회사와 합병하는 경우이다.
③ 인적분할은 분할부분에 해당하는 분할 후 회사의 지분을 분할 전 회사의 주주에게 배정하며 원래 있었던 기업과의 연계성을 유지하려는 목적이 있다.
④ 물적분할은 분할부분에 해당하는 분할 후 회사의 지분을 분할 전 회사 자신이 취득하며 구조조정 목적으로 실적이 나쁜 사업부문을 떼어내는 목적이 있다.
⑤ 회사의 분할은 주총결의일에 효력이 발생한다.

해설
회사의 분할은 등기함으로써 효력이 발생한다.

정답 ⑤

• Key Point • 개인회생제도

37 개인회생제도에 대한 다음의 설명 중 잘못된 것은?

① 개인회생 절차는 개인채무자만이 신청할 수 있다.
② 담보물권이 있는 회생채권은 15억, 그 외 채권은 10억원을 넘지 않아야 한다.
③ 개인회생은 채무자의 주소지를 관할하는 지방법원본원에 신청한다.
④ 법원은 신청일부터 3월 이내에 개인회생절차의 개시 여부를 결정하여야 한다.
⑤ 법원은 개인회생개시결정 전에 이해관계인의 신청이나 직권으로 개인회생 재단에 대하여 보전처분을 할 수 있다.

💬 해설
법원은 신청일로부터 1월 이내에 개인회생절차의 개시 여부를 결정하여야 한다.

정답 ④

• Key Point • 자금세탁방지제도

38 다음 자금세탁방지제도에 대한 설명 중 옳지 않은 것은?

① 자금세탁은 범죄행위로부터 얻은 불법재산을 합법재산으로 위장·변환하는 과정이다.
② 자금세탁행위를 하고 있다고 의심되는 합당한 근거의 판단주체는 금융정보분석원이다.
③ 1일 거래일 동안 1천만원 이상의 현금거래를 자동 보고하도록 하고 있다.
④ 금융기관 등은 당해 금융거래가 완료되기 전까지 고객확인의무를 이행하여야 한다.
⑤ 강화된 고객확인제도는 위험중심 접근법에 기초한다.

💬 해설
의심거래보고제도에서 의심되는 합당한 근거의 판단주체는 금융회사이며, 금융회사 종사자의 주관적 판단에 의존하는 제도라는 특성이 있다.

정답 ②

• Key Point • 고객확인제도

39 고객확인제도에 관한 다음 내용 중 틀린 것은?

① 고객의 실명 이외에 주소, 연락처, 실제소유자, 거래목적도 확인한다.
② 계좌신규개설 시 거래금액에 상관없이 고객확인의무 대상이 된다.
③ 강화된 고객확인제도는 위험중심 접근법에 기초한다.
④ 계좌개설에 의하지 않은 일회성 금융거래 중 전신송금의 경우 1,000만원 이상을 대상으로 한다.
⑤ 기준금액은 단일거래뿐만 아니라 연결된 거래를 포함한다.

해설
계좌개설에 의하지 않은 일회성 금융거래 중 전신송금의 경우 100만원 이상을 대상으로 한다.

정답 ④

• Key Point • 투자권유 시 금지사항

40 금융회사 임직원이 투자권유를 함에 있어서의 금지사항을 모두 고르시오.

ㄱ. 투자자로부터 금전의 대여나 그 중개·주선 또는 대리를 요청받지 아니하고 이를 조건으로 투자를 권유하는 행위
ㄴ. 투자권유요청을 받지 않고 방문·전화 등 실시간 대화의 방법으로 증권과 장내파생상품을 권유하는 행위
ㄷ. 불확실한 사항에 대하여 단정적 판단을 제공하는 행위
ㄹ. 투자자의 거부의사에 반하여 투자권유를 계속하는 행위

① ㄱ, ㄴ, ㄷ, ㄹ   ② ㄴ, ㄷ, ㄹ
③ ㄱ, ㄷ, ㄹ   ④ ㄱ, ㄷ
⑤ ㄴ, ㄹ

해설
투자자로부터 투자권유요청을 받지 아니하고 방문·전화 등 실시간 대화의 방법을 이용하는 행위는 금지되나 증권과 장내파생상품의 경우는 예외적으로 금지되지 않는다.

정답 ③

• Key Point 개인정보 보호

41 개인정보보호에 관한 다음 내용 중 맞는 것을 모두 고르시오.

> ㄱ. 다른 법률에 특별한 규정이 있는 경우를 제외하고는 개인정보보호법을 따르도록 하고 있다.
> ㄴ. 신용정보법은 개인정보보호법에 대한 특별법이므로 둘 중에는 신용정보법이 우선 적용 된다.
> ㄷ. 개인정보 중 정보주체와의 계약 체결 및 이행에 불가피한 정보와 거래 상대방의 신용도와 신용거래능력 등을 판단할 때 필요한 정보는 정보주체의 동의를 받지 않아도 수집 가능하다.
> ㄹ. 개인정보를 타인에게 제공 시 제공받는 자, 이용목적, 내용, 기간을 알리고 미리 동의를 받아야 한다.

① ㄱ, ㄴ, ㄷ, ㄹ
② ㄴ, ㄷ, ㄹ
③ ㄱ, ㄷ, ㄹ
④ ㄱ, ㄷ
⑤ ㄱ, ㄹ

💬 해설

모두 맞는 내용이다.

정답 ①

Chapter 03 출제예상 문제

중요도에 따라 Self 맞춤형 학습이 가능한 출제예상 문제입니다. 각자의 목표점수에 맞게 문제를 선별하여 풀어보세요!

▶ 중요도 : ★★★상 ★★중 ★하

01 ★★

다음 중 사회적 조정의 원칙에 해당하는 것을 모두 고르시오.

| ㄱ. 신의성실의 원칙 | ㄴ. 과실책임의 원칙 |
| ㄷ. 권리남용금지 | ㄹ. 폭리행위금지 |

① ㄱ, ㄴ, ㄷ, ㄹ
② ㄴ, ㄷ, ㄹ
③ ㄱ, ㄷ, ㄹ
④ ㄱ, ㄷ
⑤ ㄷ, ㄹ

02 ★★

채권과 물권에 대한 다음의 설명 중 옳지 못한 것은?

① 채권은 특정인의 행위를 객체로 하여 권리를 실현하는 재산권이다.
② 부동산등기가 있으면 실체적 권리관계가 존재한다고 추정하며 이를 다투는 측에서 무효사유를 주장·입증해야 한다.
③ 동일물에 대하여 물권과 채권이 병존하는 경우 그 성립시기를 불문하고 항상 물권이 우선한다.
④ 우리나라는 부동산등기에 공신력을 인정한다.
⑤ 소유권과 제한물권이 병존하는 경우에는 그 성질상 제한물권이 우선한다.

정답 및 해설

| 01 | 과실책임의 원칙은 사회적 조정의 원칙에 해당하지 않는다. |
| 02 | 우리나라는 부동산등기에 공신력을 인정하지 않고 추정력만을 인정한다. |

정답 01 ③ 02 ④

03 ★★

물권의 소멸원인 중 동일한 부동산의 소유권과 저당권이 동일인에게 귀속하게 되면 저당권이 소멸하는 것을 무엇이라고 하는가?

① 목적물의 멸실
② 소멸시효 완성
③ 물권의 포기
④ 물권의 혼동
⑤ 공용징수

04 ★★

담보물권에 관한 다음 내용 중 맞는 것을 모두 고르시오.

> ㄱ. 담보물권에는 유치권·질권·저당권이 있다.
> ㄴ. 담보물권은 목적물의 교환가치를 채권의 담보로 제공하는 것을 내용으로 하는 물권이다.
> ㄷ. 저당권이 성립하기 위해서는 당사자 사이의 저당권설정의 합의와 등기를 하여야 한다.
> ㄹ. 모든 동산은 질권의 목적이 되고 저당권 설정의 대상이 될 수 없다.

① ㄱ, ㄴ, ㄷ, ㄹ
② ㄴ, ㄷ, ㄹ
③ ㄱ, ㄷ, ㄹ
④ ㄱ, ㄴ, ㄷ
⑤ ㄴ, ㄹ

정답 및 해설

03 서로 대립하는 두 개의 법률적 지위 또는 자격이 동일인에게 귀속되는 경우에는 어느 한쪽이 다른 한쪽에 흡수되어 소멸하는 혼동에 해당한다.
04 등기 또는 등록으로 공시하는 일정한 동산에 대하여는 저당권의 설정이 인정되고 있다.

정답 03 ④ 04 ④

05

채권양도와 채무인수에 대한 설명 중 잘못된 것은?

① 채권양도란 채권을 동일성을 유지하면서 이전하는 계약을 말한다.
② 지명채권의 양도는 양도인의 채무자에 대한 통지 또는 채무자의 승낙이 없으면 채무자에게 채권양도를 가지고 대항하지 못한다.
③ 지명채권의 양도에서 채무자 이외의 제3자에게 대항하기 위해서도 양도인에 대한 통지 또는 채무자의 승낙이 있어야 한다.
④ 지시증권은 그 증서에 배서하여 양수인에게 교부하는 방식으로 양도한다.
⑤ 채무인수는 채무를 그 동일성을 유지하면서 인수인에게 이전시키는 계약이다.

06

채권의 소멸에 관한 다음 내용 중 맞는 것을 모두 고르시오.

> ㄱ. 이해관계가 없는 제3자는 채무자의 의사에 반하여 변제하지 못한다.
> ㄴ. 상계는 채권자와 채무자가 서로 같은 종류를 목적으로 하는 채권·채무를 가지고 있는 경우에 그 대등액에서 소멸하게 하는 계약이다.
> ㄷ. 채무자가 채권을 양수하면 혼동으로 채권은 원칙적으로 소멸한다.
> ㄹ. 대물변제는 변제와 같은 효력이 인정된다.

① ㄱ, ㄴ, ㄷ, ㄹ
② ㄴ, ㄷ, ㄹ
③ ㄱ, ㄷ, ㄹ
④ ㄱ, ㄷ
⑤ ㄷ, ㄹ

정답 및 해설

| 05 | 지명채권의 양도에서 채무자 이외의 제3자에게 대항하기 위해서는 통지 또는 승낙이 확정일자 있는 증서에 의할 것이 요구된다. |
| 06 | 상계는 당사자 일방 중 한사람이 대등액을 소멸하게 하는 단독행위이다. |

정답 05 ③ 06 ③

07 ⚜⚜⚜

주주에 관한 다음 내용 중 틀린 것은?

① 주주의 자격에는 제한이 없다.
② 1주의 금액은 최소 100원이다.
③ 회사는 성립 후 또는 신주의 납입기일 후 지체 없이 주권을 발행해야 한다.
④ 주식의 양도는 주권의 교부에 의해 가능하지만 회사에 대항하기 위해서는 명의개서가 필요하다.
⑤ 주주가 1인인 회사는 인정되지 않는다.

08 ⚜⚜

상법상 주식회사의 주주총회 특별결의사항에 해당하지 않는 것은?

① 이사, 감사의 해임
② 자본감소
③ 회사분할
④ 신주발행
⑤ 정관변경

정답 및 해설

07	주주가 1인인 회사도 인정된다.
08	신주발행은 보통결의사항이다.

정답 07 ⑤ 08 ④

09 ✪✪✪

주식회사의 기관 중 주주총회에 대한 다음의 설명 중 가장 타당한 것은?

① 주주총회는 주주로 구성되며 임의적기관이다.
② 주주총회는 상법 또는 정관이 정하는 사항에 한해서만 의결할 수 있다.
③ 주주에 대한 소집통지는 원칙적으로 총회일의 3주 전에 서면 또는 각 주주의 동의를 받아 전자문서로 발송되어야 한다.
④ 주주총회의 보통결의는 출석한 주주의 의결권의 과반수와 발행주식총수의 3분의 1 이상의 수로써 하는 결의이다.
⑤ 주주총회의 특별결의는 출석한 주주의 의결권의 3분의 2 이상과 발행주식총수의 2분의 1 이상의 수로써 하는 결의이다.

10 ✪

주식회사의 감사기구에 대한 다음의 설명 중 잘못된 것은?

① 감사는 이사의 업무집행을 감사하고 회계를 감사할 권한을 가진 주식회사의 기관이다.
② 자본금 총액이 10억원 미만인 소규모 주식회사는 감사를 선임하지 않을 수 있다.
③ 감사위원회는 이사회 내 위원회의 하나이므로 감사위원회를 설치한 경우에도 감사를 별도로 둘 수 있다.
④ 감사위원회는 반드시 3명 이상의 위원으로 구성되며, 3분의 2 이상은 사외이사이어야 한다.
⑤ 준법지원인은 준법통제기준에 의하여 회사의 내부에서 임직원이 업무를 수행하기 이전에 관련법규 위반 등을 점검하는 특징이 있다.

정답 및 해설

09 ① 주주총회는 주주로 구성되며 필요상설기관이다.
③ 주주에 대한 주주총회 소집통지는 2주 전에 하여야 한다.
④ 주주총회의 보통결의는 출석한 주주의 의결권의 과반수와 발행주식총수의 4분의 1 이상의 수로써 하는 결의이다.
⑤ 주주총회의 특별결의는 출석한 주주의 의결권의 3분의 2 이상과 발행주식총수의 3분의 1 이상의 수로써 하는 결의이다.

10 상법상 감사위원회는 원칙적으로 자율적으로 정관에 의하여 설치할 수 있는데 감사위원회를 설치한 경우에는 감사를 둘 수 없다.

정답 09 ② 10 ③

11 ✪✪

주식회사의 이익배당에 대한 다음의 설명 중 타당한 것은?

① 주식배당이란 금전 대신에 새로 발행하는 주식으로 하는 이익배당이다.
② 회사의 배당금은 배당결의가 있는 날로부터 3월 내에 지급하여야 한다.
③ 주주의 구체적 이익배당청구권은 독립된 채권으로 볼 수 없다.
④ 주식배당을 하면 회사의 자산이 증가한다.
⑤ 배당금지급청구권의 소멸시효는 3년이다.

12 ✪✪✪

은행거래의 수신업무와 관련한 설명 중 잘못된 것은?

① 예금계약의 법률적 성질은 소비임치이다.
② 유가증권의 입금의 경우 은행이 증권을 교환에 돌려 부도반환시한이 지나고 결제를 확인한 때에 예금계약이 성립한다.
③ 수취은행은 원칙적으로 수취인의 계좌에 입금된 금원이 송금의뢰인의 착오로 자금이체의 원인관계 없이 입금된 것인지 여부에 관하여 조사할 의무가 없다.
④ 예금거래기본약관에서는 예금채권의 양도나 담보제공을 자유롭게 허용하고 있다.
⑤ 금융기관이 선의·무과실로 예금채권의 준점유자로 인정되는 자에게 지급한 경우는 변제로 인정될 수 있다.

정답 및 해설

11	② 회사의 배당금은 이익배당의 결의가 있는 날로부터 1월 내에 지급하여야 한다. ③ 주주의 구체적 이익배당청구권은 독립된 채권으로서 주주의 지위와 무관하게 양도, 압류, 입질할 수 있다. ④ 주식배당을 하면 배당가능이익이 자본화함에 따라 그만큼 발행주식총수가 증가하고 자본도 증가하지만 회사의 자산에는 변동이 없다. ⑤ 배당금지급청구권의 소멸시효는 5년이다.
12	예금거래기본약관은 은행의 승낙 없이 예금채권이 양도되는 경우 예금주의 확인이 어렵다는 이유로 무기명식 예금을 제외하고는 예금채권의 양도나 담보제공을 금지하고 있다.

정답 11 ① 12 ④

13 ✪✪

의뢰인의 착오송금 시 업무방법에 관한 다음 내용 중 맞는 것을 모두 고르시오.

> ㄱ. 송금은행은 수취인, 송금인에게 주요내용을 알려야 한다.
> ㄴ. 수취인이 착오 입금된 돈을 임의로 인출하여 사용하는 경우 횡령죄에 해당한다.
> ㄷ. 은행은 수취인의 동의 없이 송금인에게 임의로 돈을 돌려줄 수 있다.
> ㄹ. 송금인은 수취인을 상대로 부당 이득 반환 청구권을 가진다.

① ㄱ, ㄴ, ㄷ, ㄹ ② ㄴ, ㄷ, ㄹ
③ ㄱ, ㄴ, ㄹ   ④ ㄱ, ㄷ
⑤ ㄴ, ㄹ

14 ✪✪✪

은행의 차명예금에 대한 다음의 설명 중 잘못된 것은?

① 모든 계좌의 금융자산은 명의자 소유가 되므로, 예금출연자 등 실소유자가 예금의 소유권을 주장하려면 소송을 통해 입증해야 한다.
② 금융실명법 개정전에 판례는 제3자 귀속의 명확한 의사합치가 있었던 경우 제3자인 실질 출연자를 예금계약의 당사자로 인정하였다.
③ 불법재산 은닉이나 자금세탁, 탈세 등을 목적으로 다른 사람 명의로 된 계좌를 개설할 경우 5년 이하의 징역이나 5천만원 이하의 벌금을 받게 된다.
④ 금융회사 임직원은 거래자에게 불법 차명거래가 금지된다는 사실을 설명해야 한다.
⑤ 금융실명법은 명의를 빌린 사람만을 처벌하고 있다.

✅ 정답 및 해설

| 13 | ㄷ. 은행은 수취인의 동의 없이 송금인에게 임의로 돈을 돌려줄 수 없다. |
| 14 | 금융실명법에 의하면 명의를 빌린 사람과 함께 불법임을 알고 명의를 빌려 준 사람도 공법으로 처벌을 받게 된다. |

정답 13 ③ 14 ⑤

15 ✪✪

약관규제에 관한 법률의 설명 중 타당하지 못한 것은?

① 약관이란 그 명칭이나 형태를 불문하고 계약의 일방당사자가 다수의 상대방과 계약을 체결하기 위하여 일정한 형식에 의하여 미리 마련한 계약의 내용이 되는 것이다.
② 은행이 약관내용 명시의무 및 사본교부의무에 위반하여 계약을 체결한 때에는 계약은 무효이다.
③ 은행은 고객이 요구할 때에는 당해 약관의 사본을 고객에게 교부하여 이를 알 수 있도록 하여야 한다.
④ 약관은 모든 내용을 설명하여야 하는 것은 아니고 중요한 내용만 설명하면 된다.
⑤ 은행이 약관의 중요내용 설명의무에 위반하여 계약을 체결한 때에는 원칙적으로 당해 약관을 계약의 내용으로 주장할 수 없다.

16 ✪✪

약관의 규제에 관한 법률상 약관 해석의 원칙이 아닌 것은?

① 개별약정우선의 원칙
② 신의성실의 원칙
③ 작성자 이익의 원칙
④ 객관적 해석의 원칙
⑤ 엄격해석의 원칙

정답 및 해설

15	은행이 약관내용 명시의무 및 사본교부의무에 위반하여 계약을 체결한 때에는 당해 약관을 계약의 내용으로 주장할 수 없다.
16	약관의 뜻이 명백하지 아니하여 둘 이상의 해석이 가능한 경우에는 고객에게 유리하게, 은행에게는 불리하게 해석되어야 한다는 원칙은 작성자 불이익의 원칙이다.

정답 15 ② 16 ③

17

신탁법에 대한 설명 중 잘못된 것은?

① 수탁자는 위탁자로부터 재산권의 이전, 기타 처분을 받아 특정의 목적에 따라 그 재산의 관리 또는 처분을 하는 자를 말한다.
② 수탁자는 자신의 고유한 재산과 신탁재산을 구분하여 관리하여야 한다.
③ 신탁법은 탈법행위를 목적으로 하는 신탁을 금지한다.
④ 신탁행위에 의하여 수익자로 지정된 자는 수익의 의사표시를 하여야 수익권이 발생한다.
⑤ 지적재산권을 포함한 무체재산권은 신탁재산이 될 수 있다.

18

다음 중 불특정금전신탁에 관한 내용을 모두 고르시오.

| ㄱ. 수탁자에게 운용을 일임한다. | ㄴ. 펀드와 비슷하다. |
| ㄷ. 합동운용할 수 없다. | ㄹ. 현재 신규취급이 가능하다. |

① ㄱ, ㄴ, ㄷ, ㄹ
② ㄴ, ㄷ, ㄹ
③ ㄱ, ㄷ, ㄹ
④ ㄱ, ㄴ
⑤ ㄴ, ㄹ

정답 및 해설

17 | 신탁행위에 의하여 수익자로 지정된 자는 별도의 수익의 의사표시 없이 수익권이 발생한 시점에 당연히 수익권을 취득한다.

18 | ㄷ. 합동운용할 수 있다.
ㄹ. 현재 신규취급이 불가능하다.

정답 17 ④ 18 ④

19

부동산 신탁에 대한 다음의 설명 중 잘못된 것은?

① 부동산 관리신탁은 부동산의 관리·보전을 목적으로 하는 신탁이다.
② 처분신탁의 수탁자는 처분가격의 결정, 매수인과의 교섭, 처분대금의 운용 등 모든 권한을 가지므로 통상적인 대리인의 권능보다 넓다.
③ 부동산담보신탁은 부동산의 소유자가 자신 또는 타인의 채무이행을 담보하기 위하여 자기소유의 부동산을 부동산신탁회사에게 이전하는 것이다.
④ 신탁제도는 부동산에 갈음하여 권리를 유통시키는 권리의 변환기능을 가지고 있다.
⑤ 프로젝트파이낸싱은 차주의 신용상태에 중점을 두고 있는 특징이 있다.

20

금융소비자보호법에 관련한 설명 중 잘못된 것은?

① 일반금융소비자가 신청한 2천만원 이하의 소액분쟁은 분쟁조정 완료 시까지 금융회사의 제소를 금지한다.
② 은행은 금융거래와 관련된 약관을 제정 또는 변경하고자 할 때에는 변경 후 즉시 금융감독원에 보고하여야 한다.
③ 광고방법상의 제약으로 필수 광고사항들을 모두 표시할 수 없는 경우에는 생략된 내용에 관해 상품설명서를 반드시 참조할 것을 안내하여야 한다.
④ 금융투자업자는 투자광고를 함에 있어 금융투자업자의 명칭, 금융투자상품의 내용, 투자위험, 수수료, 설명의무에 따른 충분한 설명을 듣고 투자할 것을 권고하는 내용을 반드시 포함하여야 한다.
⑤ 직접 판매업자의 사용자책임을 일반화하여 모든 판매채널에 적용한다.

정답 및 해설

19	프로젝트파이낸싱은 차주의 신용상태보다는 개별 사업의 수익에 중점을 두고 있어 차주의 책임은 없거나 제한되는 특징이 있다.
20	은행은 금융거래와 관련된 약관을 제정 또는 변경하고자 할 때에는 미리 금융감독원에 보고하여야 한다.

정답 19 ⑤ 20 ②

21

금융소비자보호법에 관한 다음 내용 중 틀린 것은?

① 동일기능에 동일한 규제가 원칙이다.
② 개별법에 산재되어 있는 금융소비자보호 관련제도를 포괄하여 규정하였다.
③ 금융상품을 예금성상품, 투자성상품, 신탁성상품, 대출성상품의 4가지로 분류하였다.
④ '정보의 비대칭성 해소'가 목적이다.
⑤ 투자성상품에 관한 계약체결을 권유하면서 일반금융소비자가 요청하지 않은 다른 대출성상품을 안내하거나 관련 정보를 제공하는 행위는 부당권유행위에 해당한다.

22

은행법에 관한 다음 내용 중 맞는 것을 모두 고르시오.

> ㄱ. 채무자들의 원리금 미상환으로 은행이 부실해지는 것을 방지하기 위하여 신용관리시스템을 구축하는 것이 가장 효율적이다.
> ㄴ. 은행은 이해상충을 공정하게 관리하는 것이 어렵다고 인정되는 경우에는 그 사실을 미리 해당 이용자 등에 충분히 알려야 한다.
> ㄷ. 은행은 이해상충 발생가능성을 낮추는 것이 어렵다고 판단되는 경우에는 거래를 하여서는 아니 된다.
> ㄹ. 은행 파산 시 예금자보호는 금융기관을 통합하여 1인당 5천만원 한도로 한다.

① ㄱ, ㄴ, ㄷ
② ㄱ, ㄴ, ㄷ, ㄹ
③ ㄱ, ㄷ, ㄹ
④ ㄱ, ㄷ
⑤ ㄷ, ㄹ

정답 및 해설

21	금융상품을 예금성상품, 투자성상품, 보장성상품, 대출성상품의 4가지로 분류하였다.
22	예금자보호는 금융기관 통합이 아니라 각 금융기관별 5천만원 한도이다. 그러므로 은행을 분산해서 예치할 경우 은행별 각각 5천만원 한도에서 예금자보호를 받게 된다.

정답 21 ③ 22 ①

23 ☆☆

자본시장법상 투자자에 관한 다음 내용 중 맞는 것을 모두 고르시오.

> ㄱ. 투자자를 일반투자자와 전문투자자로 분류한다.
> ㄴ. 전문투자자에 대해서는 투자권유규제에 관한 규정을 배제하고 있다.
> ㄷ. 전문투자자 기준은 금융투자상품에 대한 전문성 구비 여부, 소유자산 규모이다.
> ㄹ. 전문투자자에 속하지 않는 투자자를 일반투자자라 한다.

① ㄱ, ㄴ, ㄷ, ㄹ　　　　　② ㄴ, ㄷ, ㄹ
③ ㄱ, ㄷ, ㄹ　　　　　　 ④ ㄱ, ㄷ
⑤ ㄷ, ㄹ

24 ☆☆

자본시장과 금융투자업에 관한 법률에서 규정하고 있는 영업행위 규제와 관련된 설명 중 잘못된 것은?

① 금융투자업자는 신의성실의 원칙에 따라 공정하게 금융투자업을 영위하여야 한다.
② 투자자 보호를 위하여 이해상충을 금지하고 있으며, 이해상충의 관리와 정보교류차단장치의 설치를 의무화하고 있다.
③ 금융투자업자는 이해상충이 발생할 가능성이 있다고 인정되는 경우에는 그 사실을 미리 해당 투자자에게 알려야 한다.
④ 금융투자업자가 법령위반, 업무소홀로 투자자에게 손해를 발생시킨 경우에는 모든 경우 손해를 배상하여야 한다.
⑤ 동법은 설명의무 위반에 대한 손해배상책임의 규정을 두어 설명의무의 이행을 강제하고 있다.

◎ 정답 및 해설

23	모두 맞는 내용이다.
24	투자매매업 또는 투자중개업과 집합투자업을 함께 영위함에 따라 발생하는 이해상충은 그 금융투자업자가 상당한 주의를 하였음을 증명하거나 투자자가 금융투자상품의 매매, 그 밖의 거래를 할 때에 그 사실을 안 경우에는 배상의 책임을 지지 아니한다.

정답 23 ① 24 ④

25 ⚝

여신전문금융업법에 대한 다음의 설명 중 잘못된 것은?

① 신용카드사는 매 분기 말 대환대출채권을 제외한 현금대출채권의 분기평균잔액이 신용판매채권이 분기평균잔액을 초과할 수 없도록 부대업무의 비중이 제한된다.
② 신용카드 분실 시, 분실 통지 전에 생긴 신용카드의 사용에 대하여 신용카드사에 분실사실을 통지하기 전 60일 이내의 범위에서 책임을 진다.
③ 여신전문금융회사는 일정한 요건을 갖추어 금융위원회의 허가를 받아야 한다.
④ 여신전문금융회사는 차입, 사채나 어음의 발행 등을 통해 자금조달이 가능하다.
⑤ 여신전문금융회사의 자산건전성은 정상, 요주의, 고정, 회수의문, 추정손실의 5단계로 분류된다.

26 ⚝⚝

혼인에 관한 다음의 설명 중 잘못된 것은?

① 혼인은 민법상 계약이다.
② 민법은 부부재산의 귀속에 관하여 별산제를 채용하고 있다.
③ 부부의 일방이 혼인 전부터 가진 고유재산과 혼인 중 자기의 명의로 취득한 재산은 그의 특유재산으로 한다.
④ 부부 중 누구에게 속하는 것이 분명하지 않은 재산은 재산 기여도에 따라 소유권을 결정한다.
⑤ 일상의 가사에 관하여 부부는 서로 대리권이 있다.

정답 및 해설

| 25 | 전업카드사는 일정요건을 갖추어 신청서를 금융위원회에 제출하여 허가를 받아야 하나, 기타 여신전문금융회사는 금융위원회에 등록하면 업무영위가 가능하다. |
| 26 | 부부 중 누구에게 속하는 것인지 분명하지 않은 재산은 부부의 공유로 추정한다. |

정답 25 ③ 26 ④

27

혼인을 해소하는 제도인 이혼에 관한 다음 내용 중 맞는 것을 모두 고르시오.

> ㄱ. 이혼이 성립하면 혼인이 해소되어 혼인에 의하여 생긴 효과는 모두 소멸한다.
> ㄴ. 협의이혼은 넓은 의미에서 하나의 계약이며, 일정한 방식으로 신고하여야 하는 요식행위이다.
> ㄷ. 이혼에 의하여 배우자의 혈족과 사이에 생겼던 인척관계도 소멸한다.
> ㄹ. 재산분할청구권은 이혼을 한 당사자의 일방이 다른 일방에 대하여 재산분할을 청구할 수 있는 권리이다.

① ㄱ, ㄴ, ㄷ, ㄹ
② ㄴ, ㄷ, ㄹ
③ ㄱ, ㄷ, ㄹ
④ ㄱ, ㄷ
⑤ ㄷ, ㄹ

28

민법상 친권에 대한 설명으로 잘못된 것은?

① 친권은 부모가 미성년의 자녀를 보호, 교양하는 권리임과 동시에 의무이다.
② 친권자는 자녀의 재산에 관한 법률행위에 대하여 그 자녀를 대리한다.
③ 친권의 행사는 부모가 혼인 중인 때에는 부모가 공동으로 한다.
④ 부모가 협의이혼을 하는 경우 일차적으로 가정법원이 친권자를 선정한다.
⑤ 이해상반행위에 대하여는 친권행사를 제한하고 가정법원이 선임한 특별대리인으로 하여금 대신하도록 하고 있다.

정답 및 해설

27	모두 맞는 내용이다.
28	부모가 협의이혼을 한 경우에는 부모의 협의로 친권자를 정하여야 하고, 협의가 이루어지지 않는 경우에는 가정법원이 직권 또는 당사자의 청구에 따라 지정하여야 한다.

정답 27 ① 28 ④

29 ★★

A는 배우자 B, 딸 C, 부모 D를 두고 사망하였다. 이 중 상속인은?

① B
② C
③ B, C 공동
④ D
⑤ B, C, D 공동

30 ★★

사망자 A는 어머님 B, 배우자 C와 출가한 장남 D, 양자 E, 출가하지 않은 딸 F를 가족으로 두었으며, A의 사망 전 장남 D는 사망하였고, D에게는 배우자 G와 자녀 H가 있다. 생존자 중 상속받을 자가 아닌 자는?

① B
② C
③ E
④ F
⑤ G, H

정답 및 해설

29	직계비속과 배우자가 1순위이다.
30	A의 사망 시 1순위 상속인은 배우자(C)와 직계비속(D, E, F)이고 직계비속 중 D는 그 전에 사망하였기 때문에 대습상속이 발생하여 D를 대신하여 G, H가 상속을 하게 된다. 직계비속이 존재하고 있으므로 직계존속 B는 상속인이 아니다.

정답 29 ③ 30 ①

31 ⭐⭐

유류분에 관한 다음 내용 중 맞는 것을 모두 고르시오.

> ㄱ. 유류분권자가 피상속인의 증여 또는 유증으로 인하여 그의 유류분에 부족이 생긴 때에는 부족한 한도에서 증여 또는 유증된 재산의 반환을 청구할 수 있다.
> ㄴ. 유류분은 일정 범위의 상속인에게 최소한의 생활보장 내지 부양을 위하여 인정되는 제도이다.
> ㄷ. 유류분은 모든 상속인의 법정상속분의 2분의 1이다.
> ㄹ. 2024년 4월 헌법재판소는 패륜적 상속인에 대해 유류분 상실사유를 규정하지 않거나 상속인의 기여분을 유류분에 반영하지 아니한 조항은 위헌이라고 판단하였다.

① ㄱ, ㄴ, ㄷ, ㄹ   ② ㄴ, ㄷ, ㄹ
③ ㄱ, ㄴ, ㄹ   ④ ㄱ, ㄷ
⑤ ㄷ, ㄹ

정답 및 해설

| 31 | 유류분은 피상속인의 직계비속과 배우자는 그의 법정상속분의 2분의 1이고, 피상속인의 직계존속은 그의 법정상속분의 3분의 1이다. |

정답 31 ③

32 ⭐⭐

주식회사의 합병과 분할에 대한 다음의 설명 중 잘못된 것은?

① 합병의 유형에는 흡수합병과 신설합병이 있다.
② 합병은 합병에 대한 이사회의 결의로 시작된다.
③ 합병의 효과는 합병등기를 함으로써 발생한다.
④ 회사가 분할 또는 분할합병을 하는 때에는 분할계획서 또는 분할합병계약서를 작성하여 주주총회의 보통결의에 의한 승인을 얻어야 한다.
⑤ 분할 또는 분할합병으로 인하여 설립되는 회사 또는 존속하는 회사는 분할 또는 분할합병 전의 회사채무에 관하여 연대하여 변제할 책임이 있다.

정답 및 해설

32 | 회사가 분할 또는 분할합병을 하는 때에는 분할계획서 또는 분할합병계약서를 작성하여 주주총회의 특별결의에 의한 승인을 얻어야 한다.

정답 32 ④

33 ⭐⭐

다음의 괄호에 들어갈 숫자를 적절하게 나열한 것은?

> 개인회생 변제계획안은 채무자만이 신청할 수 있고, 개인회생절차 개시신청일로부터 (　)일 이내에 제출하여야 한다. 변제계획은 변제계획인가일로부터 (　)월 이내에 변제를 개시하여 정기적으로 변제하는 내용을 포함하여야 하고, 그것이 어려운 경우에는 법원의 허가를 받아야 하며, 변제계획에서 정하는 변제기간은 변제개시일부터 (　)년을 초과하여서는 아니 된다.

① 14 - 1 - 3
② 14 - 3 - 3
③ 14 - 3 - 5
④ 10 - 1 - 5
⑤ 10 - 3 - 5

34 ⭐⭐

개인회생제도에 대한 다음의 설명 중 옳지 않은 것은?

① 개인회생 개시결정의 효력은 그 결정 시부터 효력이 발생한다.
② 채무자가 개인회생재단을 관리하고 처분할 권한을 가진다.
③ 개인회생절차에서 절차를 간이화하기 위하여 채권자들의 채권신고 절차를 두지 않고 채무자의 신고에 의존하고 있다.
④ 확정된 채권은 개인회생채권자 전원에 대하여 확정판결과 동일한 효력이 있다.
⑤ 개인회생의 회생계획안이 인가되면 인가의 효력에 기하여 채무자가 면책된다.

정답 및 해설

34 일반회생절차의 경우는 회생계획안이 인가되면 인가의 효력에 기하여 채무자가 면책되나 개인회생절차의 경우는 일정한 요건이 충족된 경우에 한하여 면책결정을 받아야 비로소 면책된다.

정답 33 ① 34 ⑤

35

자금세탁방지제도와 관련한 다음의 설명 중 잘못된 것은?

① 의심거래제도에서 의심의 합당한 근거의 판단주체는 금융회사이다.
② 의심거래제도는 금융회사 종사자의 주관적 판단에 의존하는 제도이다.
③ 고액현금거래보고제도는 객관적 기준에 의해 일정금액 이상의 현금거래를 보고하도록 하는 제도이다.
④ 1일 거래일 동안 2천만원 이상의 현금을 입금하거나 출금한 경우 거래자의 신원과 거래일시, 거래금액 등 객관적 사실을 전산으로 자동 보고하도록 하고 있다.
⑤ 금융기관 등은 고객의 거절 등으로 고객확인 및 검증이 충분히 수행되지 않았다고 판단될 경우 금융거래를 거절할 수 있다.

36

다음은 무엇을 설명한 것인가?

> 금융투자업자의 임직원은 투자자에게 파생상품 등을 판매하려는 경우에는 투자권유를 하지 아니하더라도 면담·질문 등을 통하여 그 투자자의 투자목적·재산상황 및 투자경험 등의 정보를 파악하여야 한다.

① 적합성의 원칙 ② 적정성의 원칙
③ 불건전 영업행위 금지의 원칙 ④ 부당투자권유 금지의 원칙
⑤ 임의매매 금지의 원칙

정답 및 해설

35 1일 거래일 동안 1천만원 이상의 현금을 입금하거나 출금한 경우 거래자의 신원과 거래일시, 거래금액 등 객관적 사실을 전산으로 자동 보고하도록 하고 있다. 기준금액은 단일거래뿐만 아니라 연결된 거래를 포함한 금액을 기준으로 산정한다.

정답 35 ④ 36 ②

37

다음의 행위 중 투자권유 시 금지되는 행위를 모두 고르시오.

> ㄱ. 투자자자로부터 투자권유요청을 받지 아니하고 방문·전화 등 실시간 대화의 방법을 이용하여 장외파생상품을 투자권유 하는 행위
> ㄴ. 투자권유를 받은 투자자가 이를 거부하는 취지의 의사표시를 하였음에도 불구하고 투자권유를 계속하는 행위
> ㄷ. 투자권유를 받은 투자자가 이를 거부하는 취지의 의사표시를 한 후 15일 만에 다시 투자권유를 하는 행위
> ㄹ. 투자자로부터 금전의 대여, 중개를 요청받지 않고 이를 조건으로 투자권유를 하는 행위

① ㄱ, ㄴ, ㄷ, ㄹ　② ㄴ, ㄷ, ㄹ
③ ㄱ, ㄷ, ㄹ　④ ㄱ, ㄷ
⑤ ㄷ, ㄹ

38

다음 중 개인정보 보호법에 따른 고유식별정보에 해당하는 것을 모두 고르시오.

> ㄱ. 외국인등록번호　ㄴ. 국내거소신고번호
> ㄷ. 여권번호　ㄹ. 운전면허번호
> ㅁ. 주민등록번호

① ㄱ, ㄴ, ㄷ, ㄹ　② ㄴ, ㄷ, ㄹ
③ ㄱ, ㄷ, ㄹ, ㅁ　④ ㄱ, ㄷ, ㅁ
⑤ ㄴ, ㄹ

정답 및 해설

| 37 | 모두 맞는 내용이다. |
| 38 | 국내거소신고번호는 해당하지 않는다. |

정답　37 ①　38 ③

39 ★★

개인(신용)정보 유출 시 조치방법에 관한 다음 내용 중 맞는 것을 모두 고르시오.

> ㄱ. 개인신용정보 유출 시 지체 없이 통지 및 신고하여야 한다.
> ㄴ. 개인신용정보 이외의 그 밖의 개인정보 유출 시 지체 없이 통지하여야 한다.
> ㄷ. 1만명 이상 그 밖의 개인정보 유출 시 5일 이내 행정안전부 또는 한국인터넷진흥원에 신고하여야 한다.
> ㄹ. 신용정보법에 따른 손해배상 책임을 진다(단, 고의 또는 과실이 없음을 증명한 경우는 예외).

① ㄱ, ㄴ, ㄷ, ㄹ
② ㄴ, ㄷ, ㄹ
③ ㄱ, ㄷ, ㄹ
④ ㄱ, ㄷ
⑤ ㄱ, ㄹ

정답 및 해설

39 | 개인신용정보 이외의 그 밖의 개인정보 유출 시 5일 이내에 통지하여야 한다.

정답 39 ③

Chapter 03 자가학습진단표

진단 내용	Yes	No
01 민법의 기본원리에 대해 정확하게 이해하고 있습니까?		
02 물권의 변동, 소멸과 관련한 제도들을 구분하여 설명할 수 있습니까?		
03 용익물권과 담보물권을 비교·대조 설명할 수 있습니까?		
04 채권의 종류별 채권양도 방법을 구별하여 이해하고 있습니까?		
05 채권의 소멸 사유의 개념을 정확히 알고 있습니까?		
06 주식회사의 설립절차를 개관할 수 있습니까?		
07 주식회사의 기관별 특징을 정확히 설명할 수 있습니까?		
08 주식회사 자본금의 증가 및 감소에 따른 절차과정을 정확히 설명할 수 있습니까?		
09 대출금 채권의 회수 방법을 구체적으로 설명할 수 있습니까?		
10 약관해석의 원칙을 명확히 설명할 수 있습니까?		
11 신탁재산의 특성을 정확히 이해하고 있습니까?		
12 증권화를 위한 부동산신탁의 기능을 설명할 수 있습니까?		
13 금융소비자 보호의 필요성과 주요제도를 이해하고 있습니까?		
14 은행의 건전성 감독기구별 특징을 설명할 수 있습니까?		
15 은행법상 금융소비자 보호를 강화하기 위한 제도를 이해하고 있습니까?		
16 금융투자상품에서 증권과 파생상품을 정확하게 구별하여 설명할 수 있습니까?		
17 금융투자업의 정의에 대하여 정확하게 이해하고 있습니까?		
18 금융투자업의 이행상충 방지제도에 대한 이해를 하고 있습니까?		
19 여신전문금융업상의 신용카드사의 특징에 대하여 설명할 수 있습니까?		
20 혼인 및 이혼과정에서 발생하는 법률개념을 설명할 수 있습니까?		
21 상속의 흐름 및 상속재산에 관한 구체적인 설명을 할 수 있습니까?		
22 유류분의 개념 및 계산방법을 설명할 수 있습니까?		
23 주식회사의 합병에 대한 전반적인 설명을 할 수 있습니까?		

	진단 내용	Yes	No
24	개인회생의 특징을 개인회생제도의 전체적인 진행과정과 함께 설명할 수 있습니까?		
25	고객에 대한 투자권유프로세스를 설명할 수 있습니까?		
26	금융분야의 개인정보 보호의 원칙에 대하여 설명할 수 있습니까?		

Yes 개수별 진단결과

- 12개 이하 : 합격예상도는 40% ➜ 기본서로 관련 내용을 다시 한번 꼼꼼하게 학습하세요.
- 13~20개 : 합격예상도는 60% ➜ 길라잡이 문제를 통해 주요 내용을 다시 한번 점검하세요.
- 21개 이상 : 합격예상도는 80% ➜ 출제예상 문제를 통해 100% 합격에 도전하세요.

2과목 세무설계

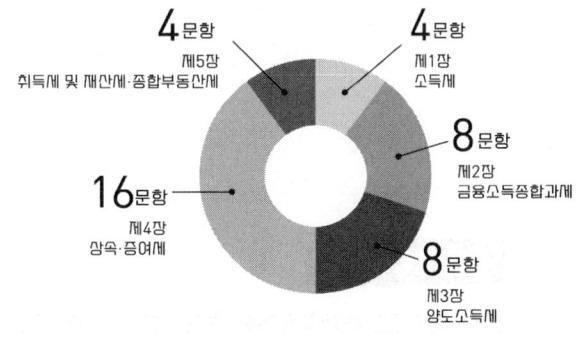

출제경향분석

총 4문항 정도의 문제가 출제될 것으로 보이는 부분으로, 소득세 과세이론(소득원천설), 거주자와 비거주자의 개념 및 판정, 소득의 종류별 과세방법 등을 기본적으로 학습합니다. 그 후 종합소득세를 계산하기 위한 구조를 이해하고, 종합소득공제와 종합소득세액공제를 구분하여 각각의 공제사유와 공제금액을 암기할 필요가 있습니다. 또한 금융회사의 판매상품과 관련된 소득공제의 종류와 내용을 이해하고, 신용카드 등 사용금액 소득공제에 대해서는 구체적인 내용을 암기할 필요가 있습니다. 연금소득과 퇴직소득의 과세방법에 대해서는 계략적인 수준의 이해가 필요하며, 종합소득세 절세방안에 대해서는 출제가 반드시 예상되는 바 소득별로 절세방안의 내용을 충분히 이해하고 암기할 필요가 있습니다.

제1장

소득세

Chapter 01 문제로 보는 출제경향

01

소득세에 대한 다음 설명 중 옳지 않은 것은?

① 소득세는 개인의 소득에 대하여 과세되는 세금이다.
② 소득세의 과세기간은 매년 1월 1일부터 12월 31일까지이다.
③ 소득세는 모든 소득에 대하여 항상 종합과세한다.
④ 퇴직소득과 양도소득은 다른 종합소득과 구분하여 별도로 과세한다.
⑤ 거주자에 대한 소득세 납세지는 주소지로 한다.

해설 소득세 중 일부 소득은 분리과세대상이므로 모든 소득을 항상 종합과세하는 것은 아니다.

정답 ③

02

다음 중 「소득세법」상 거주자로 보는 경우는?

① 외국 영주권을 가지고 해외에 가족과 같이 거주하는 경우
② 국외에서 근무하는 공무원
③ 외국 국적의 주한 외교관
④ 주소가 국외에 있는 항공기 승무원
⑤ 외국 국적을 가지고 해외에 자산 및 직업이 있는 경우

해설 국외에서 근무하는 공무원은 거주자로 의제한다.

정답 ②

03

다음 중 종합소득세 인적공제에 대한 설명으로 옳지 않은 것은?

① 기본공제대상자는 1인당 150만원씩 공제한다.
② 생계를 같이하는 며느리나 사위도 기본공제대상자에 포함될 수 있다.
③ 기본공제대상자 중 70세 이상인 자는 100만원을 추가로 공제한다.
④ 기본공제대상자 중 장애인은 200만원을 추가로 공제한다.
⑤ 생계를 같이하는 직계존속으로서 60세 이상인 자는 소득금액이 100만원 이하이거나 근로소득만 있는 경우 총급여액이 500만원 이하인 경우에 기본공제대상자가 된다.

해설 직계비속의 배우자(며느리, 사위)는 기본공제대상자가 아니다.

정답 ②

04

다음 중 종합소득세 절세전략으로 적절하지 않은 것은?

① 맞벌이 부부인 경우 부양가족공제는 소득금액이 큰 배우자의 부양가족으로 한다.
② 근로소득자는 연말정산 때 소득공제를 받지 못한 경우 확정신고기간에 신고하여 공제를 받을 수 있음을 활용한다.
③ 근로소득자가 연말정산 시 소득공제를 받지 못하고 확정신고기간도 넘긴 경우에는 확정신고기한으로부터 5년 이내에 경정청구를 통하여 공제를 받을 수 있다.
④ 비용 지출 시 신용카드를 사용하고, 현금사용 시에는 현금영수증을 수취한다.
⑤ 부모님은 주민등록이 같이 되어 있는 경우에만 공제 가능하므로 유의한다.

해설 부모님은 주거의 형편상 주민등록이 같이 되어 있지 않은 경우에도 공제가 가능하다.

정답 ⑤

Chapter 01 길라잡이 문제

중요이론(Key Point)을 재정리할 수 있는 대표문제로 구성하였습니다.

• Key Point • 거주자와 비거주자의 구분

01 소득세법상 거주자와 비거주자의 구분은 매우 중요하다. 거주자라 함은 국내에 주소를 두거나, 183일 이상 거소를 둔 개인을 말하며, 그 이외의 자는 비거주자로 봄이 원칙이다. 다음 중 설명이 잘못된 것은?

① 국내에 거주하는 개인이 계속하여 183일 이상 국내에 거주할 것을 통상 필요로 하는 직업을 가진 때에는 거주자로 본다.
② 국내에 거주하는 개인이 국내에 생계를 같이하는 가족이 있고, 또 그 직업 및 재산 상태에 비추어 계속하여 183일 이상 국내에 거주할 것으로 인정되는 때에는 거주자로 본다.
③ 세법상 거주자는 국적에 의해 판단한다.
④ 거주자나 내국법인의 국외사업장 또는 해외현지법인(내국법인이 100% 직접 또는 간접 출자한 경우) 등에 파견된 임원 또는 직원이나 국외에서 근무하는 공무원은 거주자로 의제한다.
⑤ 거주자는 국내외에서 발생한 모든 소득에 대하여 납세의무를 진다.

📝 **해설**
거주자와 비거주자의 판정은 국적과는 무관하다.

✅ **정답** ③

• Key Point • 기타소득 필요경비

02 나기타 씨는 A회사에 근무하고 있는데 2025년도에 근로소득 외에 강사료 수입 500만원과 원고료 수입 500만원이 있다. 강사료 수입과 원고료 수입이 모두 회사업무와 관계없이 발생하여 기타소득으로 보는 경우, 필요경비를 차감한 후의 기타소득금액은 얼마인가?

① 100만원
② 400만원
③ 500만원
④ 1,000만원
⑤ 1,200만원

📝 **해설**
업무와 관련 없는 강사료와 원고료는 60%의 필요경비가 인정되는 기타소득이므로, 기타소득금액은 60% 필요경비를 차감한 400만원이다.

✅ **정답** ②

• Key Point • 기본공제대상자 판정

03 생계를 같이하는 부양가족 중 기본공제대상자가 아닌 사람은?

① 금융소득만 2천만원인 60세 장인
② 퇴직소득금액이 150만원인 61세 배우자
③ 18세인 소득이 없는 입양아
④ 19세인 대학 1학년 처제(소득 없음)
⑤ 근로소득만 있고 총급여액이 300만원인 30세 장애인인 여동생

해설
배우자의 경우 소득금액(퇴직소득 및 양도소득 포함)이 100만원 이하인 경우에 기본공제대상자가 된다.

정답 ②

• Key Point • 자녀세액공제 금액

04 종합소득이 있는 거주자에게 기본공제대상자에 해당하면서 3명(모두 8세 이상)의 자녀가 있는 경우 공제 가능한 자녀세액공제액은 얼마인가?

① 연 15만원
② 연 30만원
③ 연 60만원
④ 연 95만원
⑤ 연 120만원

해설
자녀세액공제의 경우, 기본공제대상자에 해당하고 8세 이상인 자녀가 1명인 경우 연 25만원, 2명인 경우 연 55만원, 3명 이상인 경우에는 '연 55만원 + 2명 초과 1명당 연 40만원'을 세액공제 받을 수 있다.

정답 ④

Key Point 자녀세액공제와 출산입양세액공제

05 다음 자녀세액공제와 관련된 설명 중 잘못된 것은?

① 기본공제대상자에 해당하는 자녀(8세 이상)가 1명인 경우 연 25만원을 공제한다.
② 기본공제대상자에 해당하는 자녀(8세 이상)가 2명인 경우 연 55만원을 공제한다.
③ 첫째를 출산한 경우 출산한 해에만 연 30만원을 추가로 공제한다.
④ 둘째를 출산한 경우 출산한 해에만 연 50만원을 추가로 공제한다.
⑤ 넷째를 출산한 경우 출산한 해에만 연 90만원을 추가로 공제한다.

🗨 해설
셋째 이상인 경우 90만원이 아니고 70만원이다.

✅ 정답 ⑤

Key Point 신용카드 소득공제 대상

06 종합소득공제 중 신용카드 등 사용금액 소득공제 대상인 것은?

① 외국에서 사용한 금액
② 병원 및 약국에서 사용한 금액
③ 보험료 지출액
④ 대학교 수업료
⑤ 제세공과금 납부금액

🗨 해설
병원 및 약국에서 사용한 금액은 소득공제 대상 신용카드 사용액에 포함된다.

✅ 정답 ②

• Key Point • 연금소득과 퇴직소득

07 다음 연금소득 및 퇴직소득에 대한 설명으로 잘못이 있는 것은?

① 연금을 납입하는 단계에서는 연금납입액이나 연금운용수익에 대해서 과세하지 않고, 연금을 수령하는 때에 소득공제 또는 세액공제 받은 금액이나 연금운용수익에 대해서 과세한다.
② 원천징수되지 않은 퇴직소득을 연금수령하는 사적연금소득에 대해서는 분리과세한다.
③ 의료목적, 천재지변이나 그 밖에 부득이한 사유 등으로 일정요건을 갖추어 인출하는 사적연금소득은 연금소득으로 보아 분리과세한다.
④ 연금소득공제는 900만원을 한도로 한다.
⑤ 퇴직소득공제액은 근속연수에 따른 공제와 환산급여에 따라 정한 일정한 금액 중 큰 금액으로 한다.

해설
퇴직소득공제액은 근속연수에 따른 공제와 환산급여에 따라 정한 일정한 금액의 합계액으로 한다.

정답 ⑤

• Key Point • 적격증빙서류 범위

08 다음 중 개인사업자가 3만원을 초과하는 비용을 지출할 때, 수취하더라도 적격증빙서류로 인정되지 않는 것은?

① 세금계산서
② 계산서
③ 신용카드매출전표
④ 현금영수증
⑤ 간이영수증

해설
간이영수증은 적격증빙서류에 해당하지 아니한다.

정답 ⑤

Chapter 01 출제예상 문제

중요도에 따라 Self 맞춤형 학습이 가능한 출제예상 문제입니다. 각자의 목표점수에 맞게 문제를 선별하여 풀어보세요!

▶ 중요도 : ★★★ 상 ★★ 중 ★ 하

01 ★★

다음 중 소득세에 대한 설명으로 잘못된 것은?

① 소득세는 개인의 소득에 대하여 소득의 성격과 납세자의 부담능력 등에 따라 적정하게 과세함으로써 조세부담의 형평을 도모하고 재정수입의 원활한 조달에 이바지함을 목적으로 한다.
② 우리나라 소득세법은 순자산증가설이 아닌 소득원천설을 따르고 있는데, 이는 열거주의에 의한 과세방식을 의미한다.
③ 우리나라 소득세법은 종합과세를 원칙으로 하지만, 분류과세와 분리과세되는 소득도 있다.
④ 종합소득세를 구성하는 모든 세목에 대하여 유형별 포괄과세주의를 도입하고 있다.
⑤ 퇴직소득과 양도소득은 종합소득금액에 합산하지 않는데 이를 분류과세라 한다.

02 ★★

다음 중 소득세의 과세기간과 납세지에 대한 설명으로 적절하지 않은 것은?

① 소득세는 1월 1일부터 12월 31일까지를 1과세기간으로 한다.
② 국외 이전으로 비거주자가 되는 경우에는 1월 1일부터 출국일까지를 1과세기간으로 한다.
③ 연도 중에 거주자가 사망한 경우에는 1월 1일로부터 사망한 날까지를 1과세기간으로 한다.
④ 거주자의 소득세 납세지는 소득의 발생지가 아닌 거주자의 주소지로 한다.
⑤ 소득세의 과세기간은 세무서의 승인을 받아 개인별로 변경할 수 있다.

정답 및 해설

| 01 | 이자, 배당, 연금소득에 대하여만 유형별 포괄과세주의를 도입하고 있다. |
| 02 | 소득세의 과세기간은 개인별로 선택할 수 없다. |

정답 01 ④ 02 ⑤

03

다음 중 소득세법상 거주자 및 비거주자에 관한 설명 중 옳지 않은 것은?

① 비거주자에게는 국내원천소득만 과세대상이다.
② 비거주자란 거주자가 아닌 개인을 말한다.
③ 국적이 미국인 사람은 거주자가 될 수 없다.
④ 거주자에게는 국내·외에서 발생한 모든 소득이 과세대상이다.
⑤ 거주자란 국내에 주소를 두거나 183일 이상 거소를 둔 개인을 말한다.

04

다음 중 종합소득금액에 합산하지 않는 소득은?

① 사업소득
② 근로소득
③ 양도소득
④ 연금소득
⑤ 기타소득

05

㈜신명에 근무하는 홍길동 씨는 회사업무와 관계없이 발생한 강연료 수입이 있다. 강연료 수입이 무조건 종합과세되기 위해서는 최소 얼마를 넘어야 하는가?

① 300만원
② 600만원
③ 750만원
④ 1,200만원
⑤ 1,500만원

정답 및 해설

03	거주자와 비거주자 구분은 국적과 무관하다.
04	종합소득은 이자, 배당, 사업, 근로, 연금, 기타소득의 6가지 소득으로 구성되어 있다.
05	기타소득금액이 300만원 이하인 경우에는 분리과세선택이 가능하지만, 300만원을 초과하는 경우에는 무조건 종합과세대상이 된다. 회사업무와 관계없이 발생한 강연료수입의 경우에는 최소한 60%의 필요경비가 인정되므로, 강연료가 750만원을 초과하는 경우가 기타소득금액이 300만원을 초과하는 경우가 된다.

정답 03 ③ 04 ③ 05 ③

06 ✪✪✪

다음 부양가족 중 기본공제대상자가 아닌 자는?

① 소득이 없는 배우자(43세)
② 5백만원의 총급여액이 있는 30세의 장애인 여동생
③ 19세인 대학교 1학년생 아들(양도소득금액 250만원 있음)
④ 15세의 동거 입양 아들(소득 없음)
⑤ 소득이 없고 따로 별거하고 있는 65세인 아버지

07 ✪✪✪

다음 중 종합소득공제 기본공제대상자는?

① 소득이 없는 21세의 남동생
② 총급여액이 900만원인 18세의 여동생
③ 양도소득금액 150만원이 있는 28세의 장애인 남동생
④ 퇴직소득금액이 200만원인 65세의 어머니
⑤ 이자와 배당소득 합계액 2,000만원만 있는 65세의 아버지

08 ✪✪

거주자가 배우자가 없는 여성으로서 부양가족으로 기본공제대상자인 직계비속이 있고 세대주인 경우, 적용되는 종합소득공제와 공제액은 얼마인가?

① 부녀자공제 - 연 50만원
② 한부모공제 - 연 100만원
③ 부녀자공제와 한부모공제 - 연 150만원
④ 한부모공제 - 연 200만원
⑤ 부녀자공제와 한부모공제 - 연 250만원

🔍 정답 및 해설

06	연간소득금액에는 종합소득 외에 퇴직소득 및 양도소득도 포함된다.
07	금융소득 합계액이 2,000만원 이하인 경우 전액 분리과세되므로 종합소득 기본공제대상자가 된다.
08	적용되는 추가공제는 한부모가족공제로 연 100만원이다. 단, 부녀자공제와 중복 적용되는 경우 부녀자공제는 받을 수 없다.

정답 06 ③ 07 ⑤ 08 ②

09

다음 종합소득공제 중 기본공제액과 추가공제액의 연결이 잘못된 것은?

① 기본공제대상자 : 1인당 150만원
② 경로우대공제 : 1인당 연 100만원
③ 장애인공제 : 1인당 연 200만원
④ 부녀자공제 : 연 100만원
⑤ 한부모가족공제 : 연 100만원

10

2025년 현행 종합소득세율은 8단계 초과누진세율 구조로 되어 있다. 현행 가장 높은 세율이 적용되는 과세표준 구간과 세율로 맞게 연결된 것은?

	과세표준	세율
①	5억원 초과	40%
②	5억원 초과	42%
③	10억원 초과	42%
④	10억원 초과	45%
⑤	10억원 초과	50%

정답 및 해설

09	부녀자공제는 100만원이 아니고 50만원이다.
10	2025년 현행 종합소득세율 중 가장 높은 구간은 과세표준 10억원에 대해서 45%의 세율을 적용하는 것이다.

정답 09 ④ 10 ④

11

다음 자료를 바탕으로, 근로소득자인 김공제(남, 35세) 씨가 적용받을 수 있는 소득세법상 인적공제액(소득공제 : 기본공제 및 추가공제)의 합계액으로 옳은 것은?

- 배우자 : 33세, 총급여 500만원
- 아들 : 12세, 소득 없음
- 딸 : 10세, 소득 없음(장애인)
- 근로소득자 김공제 씨의 자녀에 대한 인적공제는 김공제 씨가 적용함

① 450만원 ② 600만원
③ 650만원 ④ 800만원
⑤ 900만원

12

현행 종합소득세에서 공제 가능한 세액공제로서 세액공제율이 잘못 연결된 것은?

① 연금계좌세액공제 : 납입금액의 12% 또는 15%
② 보험료세액공제 : 지출금액의 12%(장애인전용보장성보험세액공제는 15%)
③ 의료비세액공제 : 지출금액의 12%(미숙아의료비 : 20%, 난임시술비 30%)
④ 교육비세액공제 : 지출금액의 15%
⑤ 기부금세액공제 : 기부금액의 15%(기부금액이 1,000만원 이하인 경우)

정답 및 해설

11 기본공제대상자 : 본인, 배우자, 아들, 딸, 기본공제대상자 1인당 150만원이 공제되므로 총 600만원이고, 추가공제는 장애인공제(딸) 200만원이므로 800만원이 인적공제액의 합계액이다.

12 현행 의료비세액공제는 지출금액의 15%이다.

정답 11 ④ 12 ③

13

종합소득이 있는 거주자의 기본공제대상자에 해당하는 자녀가 3세, 8세, 10세로 세 명인 경우 자녀세액공제액은 얼마인가?

① 연 15만원
② 연 55만원
③ 연 60만원
④ 연 90만원
⑤ 연 120만원

14

종합소득이 있는 거주자가 2025년도에 둘째를 출산한 경우 당해 연도에 적용가능한 자녀세액공제액의 합계액은 얼마인가? (단, 첫째는 8세이다)

① 50만원
② 75만원
③ 80만원
④ 100만원
⑤ 110만원

정답 및 해설

13 자녀세액공제는 8세 이상의 자녀에 대해서만 적용하며, 8세 이상인 자녀가 2명인 경우 연 55만원의 세액공제를 받는다.

14 자녀세액공제액은 25만원(첫째, 8세, 다자녀공제)과 50만원(둘째, 출산·입양자녀공제)의 합인 75만원이다.

정답 13 ② 14 ②

15 ★★

다음 중 신용카드 등 사용금액 소득공제에 대한 설명으로 잘못된 것은?

① 근로소득자에게만 적용가능하다.
② 총급여액의 20% 초과분에 대해서만 공제가 가능하다.
③ 현금영수증 사용금액도 소득공제 대상에 포함된다.
④ 외국에서 발행한 신용카드는 대상에서 제외된다.
⑤ 국세, 지방세 등 공과금 납부금액은 대상에서 제외된다.

16 ★

다음 종합소득공제에서 신용카드 등 사용금액 소득공제에 관한 다음 설명 중 옳지 않은 것은?

① 각종 보험료에 지출된 금액은 공제대상이 아니다.
② 각종 리스료에 지출된 금액은 공제대상이 아니다.
③ 사업소득과 관련하여 지출된 금액은 비용으로 인정받은 것과 상관없이 공제대상이 아니다.
④ 상품권을 신용카드로 구매하면 공제대상이 아니다.
⑤ 외국에서 사용한 신용카드사용액은 공제대상이 아니다.

⊘ 정답 및 해설

15	총급여액의 25% 초과분에 대해서만 공제가 가능하다.
16	사업소득과 관련하여 비용으로 인정받은 금액만 공제대상이 아니다.

정답 15 ② 16 ③

17

다음 중 연금소득 원천징수세율의 연결이 잘못된 것은?

	구분	원천징수세율
①	공적연금	종합소득세 기본세율
②	사적연금 중 연금 소득자가 70세 미만	5%
③	사적연금 중 연금 소득자가 80세 이상	4%
④	퇴직소득의 연금수령(연금수령연차 10년 이하)	연금외 수령 원천징수세율의 70%
⑤	사적연금 중 종신연금(사망 시까지 중도해지 불가능)	4%

18

다음 퇴직소득에 대한 설명 중 잘못된 것은?

① 종업원이 임원이 되었으나 퇴직급여를 실제로 받지 않은 경우에는 퇴직으로 보지 아니할 수 있다.
② 법인의 상근임원이 비상근임원이 된 경우에는 퇴직급여 수령여부와 상관없이 퇴직으로 본다.
③ 퇴직금 중간정산 사유에 해당하여 퇴직급여를 미리 지급받은 경우에는 퇴직으로 본다.
④ 비정규직 근로자가 정규직 근로자로 전환된 경우 퇴직급여를 실제로 받지 않은 경우에는 퇴직으로 보지 아니할 수 있다.
⑤ 퇴직연금제도가 폐지되어 퇴직급여를 미리 지급받으면 퇴직으로 본다.

정답 및 해설

17 | 사적연금 중 연금소득자가 80세 이상인 경우의 원천징수세율은 3%이다.
18 | 법인의 상근임원이 비상근임원이 되었으나 퇴직급여를 실제로 받지 않은 경우에는 퇴직으로 보지 않는다.

정답 17 ③ 18 ②

19 ★★★

다음 종합소득세 절세방안 중 잘못된 것은?

① 근로소득의 경우 경정청구기한은 확정신고기한으로부터 5년이다.
② 암이나 중증환자는 장애인으로 보아 기본공제와 추가공제 적용이 가능할 수 있음에 유의한다.
③ 상가 취득 시에는 소득이 없는 배우자명의로 취득하거나 부부공동명의로 취득하는 것을 고려한다.
④ 사업자등록을 하지 못한 경우에는 과세기간 종료 후 20일 이내에 신청하면 적법한 것으로 본다.
⑤ 1,200만원 이하의 기타소득금액을 수령하는 경우에는 종합과세와 분리과세 중 유리한 쪽을 선택할 수 있다.

> **정답 및 해설**
>
> 19 | 300만원 이하의 기타소득금액을 수령하는 경우에는 종합과세와 분리과세 중 유리한 쪽을 선택할 수 있다.

정답 19 ⑤

Chapter 01 자가학습진단표

자신의 학습성취도를 스스로 진단하세요.

	진단 내용	Yes	No
01	소득세에 대한 과세이론 등 기본적인 사항을 이해했습니까?		
02	거주자와 비거주자를 구분할 수 있고, 구분의 실익을 이해했습니까?		
03	소득의 종류별 과세방법을 알고 있습니까?		
04	종합소득공제 중 기본공제를 암기할 수 있습니까?		
05	종합소득공제 중 추가공제 사유 및 공제금액을 연결할 수 있습니까?		
06	소득세율 중 과세표준 구간과 각 구간별 세율을 암기하고 있습니까?		
07	종합소득세액공제를 세액공제 사유별로 알고 있습니까?		
08	주택임차차입금 원리금상환액 공제를 알고 있습니까?		
09	장기주택저당차입금 이자상환액 공제를 알고 있습니까?		
10	주택마련저축 납입액 소득공제를 알고 있습니까?		
11	신용카드 등 사용금액 소득공제를 이해했습니까?		
12	연금소득의 과세방법을 이해했습니까?		
13	퇴직소득의 과세방법을 이해했습니까?		
14	퇴직소득산출세액을 계산할 수 있습니까?		
15	종합소득세 절세방안을 충분히 이해했습니까?		

Yes 개수별 진단결과

- 7개 이하 : 합격예상도는 40% ➜ 기본서로 관련 내용을 다시 한번 꼼꼼하게 학습하세요.
- 8~12개 : 합격예상도는 60% ➜ 핵심 정리를 통해 주요 내용을 다시 한번 체크하세요.
- 13개 이상 : 합격예상도는 80% ➜ 문제를 통해 100% 합격에 도전하세요.

출제경향분석

총 8문항 정도의 문제가 출제될 것으로 보이는 부분으로, 자세한 이해가 우선되어야 하나 그 내용이 상당히 난해합니다. 하지만, 전체적인 과세내용을 이해하고 이를 바탕으로 상세한 내용을 덧붙이는 방식의 학습전략이 필요합니다. 우선, 금융소득종합과세의 주요내용을 정리하고, 이자소득과 배당소득의 범위에 대해서 학습하는데, 배당소득에 대해서는 gross-up 제도 위주로 이해하는 전략을 세웁니다. 금융소득별 원천징수세율은 출제 빈도가 높으므로 반드시 암기하여야 하며, 이자소득과 배당소득의 수입시기도 간헐적으로 출제되므로 자주 보아 암기할 수 있도록 합니다. 끝으로 금융소득 절세전략 부분도 매우 중요하므로 그 내용을 이해하고 각 내용별 핵심사항을 정리하여 시험에 대비할 필요가 있습니다.

제2장

금융소득종합과세

Chapter 02 문제로 보는 출제경향

01

다음 중 금융소득종합과세에 대한 설명으로 잘못된 것은?

① 이자소득이나 배당소득 수령 시 원천징수된 세액은 종합소득세 확정신고 시 기납부세액으로 세액공제해주므로 이중과세 문제는 발생하지 않는다.
② 개인별로 종합과세 여부를 판정하는 것으로 부부간 합산과세하지 않는다.
③ 만기 10년 이상인 채권을 3년 이상 보유한 장기채권의 이자는 30%의 원천징수세율로 분리과세 선택이 가능하다.
④ 종합과세 여부 판정 시에는 원천징수되기 전의 금액을 기준으로 한다.
⑤ 이자와 배당소득의 합계액이 2천만원 이상인 경우 종합과세한다.

해설 금융소득이 2천만원을 '초과'하는 경우에 종합과세한다.

정답 ⑤

02

다음 중 Gross - up 제도에 대한 설명으로 옳지 않은 것은?

① Gross - up을 적용하여 배당세액공제를 받기 위해서는 종합과세가 되는 배당소득이어야 한다.
② 종합과세 기준금액(2천만원) 초과 여부를 판정할 때는 Gross - up 후의 금액을 기준으로 판정한다.
③ 종합과세 기준금액(2천만원)을 산정할 때 이자소득과 배당소득이 함께 있는 경우는 이자소득부터 합산한다.
④ 법인세가 과세된 소득을 재원으로 하는 배당소득이어야 Gross - up 대상이 된다.
⑤ 외국법인으로부터 받는 배당소득은 Gross - up 대상이 되지 않는다.

해설 종합과세기준금액을 판정할 때에는 Gross - up 전의 금액을 기준으로 판정한다.

정답 ②

03

다음 중 금액의 크기와 상관없이 무조건 분리과세하고 과세를 종결하는 금융소득이 아닌 것은?

① 발행기간이 3년 이상이고 만기가 10년 이상인 장기채권의 이자와 할인액으로서 당해 금융기관 또는 그 지급자에게 분리과세를 신청한 경우(2018년 1월 1일 이전 발행채권에 한함)
② 비실명 금융소득
③ 비영업대금의 이익
④ 직장공제회 초과반환금
⑤ 부동산 경매입찰을 위한 법원보증금 등의 이자소득

해설 비영업대금의 이익은 25%로 원천징수되지만 무조건 분리과세대상이 아니고 조건부 종합과세대상이다.

정답 ③

04

다음 중 원천징수세율이 잘못 연결된 것은?

① 비실명금융소득(금융기관이 지급하는 경우) – 90%
② 일반적인 이자소득 – 14%
③ 비영업대금의 이익 – 30%
④ 직장공제회 초과반환금 – 기본세율(6~45%)
⑤ 투자신탁수익의 분배금 – 14%

해설 비영업대금의 이익의 원천징수세율은 25%이다.

정답 ③

Chapter 02 길라잡이 문제

중요이론(Key Point)을 재정리할 수 있는 대표문제로 구성하였습니다.

• Key Point • 이자소득의 범위

01 다음 중 소득세법상 이자소득에 해당하지 않는 것은?

① 보험계약에 따라 최초로 보험료를 납입한 날로부터 만기일 또는 중도해지일까지의 기간이 10년 미만인 저축성 보험차익
② 금전의 대여를 사업목적으로 하지 아니하는 자가 일시적·우발적으로 금전을 대여함에 따라 지급받는 이자 또는 수수료 등
③ 금융회사와 사전약정이자율을 적용하여 환매수 또는 환매도하는 조건으로 매매하는 채권 또는 증권의 매매차익
④ 외상매입금이나 미지급금을 약정기일 전에 지급함으로써 받는 할인액
⑤ 근로자가 퇴직하거나 탈퇴하여 그 규약에 따라 직장공제회로부터 받는 반환금에서 납입공제료를 뺀 금액

해설

외상매입금이나 미지급금을 약정기일 전에 지급함으로써 받는 할인액은 매입액에서 차감한다.
※ 이자소득으로 보지 않는 경우
- 매입에누리, 매입할인
- 물품을 판매하고 대금의 결제방법에 따라 추가로 지급받는 금액
- 외상매출금이나 미수금의 지급기일을 연장하고 추가로 받는 금액(단, 소비대차로 전환된 경우 예외)
- 장기할부조건의 판매로 통상적 대금의 결제보다 추가로 받는 금액(단, 당초 계약에 의해 매입가액이 확정된 후 대금의 지급지연으로 실질적인 소비대차로 전환되어 발생된 이자는 이자소득으로 봄)

 정답 ④

• Key Point • gross-up 금액 계산

02 홍길동 씨의 2025년도 금융소득은 은행이자 500만원, 집합투자기구로부터의 이익 500만원, 주식배당(국내상장주식) 4,000만원이다. 이때 gross-up의 대상이 되는 금액은 얼마인가?

① 1,000만원
② 2,000만원
③ 3,000만원
④ 4,000만원
⑤ 5,000만원

해설
이자와 배당소득 합계액이 2,000만원을 초과하므로 종합과세대상이다. 이때 구성순서는 이자소득, gross-up 제외 배당소득, gross-up 대상 배당소득이다. 따라서 위 문제 5,000만원 중 gross-up되는 부분은 기본세율이 적용되면서(즉, 2,000만원 초과분) gross-up 대상 배당소득인 3,000만원이다. (집합투자기구로부터의 이익은 gross-up 대상이 아니다)

정답 ③

• Key Point • 금융소득종합과세 개념

03 금융소득종합과세에 대한 다음 설명 중 옳은 것은?

① 금융소득은 필요경비를 인정하지 아니하며, 부부합산하여 금융소득종합과세 여부를 결정한다.
② 금융소득은 이자소득, 배당소득과 연금소득을 말한다.
③ 금융소득 2천만원 초과 여부를 판정할 때는 비과세, 분리과세 금융소득도 포함 한다.
④ 금융소득 2천만원 초과 여부를 판정할 때는 원천징수된 후의 금액을 기준으로 한다.
⑤ 금융소득종합과세 시 원천징수당한 세액은 기납부세액으로 공제하여 준다.

해설
① 이자와 배당소득에 대해서 필요경비를 인정하지 않는다는 것은 옳은 설명이지만, 금융소득종합과세 여부 결정 시 개인별로 판정하는 것이지 부부합산하는 것은 아니다.
② 연금소득은 금융소득에 포함하지 않는다.
③ 또한 2천만원 초과 여부 판정 시에는 비과세와 분리과세 금융소득은 포함하지 않고 판정하며,
④ 원천징수되기 전의 금액을 기준으로 판정한다.

정답 ⑤

• Key Point • 이자소득의 수입시기

04 이자소득의 수입시기에 대한 설명 중 잘못된 것은?

① 기명의 공채 또는 사채의 이자와 할인액은 그 약정에 의한 이자지급개시일
② 정기적금을 만기일 이후에 지급받는 경우에는 만기일
③ 무기명 공채 또는 사채의 이자와 할인액의 경우에는 실제로 지급받은 날
④ 저축성보험의 보험차익의 경우에는 보험금 또는 환급금의 지급일
⑤ 이자소득이 발생하는 상속·증여재산의 경우에는 상속개시일 또는 증여일

🗨 해설
정기예금이나 적금의 경우의 수입시기는 실제로 이자를 지급받는 날이다.

정답 ②

• Key Point • 금융소득종합과세 절세전략

05 다음 중 금융소득종합과세 관련 절세전략으로 잘못된 것은?

① 비과세저축 항목과 분리과세저축 항목을 활용한다면 절세가 가능하다.
② 예금 등의 금융자산을 자녀에게 분산증여하는 경우에는 절세효과가 있으나, 배우자에게 증여하는 경우에는 부부의 금융소득은 합산과세하여 절세효과가 없으므로 고려하지 않는다.
③ 한 해에 이자와 배당의 수입시기가 몰리지 않도록 주의한다.
④ 주식형 펀드 상품을 가입한다면 금융자산을 분산하는 효과를 기대할 수 있고, 이와 더불어 절세효과를 기대할 수 있다.
⑤ 과세에서 제외되는 요건을 갖춘 저축성 보험에 가입한다.

🗨 해설
금융소득은 부부합산과세하지 않는다.

정답 ②

Chapter 02 출제예상 문제

중요도에 따라 Self 맞춤형 학습이 가능한 출제예상 문제입니다. 각자의 목표점수에 맞게 문제를 선별하여 풀어보세요!

▶ 중요도 : 상 중 하

01

다음 설명 중 금융소득종합과세에 대한 설명으로 잘못된 것은?

① 이자소득과 배당소득이 금융소득이다.
② 금융소득이 2천만원을 초과하는 경우 2천만원 초과분만 종합소득금액에 합산한다.
③ 부부의 소득을 합산하지 않는다.
④ 비과세, 분리과세 금융소득을 제외하고 2천만원 초과 여부를 판단한다.
⑤ 원천징수세액은 종합과세 확정신고 시 공제하여 계산하므로 이중과세를 하는 것은 아니다.

02

다음 중 이자소득으로 볼 수 없는 것은?

① 비영업대금의 이익
② 직장공제회 초과반환금
③ 10년 미만 저축성보험의 보험차익
④ 채권 또는 증권의 환매조건부 매매차익
⑤ 집합투자기구로부터의 이익

정답 및 해설

01 | 금융소득이 2천만원을 초과하는 경우 전액 종합소득금액에 합산한다.
02 | 집합투자기구로부터의 이익은 배당소득에 해당한다.

정답 01 ② 02 ⑤

03 ✪✪✪

다음 설명 중 옳지 않은 것은?

① 이자소득과 배당소득은 필요경비를 인정하지 않는다.
② 분리과세를 신청한 3년 이상 보유한 만기 10년 이상 장기채권의 이자는 30%(지방소득세 제외)로 원천징수한다.
③ 비과세소득과 분리과세소득은 종합소득금액에 포함되지 않는다.
④ 비영업대금의 이익은 25%(지방소득세 제외)로 원천징수한다.
⑤ 비영업대금의 이익은 원천징수로 납세의무를 종결하므로, 종합과세되는 경우는 없다.

04 ✪✪✪

다음 중 배당소득의 Gross-up 적용요건이 아닌 것은?

① 내국법인으로부터 받는 배당소득일 것
② 이자소득을 제외한 배당소득 합계액이 2천만원을 초과할 것
③ 다른 금융소득과 합산하여 2천만원을 초과하는 배당소득일 것
④ 소득세율 적용 시, 기본세율이 적용되는 배당소득일 것
⑤ 법인세가 과세된 소득을 배당재원으로 하는 배당소득일 것

정답 및 해설

03 | 비영업대금의 이익은 조건부종합과세 대상이다.
04 | 배당소득금액 자체가 2천만원을 초과할 필요는 없다.

정답 03 ⑤ 04 ②

05 ⭐⭐

다음 배당소득 수입시기에 관한 사항 중 틀린 것은?

① 잉여금의 처분에 의한 배당 – 당해 법인의 잉여금처분결의일
② 집합투자기구로부터의 이익 – 이익을 지급받는 날
③ 무기명주식의 이익이나 배당 – 그 지급을 받는 날
④ 법인이 해산으로 인하여 소멸한 경우 – 해산등기일
⑤ 주식의 소각 – 감자결의일

06 ⭐

거주자인 김배당 씨는 2025년 4월 서울소재 비상장법인인 유비온㈜으로부터 배당금을 수령하였으며, 유비온㈜은 2025년 3월 주주총회를 통해 2024년 귀속 재무제표를 승인하고 잉여금처분결의를 하였다. 동 배당금이 잉여금처분에 의한 배당인 경우, 다음 설명 중 가장 옳지 않은 것은?

① 배당소득의 수입시기는 2024년이다.
② 배당금 수령 시 15.4%(지방소득세 포함)의 세금을 공제한 나머지를 받게 된다.
③ 만약 김배당 씨가 국내사업장이 없는 비거주자라면 원천징수로 납세의무가 종결된다.
④ 유비온㈜은 배당소득에 대한 원천징수의무자이다.
⑤ 소득수령자가 개인이므로 소득세법의 적용을 받는다.

정답 및 해설

05	법인 해산의 경우 잔여재산가액의 확정일이 수입시기이다.
06	잉여금처분에 의한 배당의 경우 수입시기는 잉여금처분결의일이므로, 본 배당소득의 수입시기는 잉여금처분결의일이 속하는 2025년이다. 또한, 국내사업장이 없는 비거주자의 경우에는 소득이 발생하는 단계에서 이를 원천징수하여 분리과세하는 것을 원칙으로 한다.

정답 05 ④ 06 ①

07 ✪✪✪

다음 배당소득에 대한 설명으로 잘못된 것은?

① 배당소득금액을 구할 때 gross - up을 하는 취지는 이중과세 조정을 위해서이다.
② gross - up 대상 배당소득에 대하여 10%를 곱한 금액을 배당소득에 합산하여 배당소득금액을 구한다.
③ gross - up 대상 배당소득이 되려면, 종합과세되고, 법인세가 과세된 소득이어야 하며 내국법인으로부터 받는 배당소득이어야 한다.
④ gross - up 제도를 통하여 완전한 이중과세 조정이 된다.
⑤ 배당소득에 가산한 금액은 배당세액공제 대상이 된다.

08 ✪

거주자인 김부자 씨의 2025년 근로소득금액이 6억원(한계세율 42%)이고 정기예금이자가 3천만원(원천징수세율 14%)인 경우, 종합소득세 확정신고 시 금융소득종합과세로 인한 종합소득세 추가 납부세액(지방소득세 제외)을 계산한 것으로 옳은 것은?

① 0원
② 280만원
③ 420만원
④ 1,060만원
⑤ 1,260만원

정답 및 해설

07	gross - up 제도를 통하여 완전한 이중과세 조정이 되는 것은 아니다.
08	2천만원까지는 원천징수세율을 적용하고, 2천만원 초과분인 1,000만원만 근로소득과 합산하여 기본세율을 적용하므로 420만원이 부담세액이지만, 이미 140만원이 원천징수 되어 있으므로 추가적인 납부세액은 280만원이다.

정답 07 ④ 08 ②

09

금융소득의 수입시기와 원천징수시기에 대한 설명으로 적절하지 않은 것은?

① 금융소득의 수입시기와 원천징수시기는 항상 일치한다.
② 원천징수시기는 소득을 지급하는 자가 원천징수를 해야 하는 시기를 의미한다.
③ 수입시기는 소득수령자가 소득세신고를 해야 하는 연도를 결정하는 시기를 의미한다.
④ 상속되는 금융재산의 이자소득 수입시기는 상속개시일이다.
⑤ 무기명의 공채와 사채의 이자와 할인액의 수입시기는 지급을 받은 날이다.

10

법인이 이익배당을 결정하였으나 배당금을 지급하지 않은 경우의 원천징수시기는?

① 배당결의일
② 배당결의일로부터 1개월이 되는 날
③ 배당결의일로부터 2개월이 되는 날
④ 배당결의일로부터 3개월이 되는 날
⑤ 배당결의일로부터 4개월이 되는 날

정답 및 해설

09 대부분의 경우 수입시기와 원천징수시기는 일치하지만 반드시 일치하는 것은 아니다.
10 배당결의일로부터 3개월이 경과 시에도 지급하지 않은 경우에는 3개월이 경과한 날이 원천징수시기가 된다.

정답 09 ① 10 ④

11 ✪✪✪

다음 중 원천징수세율이 잘못된 것은?

① 금융기관이 지급하는 비실명금융소득 : 90%
② 비영업대금의 이익 : 20%
③ 출자공동사업자의 배당소득 : 25%
④ 직장공제회 초과반환금 : 기본세율
⑤ 비금융회사가 지급하는 비실명금융소득 : 45%

12 ✪✪✪

김지영 씨의 금융소득내역은 아래와 같다. 아래의 자료를 이용하여 김지영 씨의 배당소득금액을 계산하면? [단, 비과세나 분리과세가 되는 금융소득은 없으며, 배당가산율(Gross - up률)은 10%로 가정한다.]

- 정기예금이자 : 10,000,000원
- 상장회사에 대한 현금배당 : 30,000,000원

① 2,000,000원
② 10,000,000원
③ 22,000,000원
④ 32,000,000원
⑤ 33,000,000원

정답 및 해설

| 11 | 비영업대금 이익의 원천징수세율은 25%이다. |
| 12 | 금융소득이 2,000만원을 초과하고 이때 구성순서를 정기예금이자 → 현금배당순으로 보므로 배당의 경우 종합과세되고 누진세율이 적용되어 Gross - up 대상에 포함이 된다. 따라서 30,000,000 + 20,000,000 × 10%=32,000,000원이 된다. |

정답 11 ② 12 ④

13 ★★

다음 중 금융소득종합과세 절세전략과 관련하여 잘못된 것은?

① 비과세와 분리과세에 해당하는 항목을 활용한다.
② 예금 등 금융자산을 분산 증여하여 금융소득종합과세의 누진과세 부담을 피한다.
③ 금융소득을 한 해에 발생하도록 수입시기를 집중시킨다.
④ 주식시장에서 직접 주식 등을 매매하기 어려운 경우에는 주식형펀드상품을 잘 활용한다.
⑤ 과세에서 제외되는 요건을 갖춘 장기저축성보험의 잘 활용한다.

14 ★★

다음 중 금융소득종합과세의 절세방법으로 옳지 않은 것은?

① 중도해지하여 이자소득이 감액되는 경우에는 중도해지일이 속하는 과세기간의 종합소득금액에서 차감하는 방법과 경정청구하는 방법 중 유리한 쪽으로 선택할 수 있음을 잊지 않는다.
② 금융자산을 가족에게 분산증여한다.
③ 금융소득의 수입시기를 한 해로 몰지 않고 분산시킨다.
④ 수익분산을 위해 타익신탁의 활용을 검토한다.
⑤ 가능하면 많은 금융회사와 거래를 한다.

정답 및 해설

13 | 금융소득이 어느 한 해에 편중되지 않게 평준화시키는 것이 유리하다.
14 | 많은 금융회사와 거래를 하지 않고, 주거래 금융회사를 선정해 놓는 것이 금융소득종합과세의 절세방법이다.

정답 13 ③ 14 ⑤

Chapter 02 자가학습진단표

자신의 학습성취도를 스스로 진단하세요.

	진단 내용	Yes	No
01	금융소득종합과세의 특징과 내용을 설명할 수 있습니까?		
02	이자소득의 범위를 사례별로 알고 있습니까?		
03	배당소득의 범위를 알고 있습니까?		
04	배당소득의 gross - up의 취지와 요건을 알고 있습니까?		
05	이자소득과 배당소득의 수입시기를 알고 있습니까?		
06	비교과세제도에 대해 충분히 이해하고 있습니까?		
07	금융소득종합과세에 따른 절세방안을 알고 있습니까?		
08	「소득세법」상 원천징수세율을 암기하고 있습니까?		

Yes 개수별 진단결과

- 3개 이하 : 합격예상도는 40% ➜ 기본서로 관련 내용을 다시 한번 꼼꼼하게 학습하세요.
- 4~6개 : 합격예상도는 60% ➜ 핵심 정리를 통해 주요 내용을 다시 한번 체크하세요.
- 7개 이상 : 합격예상도는 80% ➜ 문제를 통해 100% 합격에 도전하세요.

출제경향분석

총 8문항 정도의 문제가 출제될 것으로 보이는 부분으로, 전체적인 계산구조를 우선 이해하는 것이 중요합니다. 각 계산구조별 요건과 내용을 이해하는 것이 중요하며, 특히 양도소득세율은 출제가 자주 되므로 반드시 정확한 암기가 필요합니다. 이 외에 양도소득세 과세대상과 취득시기, 양도시기에서도 각각 출제가 예상되며, 양도소득세 예정신고기한은 구체적인 날짜를 기반으로 각 사례별로 반드시 이해하고 넘어가야 시험대비가 가능합니다. 또한 1세대 1주택의 양도에 의한 비과세는 자세한 내용과 함께 구체적인 사례별로 이해해야 하며 감면규정과의 구분도 중요합니다. 더불어 양도소득세 절세방안도 중요한 내용이므로 주요 내용 위주로 이해해야 하는데, 이때에는 양도소득세의 계산구조 및 비과세 규정과 연결하여 이해할 수 있도록 합니다.

제3장

양도소득세

Chapter 03 문제로 보는 출제경향

01

다음 중 양도소득세의 과세대상이 아닌 것은?

① 골프회원권 양도
② 무허가건물 양도
③ 비상장주식 양도
④ 상장법인의 소액주주가 장내에서 주식을 양도
⑤ 코스닥 상장법인의 대주주가 주식을 양도

해설 주식의 경우 위 ④의 요건을 모두 갖추면 양도소득세 과세대상이 아니지만, 이 중 한 가지 요건이라도 만족하지 못하면 양도소득세 과세대상이 된다.

정답 ④

02

다음 자료에서 부동산 양도거래의 양도일은 언제인가?

- 부동산 매매계약 체결일 : 2025년 5월 5일
- 계약서상 잔금 청산일 : 2025년 7월 8일
- 실제 잔금 청산일 : 2025년 12월 29일
- 부동산 등기부상 소유권이전접수일 : 2025년 11월 1일

① 2025년 5월 5일   ② 2025년 7월 8일
③ 2025년 11월 1일 ④ 2025년 12월 29일
⑤ 2025년 12월 31일

해설 실제 잔금 청산일과 소유권이전접수일 중 빠른 날짜가 양도일이다.

정답 ③

대표문제로 선별했으니, 학습 전에 최근 출제경향을 파악하세요.

03

다음 중 부동산의 양도 시 양도소득세 세율이 바르지 못한 것은?

① 미등기 양도 부동산 - 70%
② 보유기간 1년 미만의 등기된 상가 - 60%
③ 보유기간 1년 이상 2년 미만의 등기된 사업용 토지 - 40%
④ 보유기간 2년 이상 3년 미만의 등기된 주택(조정대상지역 외) - 누진세율
⑤ 보유기간 1년 미만 등기된 주택 - 70%

해설 보유기간 1년 미만의 등기된 상가의 세율은 50%이다.

정답 ②

04

2025년 4월 15일에 양도소득세 과세대상 부동산을 양도한 경우의 양도소득세 예정신고기한은?

① 2025년 5월 31일
② 2025년 6월 30일
③ 2025년 7월 31일
④ 2025년 8월 31일
⑤ 2025년 9월 30일

해설 부동산의 양도소득세 예정신고기한은 양도일이 속하는 달의 말일로부터 2개월이다.

정답 ②

Chapter 03 길라잡이 문제

중요이론(Key Point)을 재정리할 수 있는 대표문제로 구성하였습니다.

• Key Point • 양도소득세 과세대상

01 다음 중 양도소득세 과세대상이 아닌 것은?

① 지상권
② 특정시설물 이용권
③ 등기된 부동산 임차권
④ 부동산을 취득할 수 있는 권리
⑤ 영업권

해설
사업용고정자산과 함께 양도하는 영업권이 양도소득세 과세대상이다.

정답 ⑤

• Key Point • 양도소득세 계산과정

02 다음 양도소득세에 대한 설명 중 틀린 것은?

① 토지 취득 당시의 실제취득가액을 확인할 수 없어 환산가액을 취득가액으로 보는 경우에는 취득 당시 기준시가의 3%를 필요경비로 공제한다.
② 실지거래가액으로 양도차익 산정 시, 양도자산 취득과정에서 소유권 확보를 위해 소요된 비용은 필요경비로 인정된다.
③ 비사업용 토지에 대해서는 장기보유특별공제를 적용하지 않는다.
④ 대금청산 전에 소유권이전등기를 한 경우 등기접수일을 양도 또는 취득시기로 본다.
⑤ 거주자가 양도일로부터 소급하여 10년 이내에 배우자로부터 증여받은 토지의 양도차익을 계산할 때 취득가액은 배우자가 취득할 당시의 가액으로 한다.

해설
비사업용 토지에 대해서도 장기보유특별공제를 적용한다.

정답 ③

• Key Point • 장기보유특별공제율

03 다음 중 장기보유특별공제율이 잘못 적용된 것은?

① 등기된 과세대상 1세대 1주택을 8년 보유 및 거주한 경우 : 64%
② 등기된 비사업용 토지를 3년 보유한 경우 : 6%
③ 등기된 과세대상 1세대 1주택을 15년 보유 및 거주한 경우 : 80%
④ 미등기된 사업용 토지를 5년간 보유한 경우 : 0%
⑤ 등기된 부동산임차권을 5년 보유한 경우 : 10%

해설
장기보유특별공제는 토지와 건물에 대해서만 적용 가능하므로, 등기된 부동산임차권은 장기보유특별공제를 적용하지 않아서 5년간 보유한 경우라도 0%이다.

정답 ⑤

• Key Point • 취득시기와 양도시기

04 다음 중 양도소득세법상 취득시기와 양도시기의 연결이 바르지 못한 것은?

① 원칙적인 양도시기 : 해당 자산의 대금을 청산한 날
② 대금을 청산한 날이 분명하지 아니한 경우 : 등기부·등록부 또는 명부 등에 기재된 등기·등록접수일 또는 명의개서일
③ 장기할부조건 양도의 경우 : 소유권이전등기 등의 접수일, 인도일 또는 사용수익일 중 빠른 날
④ 자기가 건설한 건축물의 취득시기 : 부동산등기부상 소유권이전 접수 시
⑤ 상속에 의한 부동산 취득 시의 취득시기 : 피상속인의 상속개시일

해설
자기가 건설한 건축물의 취득시기는 사용승인서 교부일이다. 만약, 사용승인서 교부일 전에 사용하거나 사용승인을 얻은 경우에는 사실상의 사용일 또는 사용승인일이 취득시기이다.

정답 ④

• Key Point • 1세대 1주택 비과세

05 1세대 1주택에 대한 양도소득세 비과세에 대한 설명 중 옳지 않은 것은?

① 1세대 1주택 보유자가 2년 이상 보유하여야 한다. 이때, 2021년 1월 1일 이후 취득하는 주택의 분양권도 주택으로 보아 주택 수에 포함한다.
② 30세 이상인 자가 단독세대를 구성한 경우에는 소득이 없는 경우에도 1세대로 인정받을 수 있다.
③ 비과세 요건을 갖춘 1세대 1주택인 자가 고가주택을 양도한 경우 12억원 초과 부분에 대해서만 양도소득세를 과세한다.
④ 1년 이상 계속하여 국외거주를 필요로 하는 취학 또는 근무상의 형편으로 세대 전원이 출국하는 경우로 출국 후 2년 내에 양도시에는 보유기간의 제한 없이 양도소득세가 비과세된다.
⑤ 겸용주택의 경우 양도가액의 크기와 상관없이, 주택의 면적이 주택 외의 면적보다 크면 전체를 주택으로 본다.

해설
고가주택에 해당하지 않는 겸용주택에만 해당하는 설명이다.

정답 ⑤

• Key Point • 고가주택 양도차익 계산

06 홍길동 씨는 1세대 1주택 비과세 대상 아파트를 5년 동안 보유 및 거주하던 중, 아래와 같이 양도하였다. 이때 과세되는 양도차익은 얼마인가?

• 취득가액(필요경비 포함) : 12.6억원	• 양도가액 : 14억원

① 0원 ② 2천만원
③ 1억원 ④ 2억원
⑤ 10억원

해설
12억원 초과분에 대해서만 과세(12억원까지는 1세대 1주택 비과세가 적용됨)되므로 과세되는 양도차익은 다음과 같이 계산한다. (14억원 - 12.6억원)×(14억원 - 12억원)/14억원 = 2천만원

정답 ②

• Key Point • 양도소득세 예정신고 기한

07 다음과 같이 부동산을 매도한 홍길동 씨의 양도소득세 예정신고 기한은 언제인가?

<부동산 현황>
1. 매매계약일 : 2025년 7월 30일
2. 계약금 : 매매대금의 20%
3. 소유권이전등기접수일 : 2025년 9월 17일
4. 잔금청산일 : 2025년 8월 27일

① 2025년 9월 29일
② 2025년 10월 26일
③ 2025년 10월 31일
④ 2025년 11월 16일
⑤ 2025년 11월 30일

해설
부동산의 경우 양도일(잔금청산일과 소유권이전등기접수일 중 빠른 날짜)이 속하는 달의 말일로부터 2개월까지가 예정신고기한이다.

정답 ③

Chapter 03 출제예상 문제

중요도에 따라 Self 맞춤형 학습이 가능한 출제예상 문제입니다. 각자의 목표점수에 맞게 문제를 선별하여 풀어보세요!

▶ 중요도 : 상 중 하

01

다음 중 양도소득세의 과세대상이 아닌 것은?

① 등기된 부동산 임차권
② 비상장주식
③ 골프회원권
④ 사업용고정자산과 함께 양도하는 영업권
⑤ 고급승용차

02

다음 중 양도소득세의 과세대상으로 옳지 않은 것은?

① 미등기 상태의 토지가 유상으로 사실상 이전되는 것
② 상장법인의 대주주가 아닌 주주가 유가증권시장에서 주식을 양도하는 것
③ 지상권을 양도하는 것
④ 부동산을 취득할 수 있는 권리를 양도하는 것
⑤ 등기된 아파트를 부담부증여하면서 수증자가 인수한 채무인수액

정답 및 해설

| 01 | 고급승용차는 양도소득세 과세대상이 아니다. |
| 02 | ㉠ 소액주주가 ㉡ 상장주식을 ㉢ 장내에서 거래하는 경우에는 양도소득세를 과세하지 않지만, 이 중 요건이 하나라도 충족되지 않으면 양도소득세 과세대상이 된다. |

정답 01 ⑤ 02 ②

03

다음 중 양도소득세의 취득 및 양도시기로 옳지 않은 것은?

① 대금을 청산하기 전 소유권이전등기를 한 경우 등기부 등에 기재된 등기접수일로 한다.
② 상속 또는 증여에 의해 취득한 경우 상속개시일 또는 증여를 받은 날로 한다.
③ 매매에 의한 경우에는 실질상의 잔금청산일에도 불구하고, 계약서상 기재된 잔금청산일을 원칙으로 한다.
④ 장기할부조건의 경우 소유권이전등기 접수일, 인도일 또는 사용일 중 빠른 날로 한다.
⑤ 자기가 건설한 건축물에 있어서는 사용승인서 교부일로 한다.

04

소득세법상 1972년 3월 10일에 취득한 토지와 주식을 양도했을 때, 언제 취득한 것으로 의제하는가?

	토지	주식
①	1972년 3월 10일	1972년 3월 10일
②	1985년 1월 1일	1985년 1월 1일
③	1985년 1월 1일	1986년 1월 1일
④	1986년 1월 1일	1985년 1월 1일
⑤	1986년 1월 1일	1986년 1월 1일

정답 및 해설

03 매매에 의한 경우에는 실질상의 잔금청산일을 원칙으로 한다.
04 부동산의 의제취득일은 1985년 1월 1일이고 주식의 의제취득일은 1986년 1월 1일이다.

정답 03 ③ 04 ③

05 ✪✪✪

양도소득세에 대한 설명으로 틀린 것은?

① 비사업용 토지에 대해서는 일반세율에 10%p를 가산한 세율을 적용한다.
② 미등기양도자산의 경우 장기보유특별공제와 양도소득기본공제의 적용을 배제한다.
③ 부동산 취득 시 부담한 취득세와 등록세는 납부영수증이 없는 경우에도 필요경비로 인정된다.
④ 취득 당시의 실지 취득가액을 확인할 수 없어 매매사례가액, 감정가액, 환산가액 등을 실지 취득가액으로 보는 경우에는 개산공제액(환산취득가액의 3%)을 기타 필요경비로 공제한다.
⑤ 부담부증여 시 채무인수 부분은 양도로 보아 양도소득세 과세대상이 된다.

06 ✪✪✪

다음 자료를 기초로 실제 취득가액을 확인할 수 없는 상가의 환산취득가액을 구하면?

	실거래가	기준시가
양도가액	6억원	4억원
취득가액	?	1억원

① 5천만원
② 1억원
③ 1.25억원
④ 1.5억원
⑤ 2억원

정답 및 해설

05	환산취득가액의 3%가 아니고 취득 당시 기준시가의 3%이다.
06	기준시가 비율대로 취득가액을 환산한다. 6억원×1억원 / 4억원 = 1.5억원

정답 05 ④ 06 ④

07

다음 설명 중 배우자 또는 직계존비속으로부터 증여받은 재산을 양도하는 경우의 이월과세방법으로 옳지 않은 것은?

① 토지·건물, 특정시설물 이용권·회원권 및 부동산을 취득할 수 있는 권리 등에 적용한다.
② 양도 당시 이혼에 의하여 혼인관계가 소멸된 배우자에 대해서도 이월과세의 적용대상이 되지만, 사망에 의해 혼인관계가 소멸된 경우에는 적용하지 않는다.
③ 증여일로부터 10년 이내에 수증자가 양도하는 경우 이월과세의 적용대상이 된다.
④ 증여 당시 발생한 증여세 상당액은 이를 취소하여 환급한다.
⑤ 당초 증여자의 최초 취득 당시의 가액을 적용하여 양도소득세를 계산한다.

08

다음 중 부동산양도소득세 계산 시 보유기간에 따라 영향을 받는 것이 아닌 것은?

① 1세대 1주택 비과세 혜택 인정 여부
② 양도소득기본공제 인정 여부
③ 장기보유특별공제 인정 여부
④ 장기보유특별공제율의 변화
⑤ 양도소득세율 차등 적용 여부

정답 및 해설

07	증여 당시 발생한 증여세 상당액은 환급하지 않고 기타의 필요경비에 산입한다.
08	양도소득기본공제는 보유기간에 관계없이 등기된 부동산에 대해서는 모두 인정되는 것이다.

정답 07 ④ 08 ②

09 ♦♦♦

양도소득기본공제에 대한 설명으로 잘못된 것은?

① 부동산의 경우 미등기 자산은 공제대상에서 제외한다.
② 보유기간과는 관계없이 적용한다.
③ 거주자별로 공제한다.
④ 같은 해에 양도소득세 과세대상인 토지와 주식을 양도한 경우 최대 250만원을 공제받을 수 있다.
⑤ 양도소득세 과세대상 토지를 2024년 12월에 양도하고, 그 외 다른 토지를 2025년 1월달에 양도한 경우 각각 250만원을 공제받을 수 있다.

10 ♦♦

다음 중 장기보유특별공제가 적용되는 경우는?

① 1년 보유한 등기된 1세대 1주택의 양도
② 4년 보유한 등기된 부동산 임차권의 양도
③ 2년 보유한 등기된 비사업용 토지의 양도
④ 5년 보유한 비상장주식의 양도
⑤ 5년 보유한 등기된 1세대 1주택인 고가주택의 양도

정답 및 해설

09 　토지와 주식을 같은 해에 양도한 경우 각각 250만원을 공제한다.
10 　장기보유특별공제는 3년 이상 보유한 건물 및 토지로서 등기된 것에 한하여 적용한다. 등기된 부동산 임차권은 토지 및 건물이 아니므로 대상이 아니다. 주식은 장기보유특별공제대상이 아니다.

정답 09 ④　10 ⑤

11 ✪✪✪

다음 자료에서 과세대상 양도차익을 계산하면 얼마인가?

- 해당 주택의 양도가액 : 실거래가액 - 15억원(기준시가 : 12억원)
- 해당 주택의 취득가액 : 실거래가액 - 6.5억원(기준시가 : 5억원)
- 취득세, 등록세 등 : 6천만원
- 양도 시의 공인중개사수수료 : 4천만원
  (단, 해당 주택은 비과세요건을 충족하는 1세대 1주택에 해당됨)

① 1억 5천만원 ② 2억
③ 4억원 ④ 6억원
⑤ 8억원

12 ✪✪✪

다음 자료를 이용하여 양도소득세 비과세대상 1세대 1주택(고가주택)에 대한 양도소득금액을 계산한 것으로 옳은 것은?

- 가. 실지 취득가액(필요경비 포함) : 11.7억원
- 나. 실지 양도가액 : 13억원
- 다. 보유기간 및 거주기간 : 20년으로 동일함

① 2백만원 ② 5백만원
③ 7백만원 ④ 8백만원
⑤ 1천만원

정답 및 해설

| 11 | (15억원 - 6.5억원 - 0.6억원 - 0.4억원)×(15억원 - 12억원) / 15억원 = 1억 5천만원 |
| 12 | 양도소득금액을 물어보고 있으므로, 장기보유특별공제(보유 및 거주기간이 10년 이상이므로 80%)를 적용한 후의 금액으로 답해야 한다. (양도소득기본공제를 차감하기 전 금액이다)
(13억원 - 11.7억원)×(13억원 - 12억원) / 13억원×(100% - 80%) = 2백만원 |

정답 11 ① 12 ①

13 ★

다음 중 실지거래가액에 의한 토지의 양도차익 계산 시, 차감되는 필요경비가 아닌 것은?

① 내용연수를 연장시키거나 당해 자산의 가치를 현실적으로 증가시키기 위하여 지출한 수선비
② 소유권 확보를 위해 직접 소요된 소송비, 화해비용
③ 양도자산의 용도변경, 개량 및 이용편의를 위한 지출금액
④ 취득 당시 기준시가의 3%
⑤ 부동산 취득 시 매매상대방이 징수한 부가가치세(공제 또는 환급받지 않음)

14 ★★

다음 중 양도소득세법상 양도시기에 따라 영향을 받는 것으로 옳지 않은 것은?

① 양도소득세 귀속연도
② 양도소득세 신고 및 납부기한
③ 기타의 필요경비 공제 여부 판단
④ 장기보유특별공제의 보유기간 판단
⑤ 양도소득세 비과세요건의 충족 여부 판단

정답 및 해설

13	취득가액을 입증할 수 없는 경우에 적용되는 경비이다.
14	양도시기와 기타의 필요경비 공제 여부와는 관련이 없다.

정답 13 ④ 14 ③

15 ⭐

소득세법상 동일 과세기간 내에 발생한 양도차익과 양도차손을 서로 상계할 수 없는 것은?

① 토지의 양도차익과 건물의 양도차손
② 건물의 양도차익과 비상장주식의 양도차손
③ 토지의 양도차익과 아파트 당첨권의 양도차손
④ 비상장주식 A의 양도차익과 비상장주식 B의 양도차손
⑤ 아파트 당첨권의 양도차익과 특정시설물 이용권의 양도차손

16 ⭐⭐

1세대 1주택 양도 시 비과세에 관한 설명 중 옳지 않은 것은?

① 상속주택과 일반주택을 각각 1채를 소유하고 있는 경우, 상속주택 양도 시 1세대 1주택으로 보아 양도소득세 비과세를 적용한다.
② 주택여부의 판정은 공부상의 용도가 아닌 실제 용도에 따라 판정하는 것이 원칙이다.
③ 1세대는 거주자 및 그 배우자가 그들과 동일한 주소 또는 거소에서 생계를 같이하는 가족과 함께 구성하는 하나의 생활단위를 말하는 것으로, 이때 배우자는 법률상 이혼하였으나 생계를 같이하는 등 사실상 이혼한 것으로 보기 어려운 경우를 포함한다.
④ 2년 이상 보유한 1세대 1주택이 비과세요건을 만족하는 경우에도, 실제 양도가액이 12억원을 초과하는 경우에는 초과부분에 대해 양도소득세가 과세된다.
⑤ 원칙적으로 배우자가 없는 때에는 1세대로 인정하지 않지만, 배우자가 사망하거나 이혼한 경우 예외적으로 1세대로 인정한다.

정답 및 해설

15 | 양도소득금액을 계산함에 있어서 주식의 양도로 인한 양도소득과 그 밖의 일반자산(토지·건물, 부동산에 관한 권리 및 기타자산)의 양도로 인한 양도소득은 구분하여 계산하고, 각 소득금액을 계산함에 있어서 발생한 양도차손은 이를 다른 소득금액에서 상계하지 못한다.

16 | 상속주택이 아닌 일반주택 양도 시 비과세 적용이 가능하다.

정답 15 ② 16 ①

17

자경농지에 대한 양도소득세 감면에 관한 설명 중 옳지 않은 것은?

① 양도일 현재 양도하는 토지가 농지여야 한다.
② 농지소재지에 거주해야 한다.
③ 5년 이상 자경하여야 한다.
④ 매 5년간 2억원(매 과세기간별 1억원)을 한도로 감면한다.
⑤ 자경이라 함은 농작업에 상시 종사하거나 농작업의 1/2 이상을 자기의 노동력에 의해 경작 또는 재배하는 것을 말하는 것으로, 근로소득(총급여) 및 사업소득이 연간 3,700만원 이상인 경우에는 자경기간에서 제외한다.

18

다음 중 2년 이상 보유하지 않아도 비과세되는 경우가 아닌 것은?

① 사업인정고시일 이전에 취득한 주택이 관련 법률에 의하여 수용되는 경우
② 8개월 보유하고 거주한 주택을 근무상 형편으로 다른 시·군으로 이전하기 위해 양도하는 경우
③ 해외 이주로 세대 전원이 출국하는 경우로서 출국일 이후 2년 이내 양도하는 주택
④ 공공건설임대주택의 임차일로부터 양도일까지의 거주기간이 5년 이상인 경우
⑤ 1년 이상 계속하여 국외 거주를 필요로 하는 근무상 형편으로 세대전원이 출국하는 경우로서 출국일 이후 2년 이내 양도하는 주택

정답 및 해설

17	8년 이상 자경하여야 한다.
18	근무상의 형편 등으로 2년 미만 보유 후 양도하는 주택에 대해 비과세 규정을 적용받기 위해서는 1년 이상 거주한 주택이어야 한다.

정답 17 ③ 18 ②

19

1세대 1주택 양도세 비과세요건에 해당하는 다음 겸용주택에 대해 양도세가 과세되는 주택 및 부수토지 면적이 바르게 연결된 것은?

- 주택면적 : 30㎡
- 주택 이외 면적 : 70㎡
- 부수토지의 면적 : 200㎡

	주택	부수토지		주택	부수토지
①	70㎡	140㎡	②	70㎡	0㎡
③	30㎡	140㎡	④	30㎡	60㎡
⑤	30㎡	0㎡			

20

다음 중 1세대 1주택으로 양도소득세 비과세를 받기 위한 요건이 아닌 것은?

① 미등기주택이 아닐 것
② 주택의 취득일부터 2년 이상 보유할 것(2017년 8월 3일 이후 조정대상지역 내의 주택을 취득하는 경우에는 2년 이상 거주)
③ 양도일 현재 1세대가 국내에 1주택만을 보유할 것
④ 주택부수 토지면적이 도시지역 내의 경우에는 건물이 정착된 면적의 10배를 넘지 않을 것
⑤ 실제용도가 영업용이 아닌 상시 주거용일 것

정답 및 해설

19 1세대 1주택에 해당하는 겸용주택(고가겸용주택 제외)은 주택면적과 주택 외의 면적을 비교하여
- 주택면적 > 주택 이외 면적 → 전체를 다 주택으로 본다.
- 주택면적 ≤ 주택 이외 면적 → 주택면적만 주택으로 보고, 부수토지는 주택면적과 주택 이외 면적 기준으로 안분(과세되는 토지면적 : 200㎡×70㎡ / 100㎡)

20 도시지역 내는 3배 또는 5배, 도시지역 밖이 10배이다.

정답 19 ① 20 ④

21 ✪✪✪

부동산 양도소득세 절세전략으로 맞지 않는 것은?

① 부동산은 장기 보유할수록 공제혜택이 커져 유리하다.
② 1세대 2주택 이상인 경우 양도소득세가 적게 나오는 주택부터 양도하는 것이 더 유리하다.
③ 2주택 중 낡은 주택이 있다면 낡은 주택을 멸실한 상태에서 다른 주택을 양도하는 것이 유리하다.
④ 부동산을 한 연도에 몰아서 중복 양도하면 공제를 많이 받을 수 있어 더 유리하다.
⑤ 1세대가 1주택을 양도하여 비과세를 적용받는 경우, 혹시 동일 세대원이 보유하고 있는 다른 주택이 있는지 꼼꼼히 확인한다.

22 ✪✪✪

다음 중 부동산 양도 관련 절세전략으로 옳지 않은 것은?

① 양도차익이 발생하는 경우 연중 중복 양도는 피한다.
② 부담부증여에 의해 이전되는 주택도 1세대 1주택 비과세 규정의 적용이 가능하다는 점을 잘 활용한다.
③ 배우자에게 증여 후 10년 이후에 양도하는 경우 배우자 등 이월과세가 적용되지 않는다는 점을 활용한다.
④ 양도차익이 큰 고가주택의 경우 가장 마지막에 양도함으로써 비과세 규정을 적용받을 수 있도록 양도 순서를 잘 조절한다.
⑤ 무허가 주택은 비과세 여부 판단 시 주택 수에서 제외되므로 이를 활용한다.

◎ 정답 및 해설

21	1과세기간(1. 1~12. 31) 동안의 양도차익은 합산하여 과세하므로 부동산을 한 연도에 몰아서 중복 양도하면 양도차익이 커져 양도소득세가 많아진다.
22	무허가 주택도 주택으로 본다.

정답 21 ④ 22 ⑤

Chapter 03 자가학습진단표

자신의 학습성취도를 스스로 진단하세요.

	진단 내용	Yes	No
01	양도소득세의 과세대상을 열거할 수 있습니까?		
02	양도소득세의 과세대상이 되는 주식의 특징을 이해하고 있습니까?		
03	「소득세법」상 양도 및 취득의 시기를 사례별로 설명할 수 있습니까?		
04	양도소득세 계산과정을 설명하고 각 단계별 특징을 이해하고 있습니까?		
05	장기보유특별공제의 대상과 특징, 공제율을 정확히 이해하고 있습니까?		
06	양도소득기본공제의 내용과 금액을 설명할 수 있습니까?		
07	양도소득세율을 이해하여 사례별로 적용 가능합니까?		
08	비과세양도 3가지와 양도소득 감면제도에 대해서 차이점을 이해하고 있습니까?		
09	1세대 1주택 비과세 요건을 설명할 수 있습니까?		
10	1세대 1주택의 특례 규정을 사례별로 접근하여 이해하고 있습니까?		
11	1세대 1주택 비과세 대상 고가주택의 양도차익을 계산할 수 있습니까?		
12	부동산과 주식의 양도소득세 예정신고·납부기한을 사례별로 접근하여 이해하고 있습니까?		
13	양도소득세 절세방안을 이해했습니까?		

Yes 개수별 진단결과

- 5개 이하 : 합격예상도는 40% ➔ 기본서로 관련 내용을 다시 한번 꼼꼼하게 학습하세요.
- 6~9개 : 합격예상도는 60% ➔ 핵심 정리를 통해 주요 내용을 다시 한번 체크하세요.
- 10개 이상 : 합격예상도는 80% ➔ 문제를 통해 100% 합격에 도전하세요.

출제경향분석

총 16문항 정도의 문제가 출제될 것으로 보이는 부분으로, 전체적인 계산구조를 이해하고 이에 각 부분별 세부내용을 이해하는 방향으로 학습합니다. 각 부분별 내용을 이해할 때 너무 자세한 내용보다는 법적 취지를 생각하여 중요부분 위주로 학습하여 지엽적인 문제보다는 개괄적인 문제 위주의 정답률을 높여가는 방향으로 학습 목표를 수립하는 게 효율적인 학습방법이 될 것으로 보입니다. 특히, 상속공제와 증여재산공제는 매우 중요하므로 집중적인 학습 시간의 배분이 필요할 것으로 보이며, 상속세와 증여세의 절세전략은 종합소득세나 양도소득세 등의 다른 파트보다도 출제빈도가 높을 것으로 예상되므로 반드시 그 내용을 이해하고 암기할 수 있도록 합니다.

제4장

상속·증여세

Chapter 04 문제로 보는 출제경향

01

상속세와 증여세에 대한 비교 설명으로 옳지 않은 것은?

① 상속세의 경우 피상속인이 거주자라면 국내·외의 모든 재산이 과세대상이 되고, 증여세의 경우 수증자가 거주자일 때 국내·외의 모든 재산이 과세대상이 된다.
② 상속세는 피상속인의 유산 총액에 과세하는 유산과세 방식으로 과세하고, 증여세는 수증자가 증여받는 재산액에 과세하는 유산취득세 방식으로 과세한다.
③ 상속세 납세의무자는 상속인이고, 증여세 납세의무자는 수증자이다.
④ 상속세율과 증여세율은 동일하다.
⑤ 상속세는 세대를 건너뛴 부의 이전이 이루어지면 산출세액의 30%(또는 40%)가 할증과세되나 증여세는 할증과세제도가 없다.

해설 세율과 세대생략할증과세제도는 상속세와 증여세의 공통점이다.

정답 ⑤

02

다음 중 상속세 과세가액 계산 시 포함되는 것은?

① 피상속인이 상속개시일 현재 6개월 전 처분한 토지의 처분가액 1억원의 용도가 객관적으로 명백하지 않은 경우
② 피상속인이 상속개시일 1년 8개월 전에 부담한 채무 4억원의 용도가 객관적으로 명백하지 않은 경우
③ 피상속인의 사망으로 인하여 지급받는 생명보험금 1억원(상속인이 보험료 전액을 납입함)
④ 상속개시일 6년 전에 피상속인이 상속인이 아닌 자에게 증여한 토지가액 4억원
⑤ 피상속인에게 지급될 퇴직금 3억원이 피상속인의 사망으로 인하여 지급된 경우

해설 퇴직금은 간주상속재산에 해당한다.

정답 ⑤

03

「상속세법」상 금융재산공제 계산이 틀린 것은?

① 금융재산금액 : 12억원, 금융부채금액 : 1억원, 금융재산공제액 : 2억원
② 금융재산금액 : 12억원, 금융부채금액 : 7억원, 금융재산공제액 : 1억원
③ 금융재산금액 : 3억원, 금융부채금액 : 2억원, 금융재산공제액 : 2천만원
④ 금융재산금액 : 1억원, 금융부채금액 : 3천만, 금융재산공제액 : 1천 4백만원
⑤ 금융재산금액 : 10억원, 금융재산부채 : 4억원, 금융재산공제액 : 1억 2천만원

해설 금융재산공제는 금융재산금액에서 금융부채금액을 차감한 순금융재산가액의 크기에 따라 결정된다. 순금융재산금액이 2천만원 이상이고 1억원 이하인 경우 2천만원을 공제한다. 금융재산공제액은 최대 2억원이다.

정답 ④

04

상속세의 신고 및 납부에 관한 다음 설명 중 틀린 것은?

① 상속세 신고기한은 상속개시일이 속하는 달의 말일로부터 6개월로 하며, 피상속인 또는 상속인이 외국에 주소를 둔 경우에는 9개월로 한다.
② 납세지는 피상속인의 주소지로 하는 것이 원칙이다.
③ 납부세액이 1,000만원을 초과하는 경우에는 납부기한 경과 후 2개월 내에 분납을 할 수 있다.
④ 연부연납을 신청하는 경우에는 납세담보를 제공해야 한다.
⑤ 연부연납 시 이자상당액을 가산하여 납부할 필요는 없다.

해설 연부연납 시 이자상당액을 가산하여 납부하여야 한다.

정답 ⑤

Chapter 04 길라잡이 문제

중요이론(Key Point)을 재정리할 수 있는 대표문제로 구성하였습니다.

• Key Point • 실종신고에 의한 간주사망일

01 우리나라 상속세및증여세법상 실종신고에 의한 간주사망일은 언제인가?

① 행방불명 신고접수일
② 실종선고일
③ 호적부상 기재된 사망연월일
④ 실종자의 사체발견일
⑤ 실종기간 만료시점

해설
민법에서는 실종기간이 만료되는 시점을 사망일로 간주하지만, 상속세및증여세법에서는 이와 달리 조세 목적상 실종선고일을 사망일로 간주하고 있다.

정답 ②

• Key Point • 상속세 과세가액의 범위

02 다음 중 상속세 과세가액에 포함되지 않는 재산은?

① 피상속인 사망 시 현존하는 재산
② 사망일로부터 소급하여 9년 전에 아들에게 증여한 골동품
③ 사망일로부터 소급하여 6년 전에 손자에게 증여한 금괴(손자의 아버지가 살아 있음)
④ 피상속인이 부담한 보험료에 해당하는 보험금으로서, 피상속인의 사망으로 인하여 지급받는 생명보험 또는 손해보험의 보험금
⑤ 피상속인의 퇴직금

해설
상속인이 아닌 자에게 증여한 재산은 상속개시일로부터 5년 이내의 재산만 합산한다.

정답 ③

• Key Point • 총상속재산가액의 범위

03 다음은 총상속재산가액에 대한 설명이다. 이 중 맞지 않는 것은?

① 피상속인의 저작권은 상속세 과세가액에 합산된다.
② 상속개시일 전 10년 이내에 피상속인이 상속인에게 사전 증여한 재산가액은 상속개시일 현재의 시가로 평가하여 총상속재산가액에 가산한다.
③ 피상속인이 상속개시일 전 1년 이내에 인출한 예금이 2억원 이상이거나, 2년 이내에 5억원 이상인 경우로서 그 사용용도가 명백하지 않은 금액은 상속재산으로 추정한다.
④ 피상속인이 위탁한 신탁재산은 상속재산으로 본다.
⑤ 피상속인의 사망으로 인하여 지급받는 생명보험 또는 손해보험의 보험금으로서 피상속인이 부담한 보험료에 해당하는 보험금은 상속재산에 포함된다. 보험계약자가 피상속인이 아니라도 피상속인이 실질적으로 보험료를 납부하였을 때에는 피상속인을 보험계약자로 본다.

해설
증여 당시 시가로 평가하여 총상속재산가액에 가산한다.

정답 ②

• Key Point • 상속공제

04 다음은 상속공제에 대한 설명이다. 맞지 않는 것은?

① 비거주자의 사망으로 상속이 이루어지는 경우에도 기초공제로서 2억원을 공제한다.
② 배우자 단독 상속의 경우에도 일괄공제 5억원을 받을 수 있다.
③ 기타인적공제금액의 합계액이 2억원인 경우 3억원을 공제받을 수 있다.
④ 배우자가 상속을 포기한 경우에도 배우자공제 5억원을 공제받을 수 있다.
⑤ 직계비속의 상속 포기로 인해 배우자가 단독 상속하는 경우 일괄공제 5억원을 받을 수 있다.

해설
배우자 단독 상속의 경우 일괄공제 선택을 배제한다.

정답 ②

• Key Point • 상속세와 증여세의 세율

05 현행 상속세및증여세법상의 세율은 같다. 상속세및증여세법상 가장 높은 세율에 해당하는 세율로서, 과세표준이 30억원을 초과하는 경우에는 세율이 몇 %인가?

① 33% ② 35%
③ 38% ④ 40%
⑤ 50%

해설
현행 상속세및증여세법상 가장 높은 세율은 50%이다.

정답 ⑤

• Key Point • 상속세 신고납부 방법

06 상속세의 신고납부에 대한 설명으로 옳지 않은 것은?

① 신고세액공제(산출세액의 3%)는 신고 및 납부까지 해야 적용받을 수 있다.
② 일반적인 경우 상속세는 상속개시일이 속하는 달의 말일로부터 6개월, 증여세는 증여일이 속하는 달의 말일로부터 3개월 이내에 신고하여야 한다.
③ 분납과 연부연납을 동시에 적용받을 수 없다.
④ 물납을 하려면 세무서장의 허가를 받아야 한다.
⑤ 분납은 세액이 1천만원을 초과하여야 하고 물납과 연부연납은 2천만원을 초과하여야 한다.

해설
상속세 및 증여세액의 신고세액공제는 납부에 관계없이 기한 내에 신고하면 적용한다.

정답 ①

Key Point 증여세 과세대상

07 다음 중 증여세 과세대상에 해당되는 경우는?

① 증여받은 1억원 상당의 주식을 당사자 사이의 합의에 의하여 신고기한 내에 반환한 경우
② 이혼 시 재산상 손해배상의 대가로 조세포탈 목적 없이 배우자로부터 위자료 1억원을 받은 경우
③ 상속재산을 상속인 간의 협의분할을 통하여 특정 상속인이 해당 법정상속분보다 1억원을 초과하여 재산을 상속받은 경우
④ 증여받은 1억원 상당의 상가가 취득원인무효의 판결에 의하여 그 재산상의 권리가 말소되는 경우
⑤ 계약자 및 수익자가 자녀인 보험계약의 보험료를 아버지가 대납하고 만기 시 자녀가 수령하는 보험금 1억원

해설
보험료를 아버지가 대납하고 자녀가 보험금을 수령하여 부(富)의 이전이 있었으므로 증여세 과세대상이다.

정답 ⑤

Key Point 증여재산공제액

08 다음 중 친족 간 증여재산공제액이 잘못 짝지어진 것은?

① 장인이 사위에게 증여 시 : 5천만원
② 자녀가 아버지에게 증여 시 : 5천만원
③ 아버지가 미성년 자녀에게 증여 시 : 2천만원
④ 할아버지가 성년인 외손자에게 증여 시 : 5천만원
⑤ 계부가 성년인 자녀에게 증여 시 : 5천만원

해설
장인과 사위 간 : 1천만원(시어머니와 며느리 사이도 동일)

정답 ①

• Key Point   고가양도 시의 증여가액

09 아들이 보유하고 있던 시가 7억원 상당의 상가를 아버지에게 10억원에 양도하고 등기이전을 마쳤다. 이 경우 증여에 해당되는가? 해당된다면 증여가액은 얼마인가?

① 증여에 해당되지 않음
② 증여에 해당됨 - 증여가액 : 9천만원
③ 증여에 해당됨 - 증여가액 : 3억원
④ 증여에 해당됨 - 증여가액 : 7억원
⑤ 증여에 해당됨 - 증여가액 : 10억원

해설
시가와 대가의 차액 3억원이 시가의 30%인 2억 1천만원을 초과하므로 증여에 해당한다.
특수관계가 있는 자 간의 고가 양도이므로 증여가액은 다음과 같이 계산한다.
(10억원 - 7억원) - MIN[① 7억원×30%, ② 3억원] = 9천만원

 정답 ②

• Key Point   상속증여재산가액의 평가

10 다음 중 상속증여재산의 평가에 대한 설명으로 틀린 것은?

① 상속재산 및 증여재산의 평가는 상속개시일 또는 증여일 현재의 시가에 의한다.
② 시가를 산정하기 어려운 경우에는 보충적 평가방법에 의한 가액을 시가로 본다.
③ 상장주식의 경우 평가기준일 전 2개월의 한국거래소의 종가평균에 의한다.
④ 저당권 등이 설정된 재산에 대한 평가액은 평가기준일 당시의 시가와 당해 재산이 담보하는 채권액 중 큰 금액으로 한다.
⑤ 시가란 상속개시일 전·후 6개월(증여재산의 경우 증여일 전 6개월부터 증여일 후 3개월) 내에 수용, 경매 및 감정가격 등이 있는 경우, 그 수용 또는 경매 및 감정가격을 의미한다.

해설
상장주식의 경우 평가기준일 전·후 2개월의 한국거래소의 종가평균에 의한다.

 정답 ③

Chapter 04 출제예상 문제

중요도에 따라 Self 맞춤형 학습이 가능한 출제예상 문제입니다. 각자의 목표점수에 맞게 문제를 선별하여 풀어보세요!

▶ 중요도 : 🏅🏅🏅상 🏅🏅중 🏅하

01 🏅🏅

피상속인 A가 사망 전 보기와 같이 증여를 했을 때 다음 중 상속세 과세가액에 합산되지 않는 것은?

① 상속개시 8년 전에 피상속인의 딸에게 증여한 토지
② 상속개시 7년 전에 피상속인의 동생에게 증여한 주택
③ 상속개시 3년 전에 피상속인의 친구에게 증여한 현금
④ 상속개시 2년 전에 피상속인의 외할머니에게 증여한 채권
⑤ 상속개시 1년 전에 피상속인의 아버지에게 증여한 예금

02 🏅

다음 중 민법상 유언의 방식으로 옳지 않은 것은?

① 자필증서에 의한 유언
② 사실증명에 의한 유언
③ 녹음에 의한 유언
④ 공정증서에 의한 유언
⑤ 비밀증서에 의한 유언

🔍 정답 및 해설

01	상속인에게 사전증여한 재산은 상속재산 10년 이내의 것을, 상속인이 아닌 자에게 사전증여한 재산은 상속개시 5년 이내의 것을 합산한다. 한편, 문제에서 동생은 법정상속인이 아니다.
02	민법상 유언의 방식으로는 자필증서, 녹음, 공정증서, 비밀증서, 구수증서에 의한 유언 5가지가 있다.

정답 01 ② 02 ②

03 ⭐⭐

다음 중 상속세및증여세법상 상속세 과세가액에 포함되지 않는 것은?

① 신탁재산
② 퇴직금
③ 보험금
④ 피상속인이 상속인의 배우자에게 상속개시일로부터 6년 전에 증여한 재산의 가액
⑤ 상속개시일 전 2년 이내에 피상속인이 재산을 처분한 경우로서, 그 금액이 5억원 이상이면서 용도가 명백하지 않은 경우

04 ⭐

다음 중 상속세 과세가액에서 공제할 수 없는 것은?

① 피상속인의 종합소득세
② 피상속인이 납부할 세금과 공과로서 피상속인 사망 후 부과된 경우
③ 상속인이 대신 갚은 피상속인의 채무로서 구상권을 행사할 수 있는 것
④ 장례비용을 입증할 수 없는 경우로서 500만원의 일반장례비용
⑤ 봉안시설을 위해 지출한 300만원의 비용

⊘ 정답 및 해설

03 상속인의 배우자는 상속인 외의 자이므로 상속개시일로부터 5년 이내에 증여한 재산의 가액을 상속세과세가액에 포함시킨다.

04 구상권을 행사할 수 있는 피상속인의 채무는 상속재산에서 공제하지 않는다.

정답 03 ④ 04 ③

05

상속세 과세가액 계산 시 피상속인이나 상속재산과 관련된 공과금, 장례비용 및 채무는 상속세 과세가액에서 공제된다. 다음 중 공제되지 않는 것은?

① 상속등기에 따른 취득세
② 피상속인이 납부할 의무가 있는 것으로서 상속인에게 승계된 공공요금
③ 피상속인이 생전에 누락한 소득에 대한 추징세액
④ 상속개시 당시 피상속인이 부담하여야 할 확정된 채무
⑤ 500만원 한도 내에서의 봉안시설 또는 자연장지 사용비용

06

고객의 사망일 전 2년 이내에 처분한 재산의 가액 및 용도가 불분명한 금액이 다음과 같을 때 상속세 과세가액에 합산되는 금액은?

> 가. 토지 양도가액 : 2억원 (용도 불분명한 금액 5천만원)
> 나. 아파트 분양권 양도가액 : 2억원 (용도 불분명한 금액 5천만원)
> 다. 예금 인출액 : 5억원 (용도 불분명한 금액 1억원)
> 라. 주식 양도가액 : 1억원 (용도 불분명한 금액 5천만원)

① 3천만원
② 5천만원
③ 7천만원
④ 1억원
⑤ 1억 5천만원

정답 및 해설

05	상속인의 귀책사유로 인한 가산금, 체납처분비, 벌금, 과료, 과태료 등 또는 상속등기에 따른 취득세는 상속세 과세가액에서 공제되는 공과금으로 인정되지 않는다.
06	재산종류별(현금·예금·유가증권, 부동산 및 부동산에 관한 권리, 기타 자산)로 2년 내 5억 이상인지를 판단해 보면, 가와 나(부동산 및 부동산에 관한 권리)는 5억 미만이므로 추정상속재산에 해당하지 않지만, 다와 라(현금·예금·유가증권)는 6억원이므로 추정상속재산에 포함한다. 추정상속재산가액 = 6억 - 4.5억(용도 분명 금액) - MIN[6억×20%, 2억] = 0.3억원

정답 05 ① 06 ①

07 ☺☺

김인출 씨는 사망일 6개월 전에 예금 3억원을 인출하였다. 그 중 용도가 분명한 금액은 1억원인 경우 상속재산으로 추정되는 금액은 얼마인가?

① 없음
② 1억원
③ 1억 4천만원
④ 1억 5천만원
⑤ 2억원

08 ☺☺

피상속인의 상속재산을 피상속인의 배우자와 아들이 상속받을 때 상속세 과세액에 합산하지 않는 것은?

① 상속개시일로부터 8년 이내에 피상속인의 아들에게 증여한 상가
② 상속개시일로부터 7년 이내에 배우자에게 증여한 예금
③ 상속개시일로부터 6년 이내에 손자에게 증여한 토지
④ 상속개시일로부터 5년 이내에 부친에게 증여한 현금
⑤ 상속개시일로부터 4년 이내에 동생에게 증여한 현금

정답 및 해설

07 상속개시일 전 1년 이내에 예금 인출액이 2억원 이상이므로 상속추정개산가액을 계산하여 상속세 과세가액에 합산해야 한다.
상속추정재산 = 3억원 - 1억원 - MIN[3억원×20%, 2억원] = 1억 4천만원

08 상속개시일부터 소급하여 상속인에게 증여한 경우에는 10년 이내의 재산을 합산하고, 상속인이 아닌 자에게 증여한 경우에는 5년 이내의 재산을 합산한다. 본 문제의 경우 손자는 상속권이 없어 상속인에 해당하지 아니하므로 5년 이내의 재산을 합산하여야 한다.

정답 07 ③ 08 ③

09

상속공제에 대한 다음 설명 중 옳지 않은 것은?

① 법정배우자가 사망하고, 사실혼 관계의 배우자만 있는 경우에는 배우자상속공제가 불가능하다.
② 상속개시 당시 상속인(배우자 제외) 및 동거가족 중 65세 이상인 자가 있는 경우에는 1인당 5천만원을 공제한다.
③ 자녀공제는 1인당 5천만원으로, 공제대상 자녀의 수는 제한이 없다.
④ 비거주자의 사망으로 상속이 개시되는 경우에도 배우자 상속공제는 적용이 가능하다.
⑤ 상속개시 당시 상속인(배우자 제외) 및 동거가족 중 미성년자가 있는 경우에는 미성년자가 19세에 달할 때까지 1년에 1,000만원을 공제한다. 이때 공제대상 미성년자의 수에는 제한이 없다.

10

배우자상속공제에 관한 다음 설명 중 가장 옳지 않은 것은?

① 배우자상속공제는 배우자가 실제 상속받은 경우에 한하여 적용된다.
② 최대 30억원까지 공제받을 수 있다.
③ 사실혼의 관계에 의한 배우자는 세법상 배우자로 인정하지 않는다.
④ 내연의 관계에 의한 배우자는 세법상 배우자로 인정하지 않는다.
⑤ 상속세 신고기한의 다음 날부터 9개월이 되는 날(배우자상속재산 분할기한)까지 상속재산을 분할하지 않은 경우 배우자상속공제는 5억원까지만 공제받을 수 있다.

정답 및 해설

09	비거주자는 기초공제 외에 다른 상속공제는 허용되지 않는다.
10	배우자상속공제는 배우자가 실제 상속받은 재산이 없는 경우에도 최소 5억원을 공제한다.

정답 09 ④ 10 ①

11 ⚫⚫⚫

상속재산가액이 25억원이고 상속인이 배우자와 자녀가 한 명인 경우, 배우자가 20억원의 재산을 상속받는다면 배우자상속공제를 받을 수 있는 최대금액은 얼마인가? (단, 배우자가 사전에 증여받은 재산은 없다고 가정한다.)

① 5억원
② 10억원
③ 15억원
④ 20억원
⑤ 30억원

12 ⚫⚫

상속세 기타 인적공제에 대한 설명으로 잘못된 것은?

① 자녀가 미성년자인 경우 자녀공제와 미성년자공제는 중복 적용 가능하다.
② 자녀공제는 친생자뿐만 아니라 법률상 자녀도 포함된다.
③ 자녀가 연로자인 경우 자녀공제와 연로자공제는 중복 적용이 불가능하다.
④ 장애인공제는 75세의 나이까지 해마다 1,000만원을 공제할 수 있다.
⑤ 장애인공제는 배우자공제와도 중복적용이 가능하다.

정답 및 해설

11 | MIN[① 20억원, ② 25억×1.5/2.5, ③ 30억원]
12 | 장애인공제는 성별·연령별 기대여명의 연수까지 해마다 1,000만원을 공제한다.

정답 11 ③ 12 ④

13

다음 중 상속세및증여세법상 일괄공제에 관한 설명으로 옳지 않은 것은?

① 일괄공제액은 5억원이다.
② 배우자가 없는 경우에도 선택할 수 있다.
③ 직계비속과 직계존속이 없어 배우자가 단독상속인인 경우에도 적용받을 수 있다.
④ 기초공제와 기타인적공제의 합계액이 5억원을 초과하면 일괄공제를 선택할 필요가 없다.
⑤ 기초공제와 기타인적공제의 합계액이 5억원에 미달하는 경우에 일괄공제를 선택할 수 있다.

14

거주자인 고객의 상속재산 중 금융재산이 다음과 같은 경우 금융재산 상속공제 금액은 얼마인가?

가. 은행예금 : 5억원	나. 주식(최대주주 해당) : 3억원
다. 자기앞수표 : 2억원	다. 은행차입금 : 1억원

① 5천만원
② 8천만원
③ 1억 2천만원
④ 1억 4천만원
⑤ 1억 8천만원

정답 및 해설

13	배우자 단독상속의 경우에는 일괄공제 선택을 배제한다.
14	순금융재산가액은 5억원에서 1억원을 차감한 4억원이다. (최대주주 보유주식과 자기앞수표는 금융재산 상속공제 대상이 아님) 4억원의 20%인 8천만원이 금융재산 상속공제 금액이다.

정답 13 ③ 14 ②

15 ☸☸

금융자산이 2억원이고 금융부채가 1억 5천만원인 경우, 상속세과세표준계산상 공제되는 금융재산상속공제액은 얼마인가?

① 1,000만원
② 2,000만원
③ 5,000만원
④ 1억원
⑤ 2억원

16 ☸

김효자 씨는 부친의 장례비용으로 4,000만원을 지출하였다. 이 중 증빙이 확인되는 금액은 1,900만원이고 이 금액 1,900만원에는 봉안시설 사용비용 700만원이 포함되어 있다. 공제되는 장례비용은 총 얼마인가?

① 4,000만원
② 1,900만원
③ 1,700만원
④ 1,500만원
⑤ 700만원

정답 및 해설

| 15 | 순금융자산가액이 5천만원이므로 2,000만원을 공제한다. |
| 16 | 입증가능 일반장례비용 1,000만원(한도) + 봉안시설 사용비용 500만원(한도) |

정답 15 ② 16 ④

17

상속재산공제와 관련한 사항이다. 틀린 내용은?

① 배우자상속공제는 30억원을 초과할 수 없다.
② 기초공제와 기타인적공제 합산액을 대신해서 일괄공제(5억원)가 가능하다.
③ 순금융재산이 3천만원인 경우 금융재산상속공제는 2천만원이 가능하다.
④ 비거주자도 일괄공제 5억원이 가능하다.
⑤ 피상속인의 배우자 단독상속일 경우 일괄공제를 적용할 수 없다.

18

상속재산공제와 관련한 내용으로 옳지 않은 것은?

① 다른 공동상속인의 상속포기 등으로 배우자가 단독으로 상속받는 경우 일괄공제 선택이 가능하다.
② 배우자가 실제 상속받은 금액이 없어도 배우자상속공제 5억원을 공제한다.
③ 배우자상속공제의 최고 한도는 10억원이다.
④ 상속인 간 협의분할에 의하여 배우자가 단독으로 상속받는 경우 일괄공제 선택이 가능하다.
⑤ 순금융재산이 15억원인 경우 금융재산상속공제는 2억원이 가능하다.

정답 및 해설

17	비거주자의 경우 일괄공제는 적용이 불가능하고, 기초공제 2억원만 적용받는다.
18	배우자상속공제의 최고 한도는 30억원이다.

정답 17 ④ 18 ③

19

상속증여세법상 동거주택 상속공제와 관련한 내용으로 옳지 않은 것은?

① 피상속인이 1주택 보유자(일시적 2주택자 포함)이어야 한다.
② 상속개시일 현재 무주택자이거나 피상속인과 공동으로 1세대 1주택을 보유한 자로서 피상속인과 동거한 상속인이 상속 받아야 한다.
③ 피상속인과 직계비속인 상속인이 사망 전 5년 이상 동거해야 한다.
④ 피상속인과 상속인의 동거기간 산정 시, 상속인이 미성년자인 기간은 제외한다.
⑤ 상속주택가액(주택에 담보된 피상속인의 채무액을 차감한 가액)의 100%를 최고 6억원 한도로 상속세 과세가액에서 공제한다.

20

다음 설명 중 잘못된 것은?

① 상속세 및 증여세 신고를 신고기한 이내에 하는 경우에는 결정세액의 3%를 공제해주며 신고만 하고 납부를 하지 않은 경우에도 공제가 가능하다.
② 상속세 납부세액이 2,000만원을 초과하는 경우에는 신고기한 내에 일정금액을 납부하고 나머지 금액에 대하여 연부연납을 신청할 수 있다.
③ 상속세 연부연납의 경우에는 납세담보를 제공해야 하지만, 연부연납 시 연부연납에 대한 이자상당액은 가산하지 않고 납부해도 된다.
④ 상속세액이 2,000만원을 초과하고 상속재산 중 부동산과 유가증권의 가액이 총상속재산가액의 절반이 넘고, 상속받은 금융재산이 상속세 납부세액에 미달하는 경우 상속세 물납을 신청할 수 있다.
⑤ 분납은 세무서장의 허가 사항은 아니다.

정답 및 해설

19	피상속인과 상속인이 상속개시일로부터 소급하여 10년 이상 계속하여 동거한 경우에 적용한다.
20	연부연납 시 이자상당액을 가산해서 납부해야 한다.

정답 19 ③ 20 ③

21

다음 중 상속제 연부연납 제도와 관련된 내용으로 옳지 않은 것은?

① 납세의무자는 납세담보를 제공하여야 한다.
② 상속세 납부세액이 1천만원을 초과하고 세무서장이 허가해야 가능하다.
③ 일반상속재산의 경우 연부연납기간은 연부연납 허가일로부터 10년이다.
④ 연부연납금액에 대하여 국세청장이 정하는 가산율을 적용한 가산금을 추가로 납부해야 한다.
⑤ 연부연납과 분납은 동시에 신청할 수 없다.

22

다음 중 세대생략 할증과세에 대한 설명으로 잘못된 것은?

① 피상속인의 자녀를 제외한 직계비속이 상속받는 경우 산출세액에 20%를 할증하여 과세하는 것을 말한다.
② 상속인이 미성년자이고 상속재산가액이 20억원을 초과하면 40%의 할증률을 적용한다.
③ 민법상 대습상속인 경우에는 할증과세를 적용하지 아니한다.
④ 세대를 건너 뛴 증여의 경우에도 할증과세를 적용한다.
⑤ 때에 따라서는 할증과세를 당하더라도 세대를 뛰어 넘어 상속하는 것이 유리할 수도 있다.

정답 및 해설

21	상속세 납부세액이 2천만원을 초과하여야 연부연납이 가능하다.
22	세대를 건너 뛴 상속·증여의 경우 상속세 산출세액의 30%(상속인이 미성년자이고 상속재산가액이 20억원을 초과하면 40%)를 할증한다.

정답 21 ② 22 ①

23 ★

상속세의 세율에 관한 내용 중 옳지 않은 것은?

① 증여세보다 세율이 높다.
② 최저세율은 10%이다.
③ 5단계 초과누진세율 구조이다.
④ 과세표준이 50만원 미만이면 상속세를 부과하지 아니한다.
⑤ 과세표준이 30억원을 초과하면 최고세율 50%를 적용한다.

24 ★★

증여세에 대한 설명으로 옳지 않는 것은?

① 증여세의 납세의무자는 수증자이다.
② 수증자가 담세력이 없는 경우에도 증여자는 연대납세의무를 지지 않는다.
③ 증여세는 완전포괄주의에 의해 과세하고 있다.
④ 영리법인의 경우 증여세의 납세의무가 없다.
⑤ 증여세는 수증자의 주소지를 관할하는 세무서장 등이 관할한다.

정답 및 해설

23	상속세와 증여세의 세율은 같다.
24	수증자가 담세력이 없는 경우 증여자는 연대납세의무를 진다.

정답 23 ① 24 ②

25 ♛♛

다음 중 증여세가 과세되는 경우는?

① 이혼자가 민법의 규정에 의하여 재산분할 청구권으로 주택을 취득한 경우
② 상속재산을 상속인이 협의분할하여 특정상속인이 법정상속분을 초과하여 취득한 경우
③ 증여받은 토지가 취득원인 무효판결로 인하여 그 재산상의 권리가 말소된 경우
④ 주식을 증여한 후 증여세과세표준신고 기한 후에 반환한 경우로써 당초 증여한 주식
⑤ 채권자가 채무변제에 갈음하여 부동산을 취득하는 경우

26 ♛♛♛

다음 중 증여세가 과세되는 행위는?

① 상속세 신고 기한 이후에 공동상속인 간 상속부동산을 재분할하여 소유권을 넘겨주는 행위
② 증여받은 부동산을 당초 증여일로부터 신고기한 이내에 반환하는 행위
③ 손해배상의 대가로 위자료를 받는 행위
④ 증여재산이 취득원인무효 판결에 의하여 소유권이 말소되는 행위
⑤ 부담부증여 시 수증자가 인수한 채무액

정답 및 해설

25 주식을 증여한 후 증여세 과세표준신고 기한 내에 반환하여야 증여세가 과세되지 않는다.

26 상속개시 후 상속재산에 대하여 공동상속인 사이의 협의에 의하여 법정상속분과 다르게 분할한 경우 협의분할의 효력이 상속개시 시점으로 소급하므로 당초부터 협의한 대로 상속된 것으로 보며 특정 상속인이 법정상속분을 초과하여 취득하는 재산가액은 증여재산에 포함하지 아니하는 것이 원칙이다. 그러나 각 상속인의 상속분이 확정되어 등기·등록을 한 후의 경우에는 증여로 본다.

정답 25 ④ 26 ①

27 ✪✪

다음 중 상속세및증여세법상 증여재산가액 산정 시, 증여로 보는 것은?

① 사인증여에 의한 취득
② 교통사고 가해자로부터의 위자료 수령
③ 재산분할청구권의 행사에 의한 재산의 취득
④ 증여받은 재산의 취득원인무효에 의한 권리말소
⑤ 증여받은 지 1년 후 증여재산을 반환받는 것

28 ✪✪✪

증여세에 대한 다음 설명 중 틀린 것은?

① 동일인으로부터 증여를 여러 차례 받는 경우에는 10년간 이를 합산하여 1,000만원 이상인 경우에는 합산 과세된다.
② 사인증여로 받는 재산에 대하여는 상속세가 과세된다.
③ 상속재산을 협의분할한 후 재분할을 하여 상속인별 상속지분에 변동이 있는 경우에도 지분변동액을 증여로 보지 아니한다.
④ 부담부증여의 경우 증여재산가액에서 승계한 채무를 차감한 가액에 대하여 증여세가 과세된다.
⑤ 민법에 의한 재산분할청구권의 행사로 취득하는 재산에 대하여는 증여세를 과세하지 아니한다.

✅ 정답 및 해설

27	증여받은 지 1년 후에 반환한다면, 증여세신고기한으로부터 3개월 이후에 반환하는 행위이므로 최초 증여 및 반환 모두 증여에 해당한다.
28	상속재산을 협의분할한 후 재분할을 하여 상속인별 상속지분에 변동이 있는 경우에도 지분변동액을 또 다른 증여로 본다.

정답 27 ⑤ 28 ③

29

2025년에 미성년자인 A씨가 할아버지로부터 현금 1억원을 증여받았다. 다른 증여받은 재산은 없다고 가정할 때 증여세 산출세액은 얼마인가? (단, A씨의 아버지는 생존해 있으며 과세표준 1억원까지의 증여세율은 10%이다. 세대생략할증세액은 가산하고, 신고세액공제금액은 공제 받기 전 금액으로 답하시오.)

① 800만원
② 1,000만원
③ 1,040만원
④ 1,200만원
⑤ 1,300만원

30

홍길동 씨는 부동산을 자녀에게 증여한 후 다시 반환받으려 한다. 증여세 과세 여부와 관련하여 괄호 안의 연결이 올바르지 않은 것은?

구분	최초의 증여	반환하는 재산
증여세신고기한 내에 반환하는 경우	(① 비과세)	(② 비과세)
신고기한이 경과한 후 3개월 내 반환하는 경우	(③ 비과세)	(④ 비과세)
신고기한이 경과하고 다시 3개월이 경과 후에 반환하는 경우	(⑤ 과세)	과세

정답 및 해설

29 1억원 - 2천만원(증여재산공제액) = 8천만원(증여세과세표준), 8천만원에 세율(10%)을 적용하면 8백만원이 산출세액이 되고, 세대생략할증과세에 의해 30%를 할증하면 1,040만원이 산출세액이 된다.

30 신고기한 경과 후 3개월 내 반환하는 경우 당초 증여는 과세대상이다.

정답 29 ③ 30 ③

31 ★

다음 중 상속재산 및 증여재산의 평가기준일에 대한 설명으로 옳지 않은 것은?

① 상속재산의 경우 사망일
② 상속재산에 가산하는 증여재산의 경우 당초의 증여일
③ 증여재산의 경우 증여일
④ 합산되는 증여재산의 경우 각각의 증여일
⑤ 상속이나 증여 후 조사를 통해 세액을 추징하는 경우 조사 당시의 시가

32 ★★★

다음 중 상속 및 증여재산의 보충적 평가방법으로 옳지 않은 것은?

① 골프회원권 : 지방세법에 따라 고시한 시가표준액
② 부동산을 취득할 수 있는 권리 : 평가기준일까지 불입한 금액 + 평가기준일 현재의 프레미엄 상당액
③ 상장주식 : 평가기준일 전후 각각 3월간의 한국거래소 종가평균액
④ 비상장주식 : 순자산가치와 순손익가치의 가중평균액
⑤ 예금 : 원금 + 미수이자 - 원천징수상당액

정답 및 해설

31	조사를 통해 세액을 추징하는 경우에도 ①~④를 평가기준일로 한다.
32	상장주식의 경우 평가기준일 전후 각 2개월간에 공표된 매일의 한국거래소 최종시세가액의 평균액을 평가액으로 한다.

정답 31 ⑤ 32 ③

33 ☆☆

다음 중 비상장 일반법인의 주식가치 평가방법(보충적 평가방법)으로 옳은 것은?

① 순자산가치와 순손익가치를 각각 1 대 4로 가중평균하여 평가한다.
② 순자산가치와 순손익가치를 각각 4 대 1로 가중평균하여 평가한다.
③ 순자산가치와 순손익가치를 각각 3 대 2로 가중평균하여 평가한다.
④ 순자산가치와 순손익가치를 각각 1 대 1로 가중평균하여 평가한다.
⑤ 순자산가치와 순손익가치를 각각 2 대 3으로 가중평균하여 평가한다.

34 ☆☆☆

아버지가 소유하고 있던 시가 9억원 상당의 상가를 아들에게 5억원에 양도한 경우, 증여세 과세대상이 되는 금액은 얼마인가?

① 없음
② 1억원
③ 1.3억원
④ 2억원
⑤ 4억원

정답 및 해설

33	참고로 비상장법인 중 부동산과다보유법인의 경우에는 순자산가치와 순손익가치를 3 대 2로 가중평균하여 평가한다.
34	9억원 - 5억원 - MIN[9억원×30%, 3억원] = 1.3억원

정답 33 ⑤ 34 ③

35 ♛♛

황보험 씨는 피보험자를 아내, 보험계약자를 본인, 보험수익자를 아들로 한 보장성보험에 가입하였다. 그런데 만일 아내가 사고로 사망하여 보험금을 아들이 수령한 경우 과세되는 세금에 대한 설명으로 가장 옳은 것은?

① 상속세나 증여세 과세대상이 아니다.
② 보험료에 대해서는 증여세가, 그리고 수령보험금에서 납입보험료를 차감한 금액에 대해서는 상속세가 과세된다.
③ 증여세가 과세된다.
④ 상속세가 과세된다.
⑤ 상속세와 증여세가 동시에 과세된다.

36 ♛♛♛

다음 중 증여재산공제액으로 잘못된 것은?

① 남편이 아내에게 증여 : 6억원
② 아버지가 성년인 아들에게 증여 : 5천만원
③ 할아버지가 성년인 손자에게 증여 : 3천만원
④ 어머니가 미성년인 아들에게 증여 : 2천만원
⑤ 아들이 아버지에게 증여 : 5천만원

정답 및 해설

35	황보험 씨가 계약자이고 아들이 수익자이므로 상속세나 증여세 과세 문제가 있고, 보험료를 불입한 황보험 씨가 사망하지 아니하였으므로 증여세 과세대상이다.
36	증여자가 직계존속이고, 수증자가 직계비속인 경우로서 수증자가 성년인 경우에는 5천만원을 증여재산공제한다.

정답 35 ③ 36 ③

37 ⚅⚅

다음 중 고객 A가 자녀 B에게 부담부증여를 한 경우, 관련 설명으로 옳지 않은 것은?

① 부동산과 부동산에 담보된 채무를 함께 증여 시, 채무상당액만큼은 증여로 보지 않는다.
② 부담부증여 시 수증자가 인수한 채무에 대해서는 양도소득세가 과세된다.
③ 부담부증여 물건이 증여자인 A의 1세대 1주택 비과세대상이라면 양도소득세가 비과세된다.
④ 부담부증여 시 양도소득세는 수증자인 B에게 납세의무가 있다.
⑤ 부담부증여 시 증여세는 수증자인 B에게 납세의무가 있다.

38 ⚅

2025년 6월 14일 아버지로부터 부동산을 수증받은 경우 증여세 신고기한은 언제인가?

① 2025년 8월 13일
② 2025년 9월 13일
③ 2025년 9월 30일
④ 2025년 10월 31일
⑤ 2025년 12월 31일

정답 및 해설

37	부담부증여 시 양도소득세는 증여자인 A에게 납세의무가 있다.
38	증여세 신고기한은 증여일이 속하는 달의 말일로부터 3개월이다.

정답 37 ④ 38 ③

39 ★★

상속세와 증여세에 대한 비교 설명으로 옳지 않은 것은?

① 상속세는 유산세방식이고, 증여세는 유산취득세방식으로 과세한다.
② 피상속인이 비거주자인 경우 국내 재산에 대해서만 상속세가 과세된다.
③ 상속세의 공제폭이 증여세의 공제폭보다 통상적으로 크다.
④ 상속세는 상속인이, 증여세는 수증자가 납세의무자이다.
⑤ 증여세는 증여자의 주소지 관할세무서에 신고한다.

40 ★

다음 중 상속세와 증여세에 공통으로 적용되는 내용으로 옳지 않은 것은?

① 세율
② 세대생략할증과세율
③ 신고세액공제
④ 분납
⑤ 금융재산공제

정답 및 해설

| 39 | 증여세는 증여자가 아닌 수증자의 주소지 관할세무서에 신고한다. |
| 40 | 금융재산공제는 상속세에서만 적용한다. |

정답 39 ⑤ 40 ⑤

41

다음 빈칸에 들어갈 내용으로 옳은 것은?

> 결정된 상속재산의 가액이 ( ) 이상인 경우로서 상속개시 후 ( )이 되는 날까지의 기간 내에 상속인이 보유한 부동산, 주식, 기타 주요재산의 가액이 상속개시 당시에 비하여 크게 증가한 때에는 세무서장 등은 그 결정한 과세표준과 세액에 탈루 또는 오류가 있는지의 여부를 조사하여야 한다.

① 20억원, 3년
② 20억원, 5년
③ 30억원, 3년
④ 30억원, 5년
⑤ 50억원, 3년

42

창업자금에 대한 과세특례에 대한 설명으로 옳지 않은 것은?

① 60세 이상의 부모가 증여하여야 하고 수증자는 18세 이상이어야 한다.
② 창업자금은 현금(예금 포함) 증여를 원칙으로 한다.
③ 창업자금을 증여받은 수증자는 중소기업을 창업하여야 한다.
④ 증여한 부모가 사망한 경우에는 증여 당시의 가액을 증여시기와 관계없이 상속재산에 가산하면서 상속세로 정산한다.
⑤ 30억원을 한도(창업을 통하여 10명 이상을 신규 고용한 경우에는 50억원 한도)로 증여세 과세가액에서 5억원을 공제하고, 20%의 단일세율로 증여세를 과세한다.

정답 및 해설

42 | 30억원을 한도(창업을 통하여 10명 이상을 신규 고용한 경우에는 50억원 한도)로 증여세 과세가액에서 5억원을 공제하고, 10%의 낮은세율로 증여세를 과세한다.

정답 41 ④ 42 ⑤

43 ✪✪✪

자산관리사가 60대 고객을 위하여 생각할 수 있는 상속 및 증여 전략으로 옳지 않은 것은?

① 가능하면 사망하기 10년 이전에 증여하는 것이 좋다.
② 앞으로 가격이 상승할 자산을 증여하는 것이 증여 효과가 크다.
③ 배우자가 생존한 상태에서 사망 시, 상속재산이 10억원 이하라면 사전증여가 세금면에서 불리할 수 있다.
④ 적어도 상속세 이상의 금융재산을 보유하는 것이 바람직하다.
⑤ 전체 자산 중 부동산보다 금융재산의 비율이 클수록 상속세가 절세된다.

44 ✪✪✪

상속세 최고세율 대상자의 상속세와 증여세 절세방법에 관한 설명 중 가장 옳지 않은 것은?

① 상속인이 고액재산가이고 고령인 경우 세대생략상속도 고려한다.
② 부담부증여가 무조건 유리한 것은 아니므로 전문가의 검증을 받는다.
③ 보유기간이 오래되어 양도차익이 큰 부동산은 사전에 처분하지 않고 상속재산으로 남겨두는 방법도 고려한다.
④ 상속개시 직전에 예금을 최대한 인출하여 현금으로 보관한다.
⑤ 상속개시 직전에는 상속재산 중 토지의 처분을 자제한다.

✓ 정답 및 해설

43	금융재산의 비율이 크다면 부동산을 취득하는 것도 절세방법이 될 수 있다.
44	피상속인이 재산 또는 예금을 인출하거나 채무를 부담하면 그 대금의 사용처를 입증해야 하고, 그 사용처를 모르는 경우에는 상속추정재산으로 보아 상속세과세가액에 포함될 수 있으므로 상속개시 직전에는 예금 등의 인출을 자제한다.

정답 43 ⑤ 44 ④

Chapter 04 자가학습진단표

자신의 학습성취도를 스스로 진단하세요.

	진단 내용	Yes	No
01	상속세와 증여세의 특징을 이해하고 있습니까?		
02	상속세 계산구조 중 사전증여재산가액 합산 내용과 추정상속재산가액 합산의 내용을 설명할 수 있습니까?		
03	상속세 계산구조 중 인적공제 항목을 설명할 수 있습니까?		
04	금융재산상속공제 금액을 계산할 수 있습니까?		
05	상속세 세율과 증여세 세율이 동일한데, 세율을 암기하고 있습니까?		
06	상속세와 증여세의 공통점인 세대생략할증과세와 신고세액공제를 설명할 수 있습니까?		
07	상속세와 증여세의 신고납부기한을 비교하여 이해하고 있습니까?		
08	「증여세법」상 증여로 보는 경우에 대해서 이해하고 있습니까?		
09	증여재산이 반환된 경우, 반환시점에 따른 당초 증여분과 반환분의 과세문제를 설명할 수 있습니까?		
10	「상속세와 증여세법」상 평가의 원칙과 보충적 평가방법을 이해하고 있습니까?		
11	상속세 납부 방법 중 물납, 연부연납, 분납에 대해서 요건 및 특징과 차이점을 설명할 수 있습니까?		
12	상속세와 증여세의 절세방안을 알고 있습니까?		

Yes 개수별 진단결과

- 5개 이하 : 합격예상도는 40% ➜ 기본서로 관련 내용을 다시 한번 꼼꼼하게 학습하세요.
- 6~8개 : 합격예상도는 60% ➜ 핵심 정리를 통해 주요 내용을 다시 한번 체크하세요.
- 9개 이상 : 합격예상도는 80% ➜ 문제를 통해 100% 합격에 도전하세요.

출제경향분석

총 4문항 정도의 문제가 출제될 것으로 보이는 부분으로, 전체적인 이해보다는 부분 주요 사항을 암기하는 방식의 전략이 주효할 것으로 보입니다. 취득세 과세표준의 산정방식과 사실상의 취득가액에 의하는 경우가 중요하며, 신고 및 납부기한 이 또한 중요합니다. 재산세는 과세대상과 납부기한이 중요한데, 특히 주택의 납부기한에 유의하여 암기합니다. 종합부동산세는 납세의무자 위주의 학습과 납부 방식의 이해 및 암기가 중요할 것으로 보입니다.

제5장

취득세 및 재산세·종합부동산세

Chapter 05 문제로 보는 출제경향

01

취득세의 과세대상이 아닌 것은?
① 기계장비
② 차량
③ 토지
④ 특허권
⑤ 콘도미니엄 회원권

해설 취득세는 부동산, 차량, 기계장비, 항공기, 선박, 입목, 광업권, 어업권, 골프회원권, 승마회원권, 콘도미니엄 회원권, 종합체육시설 이용회원권 또는 요트회원권을 취득한 자에게 부과한다.

정답 ④

02

재산세에 대한 설명 중 옳지 않은 것은?

① 재산세는 토지, 건축물, 주택, 선박 및 항공기를 과세대상으로 한다.
② 재산세의 납세의무자는 매년 6월 1일 현재 재산을 사실상 소유하는 자이다.
③ 토지는 분리과세, 별도합산과세, 종합합산과세로 구분하여 과세한다.
④ 재산세는 자진신고하지 않고 부과된 고지서에 의해서 납부한다.
⑤ 주택 재산세는 금액의 크기와 상관없이 매년 7월 16일부터 7월 31일까지 전액 납부한다.

[해설] 주택 재산세는 매년 7월 16일부터 7월 31일까지와 9월 16일부터 9월 31일까지 두 번에 걸쳐 반반씩 납부한다(다만, 부과할 세액이 20만원 이하인 경우에는 7월 16일부터 7월 31일까지 한꺼번에 부과·징수할 수 있다).

[정답] ⑤

Chapter 05 길라잡이 문제

중요이론(Key Point)을 재정리할 수 있는 대표문제로 구성하였습니다.

• Key Point • 취득세의 과세표준

01 취득세의 과세표준으로서 사실상 취득가액에 의하여 과세하는 것으로 틀린 것은?

① 국가로부터의 취득
② 판결문에 의하여 취득가격이 입증되는 취득
③ 증여에 의한 취득
④ 외국으로부터 수입에 의한 취득
⑤ 공매방법에 의한 취득

해설
사실상의 취득가격에 의하는 경우
① 국가 등으로부터 취득
② 수입에 의한 취득
③ 공매방법에 의한 취득
④ 판결문, 법인장부에 의한 입증
⑤ 부동산거래신고서를 제출하여 검증이 이루어진 경우

정답 ③

• Key Point • 재산세와 종합부동산세의 과세기준일

02 다음 중 재산세와 종합부동산세의 과세기준일은 언제인가?

① 매년 1월 1일　　　　② 매년 4월 30일
③ 매년 5월 31일　　　 ④ 매년 6월 1일
⑤ 매년 12월 31일

해설
재산세와 종합부동산세의 과세기준일은 동일하게 매년 6월 1일이다.

정답 ④

Chapter 05 출제예상 문제

중요도에 따라 Self 맞춤형 학습이 가능한 출제예상 문제입니다. 각자의 목표점수에 맞게 문제를 선별하여 풀어보세요!

▶ 중요도 : ✪✪✪ 상 ✪✪ 중 ✪ 하

01 ✪

취득세에 관한 설명 중 옳지 않은 것은?

① 취득세는 도(道)세이다.
② 별장, 고급주택 등 취득 시에는 (표준세율+중과기준세율의 4배)의 세율로 과세한다.
③ 취득세 과세물건을 취득한 자는 취득한 날부터 60일 이내에 취득세를 자진납부하여야 한다.
④ 취득세도 신고기한을 넘기는 경우, 신고불성실 및 납부불성실가산세가 있다.
⑤ 상속받는 부동산의 경우 취득세가 면제된다.

02 ✪

다음 중 취득세에 대한 설명으로 옳은 것은?

① 취득세의 과세표준은 무조건 실거래가로 한다.
② 취득세의 과세표준은 지방세과세시가표준액으로 한다.
③ 토지의 지목이 변경된 경우에는 변경 후 과세시가표준에서 변경 전의 과세시가표준을 차감한 금액이 취득세 과세표준이 된다.
④ 국가 등으로부터의 취득의 경우에는 사실상의 취득가액과 시가표준액 중 낮은 가격으로 취득세 과세표준을 정한다.
⑤ 공매방법에 의한 유상취득의 경우에는 시가표준액을 과세표준으로 정한다.

정답 및 해설

01	상속되는 부동산의 경우에도 취득세가 부과된다.
02	취득세의 과세표준은 원칙이 신고가격(실거래가)이며 신고가격이 과세시가표준보다 낮은 경우 과세시가표준액으로 한다.

정답 01 ⑤ 02 ③

03

취득세에서의 취득시기로 잘못된 것은?

① 국가 등으로부터의 취득에 의한 유상승계취득의 경우 : 사실상의 잔금지급일, 사실상의 잔금지급일 전에 등기 또는 등록이 된 경우에는 그 등기일 또는 등록일
② 건축허가를 받은 건축에 의한 취득 : 사용승인서 교부일, 사실상 사용일, 임시사용 승인을 중 빠른 날
③ 건축허가를 받지 않은 건축에 의한 취득 : 사실상의 사용일
④ 연부취득의 경우 : 사실상의 연부금 지급일(취득금액에 포함되는 계약보증금 제외)
⑤ 무상승계취득의 경우 : 계약일, 계약일 전에 등기 또는 등록이 된 경우에는 그 등기일 또는 등록일

04

다음 빈칸에 들어갈 내용으로 옳은 것은?

국가등으로부터 취득한 경우가 아닌 유상승계취득의 경우, 만약 계약상 잔금지급일이 명시되지 않았다면, 계약일로부터 (   )이 경과한 날을 취득일로 본다.

① 30일　　　　　　② 60일
③ 90일　　　　　　④ 6월
⑤ 1년

정답 및 해설

03　연부취득의 경우 연부금(취득금액에 포함되는 계약보증금 포함) 지급일에 취득한 것으로 본다.

정답 03 ④　04 ②

05 ✪✪✪

재산세의 과세내용 중 옳지 않은 것은?

① 재산세의 납세지는 과세대상 부동산의 소재지를 관할하는 시·군·구이다.
② 과세기준일은 매년 6월 1일이다.
③ 토지분 재산세 납세기간은 9월 16일부터 9월 31일이다.
④ 주택을 부부 공동으로 소유하는 경우 재산세 절세효과가 있다.
⑤ 과세대상은 토지, 주택, 건축물, 선박 및 항공기이다.

06 ✪✪

다음 중 재산세 과세대상이 아닌 것은?

① 토지
② 건축물
③ 주택
④ 선박
⑤ 자동차

07 ✪

다음 중 재산세의 납부세액이 250만원을 초과하는 경우 납부할 세액의 일부를 납부기한이 지난 후 몇 개월 이내에 분할납부할 수 있는가?

① 1개월
② 2개월
③ 3개월
④ 4개월
⑤ 6개월

정답 및 해설

05	주택에 대한 재산세의 경우, 납부하여야 할 재산세는 부부 공동 소유하는 경우에도 단독 소유하는 경우와 동일하다.
06	토지, 건축물, 주택, 선박, 항공기가 재산세 과세대상이다.
07	재산세의 납부세액이 250만원을 초과하는 경우 납부할 세액의 일부를 납부기한이 지난 후 3개월 이내에 분할납부할 수 있다.

정답 05 ④ 06 ⑤ 07 ③

08 ✪✪✪
다음 중 재산세에 대한 설명으로 잘못된 것은?

① 과세기준일은 매년 6월 1일이다.
② 토지에 대한 재산세 납기일은 매년 9월 16일부터 9월 30일까지이다.
③ 건축물에 대한 재산세 납기일은 매년 7월 16일부터 7월 31일까지이다.
④ 주택에 대한 재산세 납기일은 12월 1일부터 12월 15일까지이다.
⑤ 재산세의 세부담 상한선은 주택을 제외하면 일반적으로 150%이다.

09 ✪
다음 중 가장 높은 재산세율이 적용되는 부동산으로 옳은 것은?

① 골프장용 토지
② 상가의 부속토지
③ 단독주택
④ 공장용지
⑤ 농지

정답 및 해설

| 08 | 주택에 대한 재산세 납기일은 산출세액의 2분의 1은 7월 16일부터 7월 31일까지, 나머지 2분의 1은 9월 16일부터 9월 30일까지이다. |
| 09 | 골프장용 토지는 고율분리과세대상으로 4%의 세율이 적용된다. 농지와 공장용지, 목장용지, 임야 등은 저율분리과세대상이다. |

정답 08 ④ 09 ①

10 ❋❋

종합부동산세에 관한 설명 중 옳지 않은 것은?

① 재산세와 마찬가지로 6월 1일이 과세기준일이다.
② 세대별로 합산하지 않고 개인별로 과세한다.
③ 재산세 과세대상 중 건축물과 분리과세대상 토지는 종합부동산세 과세대상에 해당하지 않는다.
④ 1세대 1주택 단독 명의 소유자는 9억원을 초과하는 경우 종합부동산세 과세대상이다.
⑤ 과세기준일 현재 부부가 공동명의로 주택을 소유하고 1세대 1주택자에 해당하는 경우에는, 1세대 1주택 단독 명의의 경우를 적용받는 경우와 비교하여 유리한 쪽으로 납부방법을 결정할 수 있다.

11 ❋❋❋

다음 중 종합부동산세에 대한 설명으로 옳지 않은 것은?

① 별장도 「주택법」상 주택이므로 종합부동산세의 과세대상이 된다.
② 토지 중 분리과세 대상 토지는 종합부동산세 과세대상이 아니다.
③ 기숙사나 사원용 주택은 과세대상에서 제외된다.
④ 주택 및 토지에 대한 종합부동산세 과세는 개인별로 과세한다.
⑤ 종합부동산세는 개인뿐만 아니라 법인에게도 부과된다.

정답 및 해설

10   1세대 1주택 단독 명의 소유자는 12억원을 초과하는 경우 종합부동산세 과세대상이다.
11   별장은 「주택법」상의 주택이지만 고율(4%)의 재산세가 부과되므로 종합부동산세의 대상이 아니다.

정답 10 ④   11 ①

12

다음 빈칸에 들어갈 내용으로 옳은 것은?

> 고객 A의 경우 2주택자로서 과세기준일 현재 국내에 있는 재산세 과세대상인 주택의 공시가격 합산액이 (   )을 초과하는 경우, 종합부동산세를 납부할 의무를 지게 된다.

① 3억원
② 5억원
③ 6억원
④ 9억원
⑤ 10억원

13

다음 중 종합부동산세에 대한 설명으로 틀린 것은?

① 주택의 납세의무자는 과세기준일 현재 주택분 재산세의 납세의무자로 주택의 공시가격을 합산한 금액이 9억원을 초과하는 자이다.
② 납부하여야 할 세액이 250만원을 초과하는 경우 6개월 이내에 분납할 수 있다.
③ 전년도에 당해 부과된 총세액상당액의 300%를 세부담의 상한으로 한다. 다만, 법인의 경우에는 세부담상한선을 적용하지 않는다.
④ 단독명의 1세대 1주택자는 고령자 세액공제와 장기보유 세액공제를 공제율 합계 80% 범위 내에서 중복 적용받을 수 있다.
⑤ 종합부동산세는 12월 1일부터 12월 15일까지 부과·징수하는 것이 원칙이지만, 동기간에 납세의무자는 납세지 관할 세무서장에게 신고, 납부할 수 있다.

정답 및 해설

| 12 | 주택의 공시가격을 합한 금액이 9억원을 초과하는 자는 종합부동산세 납세의무자가 된다. 다만, 1세대 1주택 단독 명의의 경우에는 3억원을 공제한 금액이 9억원을 초과하는 경우 납세의무자가 된다. |
| 13 | 세부담 상한은 150%이다. (3주택 이상 또는 조정대상지역 내 2주택 보유자 : 300%) 법인은 적용하지 않는다. |

정답 12 ④ 13 ③

14 ✪✪✪

다음 중 주택을 부부 중 한 사람의 명의보다 부부 공동으로 취득, 등기할 때 절세 가능한 세금만을 모은 것으로서 옳은 것은?

① 취득세, 종합부동산세, 재산세, 상속세, 양도소득세
② 종합부동산세, 재산세, 상속세, 양도소득세
③ 종합부동산세, 상속세, 양도소득세
④ 취득세, 재산세, 상속세, 양도소득세
⑤ 종합부동산세, 재산세, 양도소득세

15 ✪✪

고객 A는 배우자와 공동으로 기준시가가 11억원을 초과하는 고가주택을 취득하여 월세로 임대를 주었다. 다음 중 부부공동명의로 취득함에 따라 절세가 가능하지 않은 것은?

① 취득세
② 상속세
③ 양도소득세
④ 종합소득세
⑤ 종합부동산세

정답 및 해설

14	주택을 부부 공동명의로 취득하면 양도세와 종합부동산세 및 상속세가 절세된다. 취득세와 재산세는 단독으로 취득하나 공동으로 취득하나 관계없이 세액이 동일하다.
15	취득세는 단일세율이므로, 공동명의의 경우에도 절세가 되지 않는다.

정답 14 ③ 15 ①

Chapter 05 자가학습진단표

자신의 학습성취도를 스스로 진단하세요.

	진단 내용	Yes	No
01	취득세의 과세대상을 알고 있습니까?		
02	취득세 계산 시 과세표준 중 사실상의 취득가격에 의하는 경우를 이해하고 있습니까?		
03	취득세의 신고 및 납부기한에 대해서 설명할 수 있습니까?		
04	재산세의 과세대상과 과세기준일 그리고 납기에 대해서 구분하여 이해하고 있습니까?		
05	종합부동산세의 과세대상과 과세기준일, 납기 및 종합부동산세 부과 기준금액을 이해하고 있습니까?		
06	부동산 취득세와 보유세의 절세방안을 알고 있습니까?		

Yes 개수별 진단결과

- 2개 이하 : 합격예상도는 40% ➡ 기본서로 관련 내용을 다시 한번 꼼꼼하게 학습하세요.
- 3~4개 : 합격예상도는 60% ➡ 핵심 정리를 통해 주요 내용을 다시 한번 체크하세요.
- 5개 이상 : 합격예상도는 80% ➡ 문제를 통해 100% 합격에 도전하세요.

3과목
보험 및 은퇴설계

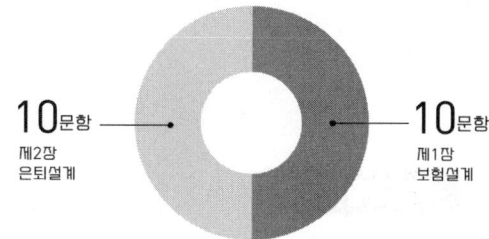

10문항
제2장
은퇴설계

10문항
제1장
보험설계

출제경향분석

제1장은 위험특성별 위험관리기법 선택, 보험의 기본원칙 및 수지상등원칙과 급부반대급부 균등의 원칙 구별, 보험료 계산기초, 보험계약관계자, 보험의 성립 및 책임개시, 부활요건, 고지의무 위반효과 등이 핵심내용입니다. 제2장은 생존보험/사망보험/생사혼합보험 구분, 연금보험의 특성, 일반보험과 변액보험의 구분, 단독의료실비보험의 내용, (장기)손해보험의 특성, 화재보험에서 손해 구분, 자동차손해배상보장법의 특성, 12대 중대법규 내용 등이 주요 출제예상 주제들입니다. 제3장은 국민건강보험의 특성, 노인장기요양보험의 급여 종류, 산재보험의 특성, 장애인 비과세요건, 장기저축성보험의 비과세 요건, 보험금에 대한 상속/증여세 과세 내용 등이 중요합니다. 제4장은 실무적 내용들이지만 보험상품 구매프로세스, 고객의 4가지 조건, 질문기법, 계약체결기법, 특정시장 고객의 특성에 대한 이해와 암기를 해야 합니다.

제1장

보험설계

Chapter 01 문제로 보는 출제경향

01

보험계약에서 보험금액의 청구권과 보험료 또는 계약자 적립금의 반환청구권의 소멸시효로 적절한 것은?

① 2년
② 3년
③ 5년
④ 7년
⑤ 10년

해설 보험금액의 청구권과 보험료 또는 계약자 적립금의 반환청구권은 3년, 보험료의 청구권은 2년간 행사하지 않으면 소멸시효가 완성된다.

정답 ②

02

상해보험에 대한 설명으로 적절하지 않은 것은?

① 상해사고의 요건에는 우연성, 외래성, 급격성이 있다.
② 싸움으로 인한 상해는 외래성에 해당되어 보험사고로 본다.
③ 주보험에 일반사망을 부가할 수 없다.
④ 보험기간은 일반적으로 1년 이상이다.
⑤ 일반적으로 연령에 관계없이 단일요율을 사용한다.

해설 ② 자해행위, 자살, 싸움 등으로 인한 상해는 보험사고가 아니다.

정답 ②

03

다음의 보험계약에 대한 증여재산가액으로 적절한 것은?

• 계약자 : A	• 수익자 : B
• 총불입보험료 : 2천만원	• 보험금 : 2억원
• B가 납부한 보험료 : 500만원	

① 500만원
② 1,500만원
③ 5,000만원
④ 1.5억원
⑤ 2억원

해설 수익자와 계약자가 다른 경우 보험금 상당액을 보험금 수령인의 증여재산가액으로 한다. 이 경우 보험료 중 일부를 보험금 수령인이 납부하였을 경우에는 다음 산식에 의한 금액을 증여재산가액으로 한다.

• 증여재산가액 = 보험금 × $\dfrac{\text{보험금 수령인 외의 자가 납부한 보험료}}{\text{총불입보험료}}$ = 2억원 × $\dfrac{1{,}500\text{만원}}{2{,}000\text{만원}}$ = 1.5억원

정답 ④

04

보험상담 프로세스에 대한 설명이 적절하지 않은 것은?

① 상담 프로세스 1단계 : 고객관계 관리
② 상담 프로세스 2단계 : 고객접근
③ 상담 프로세스 3단계 : 정보수집 및 분석
④ 상담 프로세스 4단계 : 프리젠테이션 & 클로징
⑤ 상담 프로세스 5단계 : 증권전달 및 소개확보

해설 ① 상담 프로세스 1단계 : 가망고객 발굴

정답 ①

Chapter 01 길라잡이 문제

중요이론(Key Point)을 재정리할 수 있는 대표문제로 구성하였습니다.

Key Point 위험관리

01 위험관리에 대한 설명으로 적절하지 않은 것은?

① 위험회피에 대한 예를 들면 홍수가 자주 발생하는 지역에 공장신축을 포기하면 홍수라는 위험을 피할 수 있다.
② 위험보유도 위험관리기법에 해당한다.
③ 손해빈도통제를 효과적으로 수행하면 사고는 발생하지 않는다.
④ 손해통제기법으로는 건물에 화재경보기, 자동소화기 등을 설치하는 것 등이 있다.
⑤ 위험재무기법에는 경상비의 활용, 별도의 위험기금 적립과 같은 자체조달과 외부로부터의 차입, 보험가입과 같은 외부조달이 있다.

해설
③ 손해빈도통제를 아무리 효과적으로 수행하더라도 사고는 발생할 수 있다. 따라서 사고가 발생했을 때를 대비하여 피해규모를 줄이려는 노력이 손해강도통제이다.

정답 ③

Key Point 위험관리기법의 선택

02 위험관리기법의 선택 시 위험 그 자체를 회피하는 위험회피기법이 가장 바람직한 위험으로 가장 적절한 것은?

① 고빈도·고강도 위험
② 저빈도·고강도 위험
③ 고빈도·저강도 위험
④ 저빈도·저강도 위험
⑤ 해당되는 위험이 없음

해설
개인과 기업의 생존을 위협할 수 있는 심각한 위험인 고빈도·고강도 위험의 경우 발생빈도를 낮추거나 손해강도를 낮추는 손해통제기법을 적용하기는 어려우며, 손해의 심각성으로 인해 위험재무기법을 적용하기도 어려우므로, 위험 그 자체를 회피하는 위험회피기법이 가장 바람직하다.

정답 ①

• Key Point • 보험의 기본원칙

03 다음에서 설명하고 있는 보험의 기본원칙으로 적절한 것은?

> 연령이나 병력 등 개별 계약자의 위험을 측정한 후 개별 위험에 상응하는 보험료가 산출되어야 한다.

① 수지상등의 원칙
② 급부반대급부 균등의 원칙
③ 대수의 법칙
④ 실손보상의 원칙
⑤ 보험료불가분의 원칙

해설
개별 보험계약자 입장에서는 자신의 위험에 상응하는 보험료를 납부하여야 한다는 것이 급부반대급부 균등의 원칙이다.

정답 ②

• Key Point • 예정기초율 변화에 따른 보험료의 변화

04 예정기초율 변화에 따른 보험료의 변화에 대한 설명으로 적절하지 않은 것은?

① 예정사망률이 낮아지면 사망보험료는 낮아지게 된다.
② 예정이율이 낮아지면 보험료는 낮아지게 된다.
③ 보험기간이 길수록 보험료 변동폭이 크다.
④ 순수보장형보다 만기환급형의 보험료 변동폭이 크다.
⑤ 예정사업비율이 낮아지면 보험료는 낮아지게 된다.

해설
② 예정이율이 낮아지면 보험료는 높아지게 된다.

정답 ②

• Key Point • 보험의 원리

05 보험의 원리에 대한 다음 설명 중 적절하지 않은 것은?

① 보험료 구성에서 수지상등의 원칙은 순보험료 총액과 지급보험금 총액이 같아야 하는 것을 말한다.
② 관찰의 횟수를 늘려가면 일정한 발생확률이 나오는데, 이를 대수의 법칙이라 한다.
③ 보험료 계산의 기초에는 예정위험률, 예정이율, 예정사업비율이 있다.
④ 예정사망률이 낮아지면 사망보험료는 높아지게 되고, 생존보험의 보험료는 낮아지게 된다.
⑤ 순보험료는 위험보험료와 저축보험료로 구성된다.

🗨 해설
④ 예정사망률이 낮아지면 사망보험료는 낮아지게 되고, 생존보험의 보험료는 높아지게 된다.

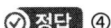 정답 ④

• Key Point • 보험계약의 요소

06 보험계약의 요소에 대한 설명으로 적절하지 않은 것은?

① 보험자는 보험계약을 인수하는 자로서 금융위원회의 허가를 받아야 한다.
② 보험계약자의 자격에는 제한이 없고 자연인이든 법인이든 무관하다.
③ 인보험 중 생명보험에서는 만 15세 미만자·심신상실자·심신박약자는 사망보험의 피보험자가 될 수 없다.
④ 손해보험의 경우에는 물건이나 재산이, 생명보험의 경우에는 생명이나 신체가 보험에 부쳐진 자, 즉 피보험자가 보험의 목적이 된다.
⑤ 손해보험에서 보험가입금액이 보험가액을 초과한 경우에는 보험금액을 한도로 지급하게 된다.

🗨 해설
⑤ 보험가입금액이 보험가액을 초과한 경우(초과보험)에는 보험가액을 한도로 지급하고, 보험가입금액이 보험가액에 미달된 경우(일부보험)에는 보험금액을 한도로 지급하게 된다.

 정답 ⑤

Key Point 보험계약의 주요 특성

07 다음에서 설명하는 보험계약의 주요 특성으로 가장 적절한 것은?

> 계약당사자 일방이 결정한 바에 따라 타방이 사실상 따를 수밖에 없는 계약

① 불요식 낙성계약 ② 유상 쌍무계약
③ 사행계약 ④ 부합계약
⑤ 선의계약

해설
부합계약이란 계약당사자 일방이 결정한 바에 따라 타방이 사실상 따를 수밖에 없는 계약을 말한다. 보험은 대수의 법칙을 기초로 성립하는 것이기 때문에 다수인과 계약체결이 불가피하고, 이 경우 개개인과 보험계약 조건을 협상한다는 것은 실무상 매우 어렵다. 따라서 보험자는 미리 정한 정형화된 보험약관에 의하여 보험계약을 체결하게 되는데, 이 때문에 보험계약은 부합계약의 성질을 가진다.

정답 ④

Key Point 보험계약법

08 보험계약법에 대한 설명으로 가장 적절하지 않은 것은?

① 보험계약자 등에게 이익이 되게 변경하는 것은 가능하며 이를 상대적 강행규정이라 한다.
② 보험계약자에게 불리하게 변경한 보험약관은 그 범위 내에서 무효가 된다.
③ 약관은 신의성실의 원칙에 따라 공정하게 해석되어야 한다.
④ 약관의 해석은 고객에 따라 다르게 해석되어서는 안 된다.
⑤ 보험약관의 문구가 애매하여 판단하기 어려운 경우에는 보험자에게 유리하게 해석하여야 한다.

해설
⑤ 보험약관의 문구가 애매하여 판단하기 어려운 경우에는 작성자, 즉 보험자에게 불이익하게 해석하여야 한다.

정답 ⑤

• Key Point • 약관교부 및 설명의무 등

09 약관교부 및 설명의무 등에 대한 다음 설명 중 (가)에 들어갈 내용으로 가장 적절한 것은?

> 약관교부 및 설명의무 등을 위반한 때에는 계약자는 계약성립일로부터 (가) 이내에 계약을 취소할 수 있다.

① 1개월
② 2개월
③ 3개월
④ 4개월
⑤ 5개월

💬 해설
약관 및 계약자 보관용 청약서를 계약자에게 전달하지 않았거나 약관의 중요한 내용을 설명하지 않은 때 또는 계약자가 청약서에 자필서명을 하지 않은 때에는 계약자는 계약성립일로부터 3개월 이내에 계약을 취소할 수 있다.

정답 ③

• Key Point • 보험금을 지급하지 않는 보험사고

10 계약자가 고의로 피보험자를 해친 경우 지급하는 보험금으로 적절한 것은?

① 계약자 적립금을 반환한다.
② 계약자에게 이미 납입한 보험료를 반환한다.
③ 수익자에게 해당 보험금을 지급한다.
④ 해약환급금을 보험계약자에게 지급한다.
⑤ 보험계약자에게는 이미 납입한 보험료를 반환하지 않는다.

💬 해설
계약자가 고의로 피보험자를 해친 경우 보험계약자에게는 이미 납입한 보험료를 반환하지 않는다.

정답 ⑤

• Key Point • 보험금 지급 등의 절차

11 보험금 지급 등의 절차에 대한 설명으로 적절하지 않은 것은?

① 계약자가 보험수익자를 지정하지 않은 때에는 보험수익자를 피보험자로 한다.
② 보험수익자가 2인 이상인 경우에는 대표자 1인을 지정하여야 한다.
③ 보험금 지급사유의 조사나 확인이 필요한 때에는 서류접수 후 10영업일 이내에 지급한다.
④ 보험회사가 지급기일 이내에 지급하지 않았을 때에는 그 지급기일의 다음날로부터 지급기일까지의 기간에 대하여 1년만기 정기예금이율로 계산한 금액을 가산하여 지급한다.
⑤ 보험계약자는 보험회사의 사업방법서에서 정하는 바에 따라 사망보험금의 전부 또는 일부에 대하여 일시금으로 지급받는 이외에 다른 지급방법을 선택할 수 있다.

해설
④ 보험회사가 지급기일 이내에 지급하지 않았을 때에는 그 지급기일의 다음날로부터 지급기일까지의 기간에 대하여 보험회사의 약관대출이율을 연단위 복리로 계산한 금액을 가산하여 지급한다.

정답 ④

• Key Point • 주계약과 특약

12 다음 중 생명보험상품의 주계약과 특약에 대한 설명으로 잘못된 것은?

① 보험계약에서 기본이 되는 중심적인 보장내용 부분을 기본보장보험이라고 한다.
② 주보험과 의무 부가특약을 합쳐 주계약이라고 한다.
③ 우량체할인특약은 가입자의 편의를 위한 제도성 특약이다.
④ 주계약 가입 없이 특약만의 상품판매도 가능하다.
⑤ 암보장 특장은 보장을 추가·확대하기 위한 특약이다.

해설
주계약 자체만으로도 보험계약은 성립될 수 있으나, 주계약을 가입하지 않고 특약만의 상품판매는 불가능하다.

정답 ④

Key Point 연금보험

13 연금보험에 대한 설명으로 적절하지 않은 것은?

① 연금의 지급방법은 종신연금형과 확정연금형, 상속연금형 등이 있다.
② 계약자가 2개 이상의 급부를 병행 선택할 수 있는 혼합연금형도 있다.
③ 종신연금형의 경우 연금개시 이후에도 계약을 해지할 수 있다.
④ 종신형 연금의 경우 보증기간 동안은 연금지급을 보장하며, 보장기간을 초과한 경우라도 피보험자가 생존해 있으면 계속 지급한다.
⑤ 지급보증금액은 연금 개시 시점의 책임준비금을 지급 보증하는 제도로, 보험사에 따라 적용 여부가 다를 수 있다.

해설
③ 종신연금형이나 종신연금형을 포함한 혼합연금형의 경우 연금개시 이후에는 계약을 해지할 수 없다.

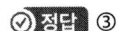 ③

Key Point 유니버설보험

14 유니버설보험의 장점에 대한 설명으로 가장 적절하지 않은 것은?

① 인플레이션에 대응할 수 있게 되므로 보험금의 미래가치를 높일 수 있다.
② 보험계약자가 마음대로 보험금액을 증액하거나 감액할 수 있다.
③ 보험료를 자유롭게 추가로 내거나 줄여서 낼 수 있다.
④ 적립금액을 중도인출할 수 있으며, 부분 해지가 가능하다.
⑤ 저금리시대에는 수익률이 높아질 수 있다.

해설
⑤ 저금리시대에는 수익률이 낮아질 수 있다.

 ⑤

• Key Point • 변액보험

15 다음에서 설명하는 보험상품으로 가장 올바른 것은?

> 고객이 납입한 보험료를 모아 주식, 채권 등 유가증권 등에 투자하여 발생한 이익을 배분해 주는 실적배당형 보험이다.

① 변액보험
② 유니버셜보험
③ CI보험
④ 종신보험
⑤ 연금보험

해설
변액보험에 대한 설명이다.

정답 ①

• Key Point • 변액보험

16 다음 중 변액보험에 대한 설명으로 가장 올바르지 않은 것은?

① 변액보험은 일정수준 이상의 사망보험금과 연금재원을 보증하도록 설계한다.
② 해약환급금은 원금손실이 발생하지 않는다.
③ 변액보험은 최저보증에 한해 예금자보호가 적용된다.
④ 제1회 보험료의 경우 청약철회기간 내에 승낙된 경우에는 이체사유 발생일은 청약철회기간이 종료한 날의 다음날이며, 청약철회기간이 지난 후 승낙된 경우에는 승낙일이 이체사유 발생일이다.
⑤ 보험료를 일반계정에서 특별계정으로 이체하여 별도로 관리한다.

해설
중도에 해약하는 경우 지급되는 해약환급금은 최저보증이 이루어지지 않기 때문에 원금손실이 발생할 수도 있다.

정답 ②

• Key Point • 생명보험 상품

17 생명보험 상품에 대한 설명으로 적절하지 않은 것은?

① 유니버설보험은 인플레이션에 대응할 수 있게 되므로 보험금의 미래가치를 높일 수 있다.
② 변액보험은 원금의 손실이 발생할 수도 있다.
③ 변액보험은 보험료 전액에 대해서 예금자보호가 적용된다.
④ 변액연금보험은 계약자가 선택한 연금지급방식으로 연금이 지급된다.
⑤ 변액유니버설보험은 보험료를 추가납입하거나 해약환급금의 일정범위 내에서 중도인출이 가능하다.

해설
<일반보험과 변액보험의 비교>

구분	일반보험상품	변액보험상품
보험금	보험가입금액 (보험금 확정 or 공시이율 연동)	투자실적에 따라 변동 (최저사망보험금, 최저연금적립금 보증)
예금자 보호	예금자보호법 적용대상	최저사망보험금, 최저연금적립금 등 최저보증만 적용
투자위험부담	보험회사	보험계약자
자산운용	일반계정	특별계정
적용이율	공시이율(예정이율)	실적배당률

정답 ③

• Key Point • 질병보험

18 질병보험에 대한 설명으로 적절하지 않은 것은?

① 생명보험과는 달리 일반사망급부가 없음에 따라 저렴한 보험료로 각종 질병에 대한 보장이 가능하다.
② 보험기간은 대부분 10년 이상이다.
③ 일반적으로 나이가 들수록 보험료는 올라간다.
④ 연령 및 건강상태를 이유로 가입을 제한할 수 없다.
⑤ 특정 질병만을 보장하는 상품은 보험료가 저렴한 반면, 보장하지 않은 질병이 많을 수 있다.

해설
④ 고연령 및 건강상태에 따라 가입이 제한될 수 있다.

 정답 ④

• Key Point • 실손 의료보험의 보험금 지급사례

19 다음 사례에서 계산되는 실손 의료보험의 지급 보험금으로 가장 적절한 것은?

> A는 입원의료비 보상한도 1억원의 실손의료보험(자기부담금 20%)에 가입하였다. 이후 질병으로 인해 500만원의 입원의료비가 발생하였고, 이 중 100만원은 보상되지 않는 금액이다.

① 200만원 ② 300만원
③ 320만원 ④ 400만원
⑤ 500만원

📝 해설
보상책임액 : (실제부담액 − 보상제외금액) × 회사부담률(단, 보상한도 이내) = (500만원 − 100만원) × 80% = 320만원

정답 ③

• Key Point • 주택화재보험 유형별 보험금 계산 사례

20 다음 사례의 경우 주택화재로 인한 지급보험금으로 적절한 것은?

> • 보험가입금액 : 8,000만원
> • 보험가액 : 1억원
> • 손해액 : 2,000만원

① 1,000만원 ② 2,000만원
③ 3,000만원 ④ 4,000만원
⑤ 8,000만원

📝 해설
주택물건 및 일반물건의 보험가입금액이 80% 해당액과 같거나 클 때
지급보험금 = 손해액(보험가입금액과 보험가액 중 작은 금액을 지급한도로 함)

정답 ②

Key Point 자동복원

21 장기손해보험의 자동복원에 대한 설명으로 가장 적절한 것은?

① 장기손해보험은 1회의 사고로 지급되는 보험금이 보험가입금액의 50% 미만이면 3회의 사고까지는 보험가입금액이 감액되지 않고 보험계약도 그대로 존속된다.
② 장기손해보험은 1회의 사고로 지급되는 보험금이 보험가입금액의 50% 미만이면 몇 번의 사고가 발생하더라도 보험가입금액이 감액되지 않고 보험계약도 그대로 존속된다.
③ 장기손해보험은 1회의 사고로 지급되는 보험금이 보험가입금액의 80% 미만이면 3회의 사고까지는 보험가입금액이 감액되지 않고 보험계약도 그대로 존속된다.
④ 장기손해보험은 1회의 사고로 지급되는 보험금이 보험가입금액의 80% 미만이면 몇 번의 사고가 발생하더라도 보험가입금액이 감액되지 않고 보험계약도 그대로 존속된다.
⑤ 장기손해보험은 1회의 사고로 지급되는 보험금이 보험가입금액의 100% 미만이면 몇 번의 사고가 발생하더라도 보험가입금액이 감액되지 않고 보험계약도 그대로 존속된다.

해설
일반손해보험은 보험사고가 발생하면 보험가입금액에서 지급보험금을 차감한 잔존금액에 한해 보장되나, 장기손해보험은 1회의 사고로 지급되는 보험금이 보험가입금액의 80% 미만이면 몇 번의 사고가 발생하더라도 보험가입금액이 감액되지 않고 보험계약도 그대로 존속된다.

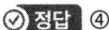 정답 ④

Key Point 자동차손해배상보장법

22 자동차손해배상보장법상 피해자 보호를 위한 법적 제도로 적절하지 않은 것은?

① 민법상 불법행위자 이외에도 자배법상의 운행자도 배상의무자에 포함되어 배상책임의 주체가 확대되었다.
② 운행자의 면책사유를 두고, 운행자가 그 면책요건을 입증하지 못하면 과실이 없어도 책임을 지도록 하고 있는 것이 조건부 무과실책임주의이다.
③ 입증책임을 전환하여 운행자가 면책요건을 입증하도록 하고, 이를 입증하지 못하면 피해자에 대한 배상책임을 면하지 못하게 하고 있다.
④ 피해자 직접청구권 및 가불금청구권을 인정하고 있다.
⑤ 반의사불벌 및 보험가입의 특례가 적용된다.

해설
⑤ 교통사고처리특례법상 처벌의 특례이다.

 정답 ⑤

• Key Point • 자동차보험

23 다음 중 자동차보험에 대한 설명으로 가장 올바르지 않은 것은?

① 의무보험과 자동차보험을 처음으로 가입한 자동차의 보험기간은 첫날 보험료영수 시부터 마지막 날 24시까지이다.
② 자동차보험의 의무가입 항목은 대인배상 I과 대물보상이다.
③ 고의로 인한 사고라도 피해자직접청구권은 인정된다.
④ 운전자연령 한정운전특약 시 연령은 사고 당시 만 나이를 기준으로 한다.
⑤ 무보험자동차로 인해 발생한 사고는 보장하지 않는다.

🗨 해설
자동차보험 담보 중 무보험자동차 항목을 가입하면 보험가입금액 한도 내에서 실제손해를 보상한다.

정답 ⑤

• Key Point • 국민건강보험

24 국민건강보험제도에 대한 설명으로 적절하지 않은 것은?

① 보험료부과수준에 따라 균등하지 않게 보험급여가 이루어진다.
② 건강보험은 직장가입자와 지역가입자로 적용 대상자를 구분하고 있다.
③ 직장가입자의 보수월액보험료는 당해연도 보수월액을 기준으로 산정한다.
④ 보수월액에 포함된 보수를 제외한 소득이 연 2,000만원을 초과하는 직장가입자에게 이러한 소득을 고려하여 소득월액보험료를 부과한다.
⑤ 지역가입자의 건강보험료는 세대 단위로 부과한다.

🗨 해설
① 사회보험방식인 건강보험은 보험료부과수준에 관계없이 관계법령에 의하여 균등하게 보험급여가 이루어진다.

정답 ①

• Key Point • 노인장기요양보험

25 노인장기요양보험에 대한 다음 설명 중 (가)~(나)에 들어갈 내용이 적절하게 연결된 것은?

> • 고령이나 치매·중풍의 노인성 질환 등으로 (가) 이상 혼자서 일상 생활을 영위하기 어려운 대상자에게 요양시설이나 재가 장기요양기관을 통해 신체활동 또는 가사지원 등의 서비스를 제공하는 제도이다.
> • (나)세 이상의 노인 또는 (나)세 미만으로서 치매, 뇌혈관질환 등 대통령령으로 정한 노인성 질병을 가진 자가 신청 대상이다.

	가	나
①	3개월	60
②	3개월	65
③	6개월	60
④	6개월	65
⑤	6개월	70

해설
• 고령이나 치매·중풍의 노인성 질환 등으로 6개월 이상 혼자서 일상 생활을 영위하기 어려운 대상자에게 요양시설이나 재가 장기요양기관을 통해 신체활동 또는 가사지원 등의 서비스를 제공하는 제도이다.
• 65세 이상의 노인 또는 65세 미만으로서 치매, 뇌혈관질환 등 대통령령으로 정한 노인성 질병을 가진 자가 신청 대상이다.

 정답 ④

• Key Point • 노인장기요양보험

26 노인장기요양보험에 대한 설명으로 적절하지 않은 것은?

① 65세 이상의 노인만이 신청 대상이다.
② 재가급여는 방문요양, 방문목욕, 방문간호, 주·야간 보호, 단기보호 등에 대한 급여이다.
③ 시설급여는 노인의료복지시설에 장기간 동안 입소하여 신체활동 지원, 심신기능의 유지·향상을 위한 교육·훈련 등을 제공하는 요양급여이다.
④ 국민기초생활수급권자는 본인 일부부담금을 부담하지 않는다.
⑤ 급여비용은 등급별로 다르게 적용한다.

해설
① 65세 이상의 노인 또는 65세 미만으로서 치매, 뇌혈관질환 등 대통령령으로 정한 노인성 질병을 가진 자가 신청 대상이다.

정답 ①

• Key Point • 금융소득종합과세

27 금융소득종합과세에 대한 다음 설명 중 (   )에 들어갈 내용으로 적절한 것은?

> 금융소득종합과세는 개인별 연간금융소득이 (   )을 초과하는 경우 금융소득을 다른 종합소득과 합산하여 종합소득세율로 누진과세하는 제도이다.

① 1천만원
② 2천만원
③ 3천만원
④ 4천만원
⑤ 5천만원

해설
금융소득종합과세는 개인별 연간금융소득(이자·배당소득)이 2천만원을 초과하는 경우 금융소득을 다른 종합소득(사업, 근로, 연금, 기타소득)과 합산하여 종합소득세율로 누진과세하는 제도이다.

정답 ②

• Key Point • 과세 제외되는 장기 저축성보험의 요건

28 다음 각 사례 중 과세 제외되는 장기 저축성보험으로 가장 적절한 것은? (가입일 : 2017년 5월, 이외 가입한 보험은 없음)

① 1억원을 일시납보험료로 납입하고, 10년 후 만기 환급받는 장기 저축성보험
② 5억원을 일시납보험료로 납입하고, 매월 연금으로 받는 10년 만기 상속형 즉시연금보험
③ 매월 100만원씩 3년간 납입하고, 10년 후 만기 환급받는 장기 저축성보험
④ 매월 100만원씩 5년간 납입 후 바로 만기 환급받는 장기 저축성보험
⑤ 연 1회 600만원씩 10년간 납입 후 바로 만기 환급받는 장기 저축성보험

해설
계약자 1인당 납입보험료 합계액이 1억원 이하이고 계약기간이 10년 이상인 경우(1억원의 계산은 월 납입식 저축성보험과 종신형 연금보험을 제외하고, 계약자가 가입한 모든 저축성보험의 납입보험료 합계로 한다.) 또는 납입기간이 5년 이상인 월 납입식 계약으로, 월 보험료가 150만원 이하, 계약기간이 10년 이상인 경우 과세 제외된다.

정답 ①

• Key Point • 과세 제외되는 장기 저축성보험의 요건

29 과세 제외되는 종신형 연금보험의 조건으로 적절하지 않은 것은? (단, 보험은 2017년 4월 1일 이후 가입한 보험이다.)

① 사망 시 계약이 소멸할 것
② 사망 시 연금재원이 소멸할 것
③ 80세 이후 사망 시까지 연금형태로 지급받을 것
④ 연금 외의 형태로 보험금·수익 등을 지급하지 않을 것
⑤ 계약자와 피보험자 및 수익자가 동일한 계약일 것

해설
③ 55세 이후 사망 시까지 연금형태로 지급받을 것

정답 ③

• Key Point • 보험금의 증여

30 다음 각 사례 중 만기 시 증여세가 과세되지 않는 보험으로 가장 적절한 것은?

구분	계약자	피보험자	수익자
①	부	모	모
②	모	부	부
③	모	자	부
④	자	부	모
⑤	부	모	부

해설
수익자와 계약자가 다른 경우 보험금 상당액을 보험금 수령인의 증여재산가액으로 한다.

정답 ⑤

• Key Point • 보험금의 증여

31 다음의 보험계약에 대한 증여재산가액으로 적절한 것은?

- 계약자 : A
- 수익자 : B
- 총불입보험료 : 2,500만원
- 보험금 : 2억원
- B가 납부한 보험료 : 500만원

① 2,000만원 ② 4,000만원
③ 8,000만원 ④ 1.6억원
⑤ 2억원

해설
수익자와 계약자가 다른 경우 보험금 상당액을 보험금 수령인의 증여재산가액으로 한다. 이 경우 보험료 중 일부를 보험금 수령인이 납부하였을 경우에는 다음 산식에 의한 금액을 증여재산가액으로 한다.

- 증여재산가액 = 보험금 × $\dfrac{\text{보험금 수령인 외의 자가 납부한 보험료}}{\text{총불입보험료}}$ = 2억원 × $\dfrac{2,000만원}{2,500만원}$ = 1.6억원

정답 ④

• Key Point • 수익자가 장애인인 보험금

32. 장애인 또는 상이자를 수익자로 하는 장애인 전용 보험금에 대한 증여세 비과세 한도로 적절한 것은?

① 연간 1천만원 ② 연간 2천만원
③ 연간 3천만원 ④ 연간 4천만원
⑤ 연간 5천만원

해설
장애인 또는 상이자를 수익자로 하는 장애인 전용 보험금에 대하여 연간 4천만원 한도로 증여세를 비과세한다.

정답 ④

• Key Point • 상품구매 프로세스

33. 보험상품 구매 프로세스 4단계가 순서대로 나열된 것은?

① 불만족 → 욕구 → 결정 → 구매
② 불만족 → 욕구 → 구매 → 결정
③ 불만족 → 결정 → 구매 → 욕구
④ 욕구 → 불만족 → 결정 → 구매
⑤ 욕구 → 불만족 → 구매 → 결정

해설
일반적으로 상품구매는 크게 불만족 → 욕구 → 결정 → 구매의 4가지 단계로 이루어진다.

정답 ①

Key Point 고객의 4가지 조건

34 보험상담 프로세스 1단계 고객 발굴 시 고객으로 분류되기 위한 조건으로 적절하지 않은 것은?

① 접근이 가능한 사람
② 보험에 니즈가 있는 사람
③ 보험료 납입 능력이 있는 사람
④ 가입자격을 갖춘 사람
⑤ 사회적 지위를 갖춘 사람

해설
고객으로 분류되기 위해서는 접근이 가능한 사람, 보험에 니즈가 있는 사람, 보험료 납입 능력이 있는 사람, 가입자격을 갖춘 사람의 4가지 조건을 충족해야 한다.

정답 ⑤

Key Point 질문에 의한 정보수집

35 질문에 의한 정보수집 방법 중 다음에서 설명하고 있는 방법으로 적절한 것은?

> 대화의 주요내용을 간략하게 요약 설명하는 것으로서, 주요내용이 복잡하고 길게 이어지는 것을 새로운 정보와 접목시키기 위해 활용된다.

① 개방형 질문
② 대화의 일시적 멈춤
③ 현상파악 질문
④ 투사화법
⑤ 요점화법

해설
요점화법은 대화의 주요내용을 간략하게 요약 설명하는 것으로서, 주요내용이 복잡하고 길게 이어지는 것을 새로운 정보와 접목시키기 위해 활용된다.

정답 ⑤

• Key Point • 프리젠테이션 3단계

36 프리젠테이션 3단계가 순서대로 나열된 것은?

> 가. 문제점을 고객 개인에게 적용시킨다.
> 나. 효과적인 해결책으로써 상품을 제시한다.
> 다. 대부분의 사람이 직면하고 있는 문제점을 지적한다.

① 가-나-다   ② 가-다-나
③ 나-가-다   ④ 나-다-가
⑤ 다-가-나

해설
1단계 : 대부분의 사람이 직면하고 있는 문제점을 지적한다.
2단계 : 문제점을 고객 개인에게 적용시킨다.
3단계 : 효과적인 해결책으로써 상품을 제시한다.

정답 ⑤

• Key Point • 효과적인 프리젠테이션을 위한 요소

37 효과적인 프리젠테이션을 위한 요소에 해당하지 않는 것은?

① 논리를 이용하되, 감정에 호소한다.
② 가입해야 하는 모든 이유를 열거한다.
③ 이야기의 흐름을 지킨다.
④ 즉시 행동이 필요한 문제점을 지적한다.
⑤ 여담을 많이 한다.

해설
⑤ 이야기에 일관성이 없고 여담이 많으면 혼란스러워지고 상담자 역시 강조해야 할 부분을 강조하지 못한 채 끝나게 되므로, 충분한 준비를 하되, 특히 정해둔 프리젠테이션 순서에서 벗어나지 않도록 진행한다.

정답 ⑤

• Key Point • 특정시장의 개념

38 특정시장에 대한 설명으로 적절하지 않은 것은?

① 동일한 일과 성향을 갖고 있는 경우 소비생활 및 삶의 패턴이 비슷한 경향을 보이게 된다.
② 구성원 간 군중심리, 모방심리, 경쟁심리가 있어 판매활동이 상대적으로 용이하다.
③ 다양한 관계를 기반으로 한 시장확대가 가능하다.
④ 보험가입 성향도 비슷하기 때문에 동일 자료를 활용할 수 있어 준비시간을 단축할 수 있다.
⑤ 동일한 계약체결 기법을 활용하여 성공확률이 낮아지게 된다.

해설
⑤ 동일한 계약체결 기법을 활용하여 성공확률도 높아지게 된다.

정답 ⑤

Chapter 01 출제예상 문제

중요도에 따라 Self 맞춤형 학습이 가능한 출제예상 문제입니다. 각자의 목표점수에 맞게 문제를 선별하여 풀어보세요!

▶ 중요도 : ★★★ 상 ★★ 중 ★ 하

01 ★
보험이 필요한 예로서 가장 적절하지 않은 것은?
① 개인 및 가족의 재정적 안전
② 질병이나 상해로 인한 주소득자의 소득 중단
③ 주택의 화재
④ 사업체의 배상책임사고
⑤ 배우자의 대학 교육비

02 ★
사람의 생애에 대해 출생·성장·결혼·육아·노후의 단계적 변화를 뜻하는 용어로 적절한 것은?
① 인생설계
② 위험설계
③ 라이프 사이클
④ 위험관리
⑤ 생애설계

정답 및 해설

01 자녀들의 대학 교육비나 은퇴 후 생활자금에 대한 대비가 필요하다.
02 사람의 생애는 출생·성장·결혼·육아·노후의 단계를 거치게 되어 있는데, 이러한 단계적 변화를 라이프 사이클(life cycle, 인생주기)이라고 한다.

정답 01 ⑤ 02 ③

03 ⭐⭐⭐

위험과 보험의 가치에 대한 설명으로 가장 부적절한 것은?

① 불확실한 미래를 살아가는 현대인에게 보험은 비상시를 대비한 합리적 경제준비로서 의미를 지닌다.
② 영업손실 등의 간접손해는 불확정적 사건으로 인적위험에 해당한다.
③ 위험확인 방법에는 질문표, 체크리스트, 플로우차트, 현장검사 등이 있다.
④ 심각한 위험은 그렇지 않은 위험에 비해 우선적으로 대비해야 한다.
⑤ 개인을 파산으로 이끌 수 있는 잠재적 손실의 노출은 치명적 위험으로 구분한다.

04 ⭐⭐⭐

위험관리에 대한 설명으로 적절하지 않은 것은?

① 손해빈도통제를 위해서는 건물에 화재경보기, 자동소화기 등을 설치하는 것이 적절하다.
② 일상적인 소규모 손해를 복구하기 위한 자금으로는 경상비를 활용하는 것이 적절하다.
③ 빈도와 강도가 모두 높은 위험에 대해서는 위험 그 자체를 회피하는 위험회피기법이 가장 바람직하다.
④ 빈도는 낮으나 강도가 높은 위험의 경우 효과성 및 효율성 측면 모두에서 보험이 가장 바람직하다.
⑤ 빈도와 강도가 모두 낮은 위험은 특별한 위험통제기법이나 손해통제기법이 필요 없어 위험보유가 적합하다.

🔍 정답 및 해설

03 ② 임시 거주비용, 영업손실 등의 간접손해는 불확정적 사건으로 재산위험에 해당한다.

04 ① 건물에 화재경보기, 자동소화기 등을 설치하는 것 등 사고가 발생했을 때를 대비하여 피해규모를 줄이려는 노력은 손해강도통제이다. 손해빈도통제는 사고가 발생하기 전에 사고의 원인을 개선하여 발생빈도를 줄이는 것이다.

정답 03 ② 04 ①

05 ✪✪✪

다음에서 설명하고 있는 보험의 기본원칙으로 적절한 것은?

> - 개별 보험계약자 입장에서 자신의 위험에 상응하는 보험료를 납부하여야 한다.
> - 연령이나 병력 등 개별 계약자의 위험을 측정한 후 개별 위험에 상응하는 보험료가 산출되어야 한다.

① 수지상등의 원칙
② 급부반대급부 균등의 원칙
③ 대수의 법칙
④ 실손보상의 원칙
⑤ 단체위험 대응의 법칙

06 ✪✪✪

보험의 기본원칙에 대한 설명으로 적절하지 않은 것은?

① 보험료 구성에서 수지상등의 원칙은 순보험료 총액과 지급보험금 총액이 같아야 하는 것을 말한다.
② 개별 보험계약자 입장에서는 자신의 위험에 상응하는 보험료를 납부하여야 한다는 것이 급부반대급부 균등의 원칙이다.
③ 연령이나 병력 등 개별 계약자의 위험을 측정한 후 개별 위험에 상응하는 보험료가 산출되어야 한다.
④ 우리나라 보험에서는 표준위험률을 사용할 수 없다.
⑤ 피보험자는 그가 입은 손해만큼 보상을 받는 것이 합리적이다.

정답 및 해설

05	급부반대급부 균등의 원칙에 대한 설명이다.
06	우리나라 생명보험회사는 경험생명표를 표준위험률로 사용하고 있다.

정답 05 ② 06 ④

07 ♛♛♛

보험료의 구성원리에 대한 설명으로 적절하지 않은 것은?

① 예정위험률이 높아지면 사망보험료는 높아지게 된다.
② 예정이율이 낮아지면 보험료는 낮아지게 된다.
③ 예정사업비율이 낮아지면 보험료는 낮아지게 된다.
④ 저축보험료는 순보험료에 해당하는 보험료이다.
⑤ 부가보험료는 예정사업비율을 기초로 계산된 보험료이다.

08 ♛♛♛

인보험에서는 생명이나 신체에 관하여 보험에 부쳐진 대상을 말하지만, 손해보험에서는 피보험이익의 주체로서 보험금 청구권자를 지칭하는 보험계약관계자로 적절한 것은?

① 보험자
② 보험회사
③ 보험계약자
④ 피보험자
⑤ 보험수익자

정답 및 해설

07	② 예정이율이 낮아지면 보험료는 높아지게 된다.
08	피보험자는 인보험에서는 생명이나 신체에 관하여 보험에 부쳐진 대상을 말하지만, 손해보험에서는 피보험이익의 주체로서 보험금 청구권자를 지칭한다.

정답 07 ② 08 ④

09 ✪✪✪

보험계약의 요소에 대한 설명으로 적절하지 않은 것은?

① 보험계약자는 자연인만 가능하다.
② 손해보험에서 피보험자는 피보험이익의 주체로서 보험금 청구권자를 지칭한다.
③ 보험수익자는 보험사고 발생 시 보험금청구권을 갖는 자를 말한다.
④ 피보험이익은 보험계약의 목적이라고도 한다.
⑤ 보험가액이란 피보험이익의 평가액으로서 손해보상에 있어서는 법률상 최고한도가 된다.

10 ✪✪✪

보험계약의 요소 중 위험을 측정하여 보험료를 산출하는 기초가 되는 단위기간을 뜻하는 기본 용어로 적절한 것은?

① 보험기간
② 책임기간
③ 위험기간
④ 보험계약기간
⑤ 보험료기간

정답 및 해설

09 ① 보험계약자는 보험자와 보험계약을 체결하는 상대방 당사자로서, 보험계약자의 자격에는 제한이 없고 자연인이든 법인이든 무관하며, 대리인을 시켜 계약을 체결할 수도 있다.
10 위험을 측정하여 보험료를 산출하는 기초가 되는 단위기간을 보험료기간이라 한다.

정답 09 ① 10 ⑤

11

보험계약의 주요 특성에 해당하지 않는 것은?

① 요식 낙성계약
② 유상계약
③ 쌍무계약
④ 사행계약
⑤ 부합계약

12

보험약관의 해석원칙으로 모두 묶인 것은?

① 수지상등의 원칙, 대수의 법칙, 실손보상의 원칙
② 수지상등의 원칙, 급부반대급부 균등의 원칙, 보험료불가분의 원칙
③ 급부반대급부 균등의 원칙, 보험료불가분의 원칙, 작성자 불이익의 원칙
④ 보험료불가분의 원칙, 신의성실의 원칙, 작성자 불이익의 원칙
⑤ 신의성실의 원칙, 계약당사자 의사우선의 원칙, 작성자 불이익의 원칙

정답 및 해설

| 11 | ① 불요식 낙성계약 |
| 12 | 보험약관의 해석원칙으로는 신의성실의 원칙, 계약당사자 의사우선의 원칙, 작성자 불이익의 원칙이 있다. |

정답 11 ① 12 ⑤

13

고지의무에 대한 적절한 설명으로 모두 묶인 것은?

> 가. 고지의무는 계약 성립 시까지 하여야 한다.
> 나. 고지 방법은 반드시 서면이어야 한다.
> 다. 전문적 지식을 가진 보험자가 서면으로 질문한 사항은 중요한 사항으로 추정한다.
> 라. 보험계약자의 고의, 중과실에 의한 고지의무 위반이 있는 경우 보험자는 계약을 해지할 수 있다.
> 마. 보험자가 고지의무 위반 사실을 안 날로부터 1월이 경과하면 계약을 해지할 수 있다.

① 가, 나, 라   ② 가, 다, 라
③ 가, 다, 마   ④ 나, 다, 마
⑤ 나, 라, 마

14

보험약관상 장해보험금에 대한 다음 설명 중 ( ) 안에 들어갈 내용으로 가장 적절한 것은?

> 장해지급률이 재해일부터 ( ) 이내에 확정되지 않은 경우에는 재해일로부터 ( )이 되는 날의 의사진단에 기초하여 고정될 것으로 인정되는 상태를 장해지급률로 결정한다.

① 30일   ② 90일
③ 120일 ④ 180일
⑤ 365일

정답 및 해설

13
나. 고지 방법은 서면이든 구두이든 상관이 없다.
마. 보험자가 고지의무 위반 사실을 안 날로부터 1월, 계약을 체결한 날로부터 3년이 경과하면 계약을 해지할 수 없다.

14 장해지급률이 재해일부터 180일 이내에 확정되지 않은 경우에는 재해일로부터 180일이 되는 날의 의사진단에 기초하여 고정될 것으로 인정되는 상태를 장해지급률로 결정한다.

정답 13 ② 14 ④

15 ✪✪

다음의 사례에서 보험회사가 지급하는 보험금으로 가장 적절한 것은?

> 생활고에 시달리던 A씨는 장해보험금을 수령하기 위해 고의로 자신의 눈에 상처를 입혀 한쪽 눈이 실명되어 장해지급률 50%가 결정되었으나 보험회사가 A의 고의성을 밝혀냈다. 보험계약의 피보험자와 수익자는 A이며, 계약자는 B이다.

① A에게 장해보험금을 지급한다.
② B에게 이미 납입한 보험료를 반환한다.
③ B에게 해약환급금을 지급한다.
④ B에게 이미 납입한 보험료를 반환하지 않는다.
⑤ A에게 책임준비금을 지급한다.

16 ✪✪✪

보험금 청구권, 보험료 또는 환급금 반환청구권의 소멸시효로 적절한 것은?

① 2년 ② 3년
③ 5년 ④ 7년
⑤ 10년

정답 및 해설

15	피보험자가 고의로 자신을 해친 경우 계약자에게 이미 납입한 보험료를 반환한다.
16	보험금 청구권, 보험료 또는 환급금 반환청구권은 3년간 행사하지 않으면 소멸된다.

정답 15 ② 16 ②

17

생명보험 상품의 보장을 추가·확대하기 위한 특약의 종류로 적절하지 않은 것은?

① 암보장특약
② 휴일재해보장특약
③ 입원특약
④ 정기특약
⑤ 선지급서비스특약

18

최초 가입 시 정한 이율로 만기까지 이자를 적립하는 보험으로 적절한 것은?

① 일반계정보험
② 확정금리형보험
③ 금리연동형보험
④ 실적배당형보험
⑤ 자산연계형보험

정답 및 해설

17	<특약의 종류>	

구분	내용
보장을 추가·확대하기 위한 특약	• 암보장특약, 성인병특약 등 질병 관련 특약 • 재해사망특약, 휴일재해보장특약 등 재해 관련 특약 • 기타 입원특약, 수술특약, 정기특약 등
가입자의 편의를 위한 제도성 특약	• 우량체 할인특약 • 선지급서비스특약 • 연금전환특약

18 확정금리형보험은 최초 가입 시 정한 이율로 만기까지 이자를 적립하는 보험이다.

정답 17 ⑤   18 ②

19

단생보험과 연생보험에 대한 설명으로 적절하지 않은 것은?

① 피보험자 수에 따른 분류이다.
② 단생보험은 특정한 1인을 피보험자로 하는 보험이다.
③ 연생보험은 2인 이상을 보험계약자로 하는 보험이다.
④ 피보험자 중 주된 보장의 대상이 되는 피보험자를 주피보험자라 한다.
⑤ 주피보험자에 종속되어 보장을 받는 피보험자를 종피보험자라고 한다.

20

다음에서 설명하는 보험상품의 분류가 적절하지 않은 것은?

- 고객 A씨는 보험기간이 80세인 암보험에 가입하였다.
- 예정이율로 부리가 되며, 만기가 되면 그동안 납입했던 보험료를 돌려받는 조항이 있다.

① 개인보험　　　　　　　　② 저축성보험
③ 단생보험　　　　　　　　④ 제3보험
⑤ 질병보험

정답 및 해설

19	③ 연생보험은 2인 이상을 피보험자로 하는 보험이다.
20	생존 시 지급되는 보험금의 합계액이 이미 납입한 보험료를 초과하지 않는 보험이므로 저축성보험이 아니라 보장성보험이다.

정답 19 ③　20 ②

21 ✪✪✪

고객 A씨는 자신의 생존기간 동안 적립금의 이자만 수령하다가 자신이 사망하면 유가족에게 사망보험금이 지급되는 상품을 가입하고자 한다. 이 경우 추천할 수 있는 연금보험으로 적절한 것은?

① 종신연금형
② 확정연금형
③ 상속연금형
④ 혼합연금형
⑤ 자유연금형

22 ✪✪✪

유니버설보험의 장점에 대한 설명으로 가장 적절하지 않은 것은?

① 인플레이션에 대응할 수 있게 되므로 보험금의 미래가치를 높일 수 있다.
② 보험계약자가 마음대로 보험금액을 증액하거나 감액할 수 있다.
③ 보험료를 자유롭게 추가로 내거나 줄여서 낼 수 있다.
④ 적립금액을 중도인출할 수 있으며, 부분 해지가 가능하다.
⑤ 투자실적에 따라 보험금과 해약환급금이 변동된다.

정답 및 해설

21	생존기간에 적립금의 이자만 지급하는 것은 상속연금형이다.
22	⑤ 변액보험의 특징이다.

정답 21 ③ 22 ⑤

23~24 다음 물음에 답하시오.

최근 자녀를 출산한 A씨는 자녀의 대학교육자금 용도로 변액유니버설보험에 가입하였다. A씨가 보험계약을 체결한 날은 20××년 11월 3일이지만 보험가입과 관련한 진단과 서류보완 등의 이유로 보험계약의 승낙은 청약철회기간이 지난 20××년 12월 8일에 이루어졌다.

23 ✪✪✪
A씨가 납입한 보험료의 특별계정 이체사유 발생일로 적절한 것은?

① 20××년 11월 3일
② 20××년 11월 4일
③ 20××년 12월 3일
④ 20××년 12월 8일
⑤ 20××년 12월 9일

24 ✪✪✪
A씨가 가입한 보험상품에 대한 설명으로 적절하지 않은 것은?

① 보험금은 투자실적에 따라 변동된다.
② 예금자보호법 적용대상이다.
③ 투자위험은 보험계약자가 부담한다.
④ 자산운용은 특별계정에서 운용된다.
⑤ 적용이율은 실적배당률이다.

정답 및 해설

23	제1회 보험료의 경우 청약철회기간 내에 승낙된 경우에는 청약철회기간이 종료한 날의 다음날로, 청약철회기간이 지난 후 승낙된 경우에는 승낙일로 한다.
24	② 최저사망보험금, 최저연금적립금 등 최저보증만 적용된다.

정답 23 ④ 24 ②

25 🎖🎖🎖

상해보험의 주요 내용에 대한 설명으로 부적절한 것은?

① 일반적으로 상해보험의 종류는 만기환급금의 유무에 따라 순수보장형과 만기환급형으로 구분된다.
② 각종 특약의 부가로 수술·입원·생활비보장 등 추가보장이 가능하다.
③ 주보험에 일반사망을 부가할 수 있다.
④ 보장하지 않는 보험사고로 명시되지 않은 한 재해로 인정하는 포괄주의 방식을 적용하고 있다.
⑤ 보험기간은 일반적으로 1년 이상이며, 일부 위험직을 제외하면 고령자도 가입이 가능하다.

26 🎖🎖

질병보험에 대한 설명으로 가장 거리가 먼 것은?

① 질병의 진단·수술·입원·요양으로 인한 필요자금을 보장해 준다.
② 생명보험과 같이 일반사망 급부가 있다.
③ 보험기간은 대부분 10년 이상이다.
④ 일반적으로 나이가 들수록 보험료는 올라가며, 고연령 및 건강상태에 따라 가입이 제한될 수 있다.
⑤ 특정 질병만을 보장하는 상품은 보험료가 저렴하다.

정답 및 해설

| 25 | ③ 주보험에 일반사망을 부가할 수 없고, 특약을 통해서만 질병사망을 보장할 수 있다. |
| 26 | ② 생명보험과 달리 일반사망 급부가 없음에 따라 저렴한 보험료로 각종 질병에 대한 보장이 가능하다. |

정답 25 ③ 26 ②

27

제3보험에 대한 설명으로 적절하지 않은 것은?

① 보험업법상 독립된 하나의 보험업으로서의 지위를 갖는다.
② 우연성, 외래성, 급격성은 상해보험에서 상해사고로 인정받기 위한 요건이다.
③ 실손의료보험은 통원의료비에 대해서만 자기부담금제도가 적용된다.
④ 암보험은 일반적으로 보험계약일로부터 90일이 지난날의 다음날부터 보장을 받을 수 있는 면책기간이 설정되어 있다.
⑤ 간병보험은 신체적 장애뿐만 아니라 정신적 장애로 인한 활동장애도 보장한다.

28

주택화재보험 가입대상 물건 중 주택으로만 쓰이는 건물에 해당하는 것은?

① 연립주택
② 콘도미니엄
③ 오피스텔
④ 기숙사 건물
⑤ 공장 내 기숙사

정답 및 해설

27	③ 실손의료보험은 입원의료비와 통원의료비 모두에 자기부담금제도가 적용된다.
28	주택으로만 쓰이는 건물은 단독주택, 연립주택, 아파트 등이다.

정답 27 ③ 28 ①

29 ✪✪✪

주택화재보험에서 보상하는 재산손해에 해당하지 않는 것은?

① 화재에 의한 직접손해
② 벼락으로 인한 충격손해 또는 전기 기기로부터의 파급손해
③ 폭발 또는 파열에 따른 직접손해
④ 소방손해
⑤ 피난 중에 발생한 도난 또는 분실 손해

30 ✪✪✪

다음 사례의 경우 주택화재로 인한 지급보험금으로 적절한 것은?

• 보험가입금액 : 1억원	• 보험가액 : 2억원
• 손해액 : 2억원	

① 1억원
② 1.25억원
③ 1.4억원
④ 2억원
⑤ 4억원

정답 및 해설

29 ⑤ 소방손해 또는 피난손해는 보상하는 재산손해에 해당하나, 피난 중에 발생한 도난 또는 분실 손해는 보상하지 않는다.

30 주택물건 및 일반물건의 보험가입금액이 80% 해당액보다 작을 때

- 지급보험금 = 2억원 × [$\dfrac{1억원}{2억원 \times 80\%}$] = 1.25억원(단, 보험가입금액 1억원 한도)

산식으로 계산된 지급보험금액이 1.25억원이나, 보험가입금액이 1억원이므로 지급보험금의 한도는 보험가입금액인 1억원이다. 따라서 지급보험금은 1억원이다.

정답 29 ⑤ 30 ①

31 ❂❂

보험가액이 1억원, 보험가입금액이 5천만원으로 주택화재보험 계약 후 손해액이 1천만원, 잔존물 제거비용이 400만원 발생할 시 주택화재보험에서 지급되는 보험금으로 적절한 것은?

① 625만원
② 650만원
③ 725만원
④ 850만원
⑤ 1,000만원

정답 및 해설

31
- 재산보험금 : $1천만원 \times \dfrac{5천만원}{1억원 \times 80\%} = 625만원$
- 잔존물제거비용 보험금 : $400만원 \times \dfrac{5천만원}{1억원 \times 80\%} = 250만원$. 그러나 손해액(1,000만원)의 10%인 100만원을 한도로 하므로 잔존물제거비용 보험금은 100만원이다.
- 보험금 합계 : 625 + 100 = 725만원
  보험금은 725만원이고 이는 보험가입금액 5천만원 이내이므로 보험금 725만원을 전액 지급한다.

정답 31 ③

32~33 다음 물음에 답하시오.

> 자산관리사인 A가 고객 B와 화재보험가입과 관련하여 상담을 진행 중이다.
> - B의 영위업종 : 제조업
> - 가입대상물건 : 본인 소유의 공장 및 기계설비, 공장 내 기숙사

32 ⭐⭐

자산관리사 A가 보험가입과 관련하여 고객 B에게 설명한 내용으로 적절하지 않은 것은?

① 공장 내 기숙사도 공장물건에 해당합니다.
② 공장의 간판은 보험증권에 기재하지 않아도 자동담보되는 물건입니다.
③ 폭발에 따른 직접손해는 보상하지 않습니다.
④ 건물을 계속하여 30일 이상 비워두거나 휴업할 때에는 보험회사에 알려야 합니다.
⑤ 건물구조를 변경·개축·증축하거나 계속하여 20일 이상 수선할 때에는 보험회사에 알려야 합니다.

33 ⭐

고객 B가 화재로 인한 공장 및 기계설비의 훼손으로 생산에 차질이 생겨 매출이 감소할 것을 우려하고 있다면 매출감소로 인한 손실보상을 목적으로 화재보험에 부가할 특별약관으로 적절한 것은?

① 구내폭발위험담보특약
② 기업휴지손해담보특약
③ 시설소유관리자 특별약관
④ 건설기계업자 특별약관
⑤ 물적손해확장담보 추가특별약관

✓ 정답 및 해설

32	⑤ 건물구조를 변경·개축·증축하거나 계속하여 15일 이상 수선할 때
33	기업휴지손해담보특약 : 재산손해에 기인한 휴업손해를 담보한다.

정답 32 ⑤ 33 ②

34

임의배상책임보험과 의무(강제)배상책임보험에 대한 설명으로 적절한 것은?

① 선주배상책임보험은 의무(강제)배상책임보험에 해당한다.
② 가스사고배상책임보험은 임의배상책임보험에 해당한다.
③ 생산물배상책임보험은 의무(강제)배상책임보험에 해당한다.
④ 임원배상책임보험은 의무(강제)배상책임보험에 해당한다.
⑤ 유도선사업자배상책임보험은 의무(강제)배상책임보험에 해당한다.

35

일반음식점을 운영하는 업주가 의무 가입해야 하는 보험으로, 화재로 인해 타인의 신체나 재물에 손해를 입혔을 때 보상해 주는 보험으로 적절한 것은?

① 생산물배상책임보험
② 가스사고배상책임보험
③ 영업배상책임보험
④ 시설소유관리자배상책임보험
⑤ 다중이용업소 화재배상책임보험

정답 및 해설

34	• 임의배상책임보험 : 선주배상책임보험, 생산물배상책임보험, 임원배상책임보험 등 • 의무(강제)배상책임보험 : 가스사고배상책임보험, 체육시설업자배상책임보험, 유도선사업자배상책임보험 등
35	휴게음식점, 일반음식점, 제과점, 게임제공업, PC방, 단란주점, 유흥주점, 영화상영관, 비디오물 감상실업, 실내스크린 골프연습장, 안마시술소, 노래연습장, 산후조리원, 고시원, 전화방, 수면방, 학원 등 다중이용업소 업주는 화재배상책임보험에 의무적으로 가입해야 하며, 가입하지 않은 경우 최대 300만원의 과태료가 부과된다.

정답 34 ⑤ 35 ⑤

36

장기손해보험에 대한 다음 설명 중 ( )에 들어갈 내용으로 적절한 것은?

> 장기손해보험은 1회의 사고로 지급되는 보험금이 보험가입금액의 ( )% 미만이면 몇 번의 사고가 발생하더라도 보험가입금액이 감액되지 않고 보험계약도 그대로 존속된다.

① 50 ② 60 ③ 70 ④ 80 ⑤ 90

37

장기손해보험 해지계약의 부활(효력회복)에 대한 다음 설명 중 (가)~(나)에 들어갈 내용으로 가장 적절한 것은?

> 해지계약의 부활(효력회복) : 보험계약이 보험료납입 지연 등의 사유로 해지된 경우, 보험계약자는 2016년 3월 31일 이전 계약의 경우는 해지 (가) 이내에, 2016년 4월 1일 이후 계약의 경우 (나) 이내에 그 기간에 대한 연체보험료와 약관에서 정한 이자를 납입하고 계약의 부활(효력회복)을 청구할 수 있다.

	가	나
①	2년	3년
②	3년	2년
③	2년	5년
④	5년	2년
⑤	3년	5년

정답 및 해설

36 일반손해보험은 보험사고가 발생하면 보험가입금액에서 지급보험금을 차감한 잔존금액에 한해 보장되나, 장기손해보험은 1회의 사고로 지급되는 보험금이 보험가입금액의 80% 미만이면 몇 번의 사고가 발생하더라도 보험가입금액이 감액되지 않고 보험계약도 그대로 존속된다.

37 해지계약의 부활(효력회복) : 보험계약이 보험료납입 지연 등의 사유로 해지된 경우, 보험계약자는 2016년 3월 31일 이전 계약의 경우는 해지 2년 이내에, 2016년 4월 1일 이후 계약의 경우 3년 이내에 그 기간에 대한 연체보험료와 약관에서 정한 이자를 납입하고 계약의 부활(효력회복)을 청구할 수 있다.

정답 36 ④ 37 ①

38

의무보험(대인Ⅰ, 대물)과 자동차보험을 처음으로 가입한 자동차의 보험기간으로 적절한 것은?

① 보험자의 책임은 첫날 16시에 시작하여, 마지막 날 16시에 끝난다.
② 보험자의 책임은 첫날 16시에 시작하여, 마지막 날 24시에 끝난다.
③ 보험자의 책임은 첫날 24시에 시작하여, 마지막 날 16시에 끝난다.
④ 보험자의 책임은 첫날 24시에 시작하여, 마지막 날 24시에 끝난다.
⑤ 보험자의 책임은 첫날 보험료 영수 시부터 마지막 날 24시에 종료한다.

39

다음 중 자동차보험에 대한 설명으로 가장 올바르지 않은 것은?

① 대물보상의 의무가입금액은 2,000만원이다.
② 일반 병실이 없어 부득이하게 상급병실에 입원할 경우 병원급 이상에서만 병실료가 전액 지급된다.
③ 대인배상Ⅰ 한도까지는 치료비가 전액 지급되며, 초과분은 과실비율만큼 본인이 부담한다.
④ 경상환자는 원칙적으로 6주까지만 치료를 받을 수 있다.
⑤ 가족운전자 한정특약 시 가족은 기명피보험자의 부모, 양부모, 배우자, 자녀, 며느리, 사위, 기명피보험자의 배우자의 부모 및 양부모이며, 형제·자매는 가족의 범위에서 배제된다.

정답 및 해설

38	자동차보험의 보험자의 책임은 첫날 24시에 시작하여, 마지막 날 24시에 끝나나, 의무보험(대인Ⅰ, 대물)과 보험을 처음으로 가입한 자동차는 첫날 보험료 영수 시부터 마지막 날 24시에 종료한다.
39	경상환자는 4주까지만 치료받을 수 있으며, 4주를 초과하여 치료를 받기 위해서는 보험회사에 의료기관의 진단서를 반드시 제출해야 한다.

정답 38 ⑤ 39 ④

40 ✪✪✪
국민건강보험제도의 특성으로 적절하지 않은 것은?

① 강제성
② 보험료 차등부과
③ 민간보험
④ 보험급여의 균등한 수혜
⑤ 보험료 납부의 강제성

41 ✪✪✪
노인장기요양보험에서 장기요양인정의 신청조건에 해당하는 나이로 적절한 것은?

① 50세
② 55세
③ 60세
④ 65세
⑤ 70세

정답 및 해설

40	③ 사회보험
41	65세 이상의 노인 또는 65세 미만으로서 치매, 뇌혈관질환 등 대통령령으로 정한 노인성 질병을 가진 자가 신청 대상이다.

정답 40 ③ 41 ④

42 ✪✪
노인장기요양보험에서 제공하는 재가급여에 해당하지 않는 것은?

① 방문요양 ② 방문목욕
③ 방문간호 ④ 주·야간 보호
⑤ 장기보호

43 ✪✪
산업재해보상보험에서 지급하는 보험급여에 해당하지 않는 것은?

① 재가급여 ② 요양급여
③ 휴업급여 ④ 간병급여
⑤ 장해급여

정답 및 해설

| 42 | ⑤ 단기보호 |
| 43 | ① 노인장기요양보험 급여의 종류에 해당한다. |

정답 42 ⑤ 43 ①

44 ✪✪✪

산업재해보상 보험급여에 대한 설명으로 적절하지 않은 것은?

① 업무상 부상 또는 질병이 3일 이내의 요양으로 치유될 수 있으면 요양급여를 지급하지 않는다.
② 국민건강보험 기준에 의한 비급여 대상은 공단이 부담하지 않는 치료비인 비급여 항목으로 산재환자 본인이 부담한다.
③ 휴업급여 1일당 지급액은 평균임금의 50%에 상당하는 금액으로 한다.
④ 장해등급 제1급부터 제3급까지는 장해보상연금으로만 지급한다.
⑤ 유족급여를 받을 권리의 순위는 배우자, 자녀, 부모, 손자녀, 조부모 및 형제자매의 순으로 한다.

45 ✪✪✪

만기보험금 보험차익에 대한 과세 내용 중 ( )에 공통적으로 들어갈 내용으로 적절한 것은?

> 만기 ( ) 이상인 저축성보험은 이자소득세를 비과세한다. 이 경우 ( ) 이내에 원금의 일부를 중도인출하더라도 원 계약이 ( ) 이상 유지되면 이자소득세는 비과세된다.

① 1년
② 3년
③ 5년
④ 7년
⑤ 10년

정답 및 해설

44	③ 휴업급여 1일당 지급액은 평균임금의 70%에 상당하는 금액으로 한다.
45	만기 10년 이상인 저축성보험은 이자소득세를 비과세한다. 이 경우 10년 이내에 원금의 일부를 중도인출하더라도 원 계약이 10년 이상 유지되면 이자소득세는 비과세된다.

정답 44 ③ 45 ⑤

46 ✪✪✪
과세 제외되는 종신형 연금보험의 조건으로 적절하지 않은 것은?

① 사망 시 계약·연금재원이 소멸할 것
② 보증기간이 10년 이상일 것
③ 55세 이후 사망 시까지 연금형태로 지급받을 것
④ 연금 외의 형태로 보험금·수익 등을 지급하지 않을 것
⑤ 사망 시까지 중도해지 불가

47 ✪✪✪
과세 제외되는 장기 저축성보험의 요건으로 적절하지 않은 것은? (가입일 : 2013년 5월, 이외 가입한 보험은 없음)

① 계약자 1인당 납입보험료 합계액이 2억원 이하이고 계약기간이 10년 이상인 저축성보험
② 납입기간이 5년 이상인 월 납입식 계약으로 계약기간이 10년 이상인 저축성보험
③ 50세 이후 사망 시까지 연금형태로 지급받지 않는 종신형 연금보험
④ 연금 외의 형태로 보험금·수익 등을 지급하지 않는 종신형 연금보험
⑤ 사망 시까지 중도해지가 불가한 종신형 연금보험

정답 및 해설

46	② 통계청장이 고시하는 기대여명 이내 보증기간이 설정된 경우에는 보증기간 종료 시까지 소멸
47	③ 55세 이후 사망 시까지 연금형태로 지급받는 종신형 연금보험

정답 46 ② 47 ③

48 ✦✦✦

다음의 보험계약에 대한 증여재산가액으로 적절한 것은?

- 납입기간 10년, 보험만기 10년인 저축성보험
- 계약자 : 아버지
- 수익자 : 아들
- 총불입보험료 : 1억원
- 만기보험금 : 1.3억원
- 보험료 납입 : 아버지가 5,000만원 납입 이후 아들이 5,000만원 납입

① 0원
② 5,000만원
③ 6,500만원
④ 1억원
⑤ 1.3억원

정답 및 해설

48 수익자와 계약자가 다른 경우 보험금 상당액을 보험금 수령인의 증여재산가액으로 한다. 이 경우 보험료 중 일부를 보험금 수령인이 납부하였을 경우에는 다음 산식에 의한 금액을 증여재산가액으로 한다.

- 증여재산가액 = 보험금 × $\dfrac{\text{보험금 수령인 외의 자가 납부한 보험료}}{\text{총불입보험료}}$ = 1.3억원 × $\dfrac{5{,}000\text{만원}}{1\text{억원}}$ = 6,500만원

정답 48 ③

49 ⭐⭐⭐

상속증여세제에 대한 설명으로 적절하지 않은 것은?

① 보험금수령인과 보험료납부자가 다른 경우 보험금 상당액을 보험금 수령인의 증여재산가액으로 한다.
② 보험금의 증여시기는 보험계약일이 아닌 보험사고 발생일에 증여한 것으로 본다.
③ 보험사고 발생일 현재 계약자와 수익자가 다르면 계약자가 수익자에게 보험금을 증여한 것으로 간주하여 증여세를 과세한다.
④ 다른 사람으로부터 자금을 차입하여 보험에 가입한 경우 발생한 보험차익은 증여로 보지 않는다.
⑤ 장애인 또는 상이자를 수익자로 하는 장애인 전용 보험금에 대하여 연간 4,000만원 한도로 증여세를 비과세한다.

정답 및 해설

49 | ④ 부모로부터 자금을 차입하여 보험에 가입한 경우 5년 이내에 보험사고가 발생하여 보험차익이 30% 이상 또는 3억원 이상 발생한 경우 보험차익을 증여로 보아 과세한다.

정답 49 ④

50

보험상담 프로세스가 순서대로 나열된 것은?

가. 가망고객 발굴	나. 프리젠테이션 & 클로징
다. 정보수집 및 분석	라. 고객접근
마. 증권전달 및 소개확보	

① 가-나-다-라-마
② 가-다-라-마-나
③ 가-라-다-나-마
④ 다-가-나-라-마
⑤ 라-나-가-마-다

51

보험상담을 위한 고객 발굴 시 고객으로 분류되기 위한 조건으로 적절하지 않은 것은?

① 접근이 가능한 사람
② 보험에 니즈가 있는 사람
③ 보험료 납입 능력이 있는 사람
④ 가입자격을 갖춘 사람
⑤ 보험금을 받을 자격이 있는 사람

정답 및 해설

50
- 상담 프로세스 1단계 : 가망고객 발굴
- 상담 프로세스 2단계 : 고객접근
- 상담 프로세스 3단계 : 정보수집 및 분석
- 상담 프로세스 4단계 : 프리젠테이션 & 클로징
- 상담 프로세스 5단계 : 증권전달 및 소개확보

51 고객으로 분류되기 위해서는 접근이 가능한 사람, 보험에 니즈가 있는 사람, 보험료 납입 능력이 있는 사람, 가입자격을 갖춘 사람의 4가지 조건을 충족해야 한다.

정답 50 ③ 51 ⑤

52 ⭐

단기 정기예금만 선호하는 고객에 대한 설명으로 적절하지 않은 것은?

① 불확실성을 기피한다.
② 예금상품에 치중하다 보니 과세위험에 노출되어 있다.
③ 인플레이션에 대한 방어책을 갖추지 못하고 있다.
④ 자산관리의 가장 큰 관심사는 수익률이다.
⑤ 금융기관별 예금 금리에 대한 정보가 밝으나 기간 분산에 대한 개념이 약하다.

53 ⭐⭐⭐

질문에 의한 정보수집 중 다음에서 설명하는 방법으로 적절한 것은?

> 주제에 대한 고객의 생각·느낌·견해 등을 확인하는 방법으로서, 상담 초기에 주로 사용할 수 있는 기법이다.

① 개방형 질문
② 대화의 일시적 멈춤
③ 현상파악 질문
④ 투사화법
⑤ 요점화법

정답 및 해설

52 ④ 자산관리의 가장 큰 관심사는 수익률이 아닌 안정성이다.
53 주제에 대한 고객의 생각을 묻는 개방형 질문을 통해 고객의 생각·느낌·견해 등을 확인하는 질문으로서, 상담 초기에 주로 사용할 수 있는 기법이다.

정답 52 ④ 53 ①

54 ✪✪✪

질문에 의한 정보수집 중 거울처럼 감정의 개입이 없이 느낀 그대로를 상대에게 표출하는 방법으로 적절한 것은?

① 개방형 질문
② 대화의 일시적 멈춤
③ 현상파악 질문
④ 투사화법
⑤ 요점화법

55 ✪✪

보험상담 프로세스 4단계 프리젠테이션 & 클로징 단계에서 효과적인 프리젠테이션을 위한 요소에 해당하지 않는 것은?

① 논리를 이용하되, 감정에 호소한다.
② 가입해야 하는 모든 이유를 열거한다.
③ 이야기의 흐름을 지킨다.
④ 즉시 행동이 필요한 문제점을 지적한다.
⑤ 거절의 의사를 존중한다.

정답 및 해설

54	투사화법은 거울처럼 감정의 개입이 없이 느낀 그대로를 상대에게 표출하는 것을 말한다. 이것은 의견에 대한 동의나 거절을 요구하는 것이 아니라, 상대가 느끼는 감정을 읽고 알아차렸다는 것을 확인하는 말이라 할 수 있다. 이를 통해 대화 중 느껴지는 당혹감, 혼란, 실망 등의 불편한 감정들을 드러내고 제거할 수 있다.
55	⑤ 거절처리 시 유의사항에 해당한다.

정답 54 ④ 55 ⑤

56 ✪✪

보험상담에 있어 특정시장 고객의 특징으로 적절하지 않은 것은?

① 자신의 분야에 대한 직업적 만족도가 높다.
② 자신의 전공분야 외에 다른 분야에 대해서는 잘 모르는 경우가 많다.
③ 접근하기가 쉽다.
④ 대부분 고학력의 엘리트로서 자부심이 강하다.
⑤ 동료 및 동창 의식이 강하다.

57 ✪✪

특정시장 고객관리 요령으로 적절하지 않은 것은?

① 이성보다는 감성에 호소하라.
② 고객의 성격을 우선 파악하라.
③ 고객의 니즈를 정확히 파악하고 기 계약에 대한 분석을 철저히 하라.
④ 단체의 일원이 되라.
⑤ 사후관리로 소개를 확보하라.

정답 및 해설

| 56 | ③ 접근하기가 어려운 반면, 신뢰를 쌓아 놓으면 협력자가 될 수 있다. |
| 57 | ① 현장계통 종사자의 특징이다. |

정답 56 ③ 57 ①

Chapter 01 자가학습진단표

	진단 내용	Yes	No
01	보험상담 프로세스를 알 수 있습니까?		
02	보험가입고객의 조건을 이해할 수 있습니까?		
03	보험계약의 특정시장 특성을 알 수 있습니까?		
04	위험의 특성에 따른 적합한 위험관리기법의 내용을 선택할 수 있습니까?		
05	저빈도/고강도 위험에 대한 바람직한 위험재무관리기법을 알 수 있습니까?		
06	보험의 기본원칙 4가지를 기술할 수 있습니까?		
07	수지상등의 원칙과 급부/반대급부 균등의 원칙 차이를 알 수 있습니까?		
08	보험료 계산의 기초가 되는 예정률 3가지를 알 수 있습니까?		
09	예정기초율 변화에 따른 보험료의 변화방향을 알 수 있습니까?		
10	보험료의 구성내용을 알 수 있습니까?		
11	보험계약법의 상대적강행법성의 내용을 알 수 있습니까?		
12	보험계약관계자 각각의 요건을 이해할 수 있습니까?		
13	보험기간/보험료기간/보험료기간의 개념을 구분할 수 있습니까?		
14	보험계약의 주요특성 중 부합계약의 특성을 알 수 있습니까?		
15	보험약관 해석의 원칙 3가지를 알 수 있습니까?		
16	고지의무 위반의 효과에 대한 내용을 정리할 수 있습니까?		
17	보험계약의 부활요건을 알 수 있습니까?		
18	약관교부 및 설명의무 위반 시 취소권 행사기간을 알 수 있습니까?		
19	보험나이 계산기준을 이해할 수 있습니까?		
20	보험료 납입연체 시 납입최고와 계약의 해지 내용에 대해 이해할 수 있습니까?		
21	사망보험금 지급사유를 정리할 수 있습니까?		
22	수익자가 피보험자를 사망케 하는 경우 지급되는 내용을 알 수 있습니까?		

자신의 학습성취도를 스스로 진단하세요.

	진단 내용	Yes	No
23	보험계약의 주계약과 특약의 특성을 알 수 있습니까?		
24	생존보험/사망보험/생사혼합보험의 특성을 비교할 수 있습니까?		
25	연금보험의 주요 내용을 알 수 있습니까?		
26	변액보험과 일반보험의 차이를 항목별로 정리할 수 있습니까?		
27	변액보험의 특별계정 운용내용을 알 수 있습니까?		
28	실손의료보험의 내용을 알 수 있습니까?		
29	간병보험의 내용을 이해할 수 있습니까?		
30	주택화재보험서 보상하는 손해와 보상하지 않는 손해를 구별할 수 있습니까?		
31	화재보험의 보험금 지급액 계산방법을 알 수 있습니까?		
32	의무 배상책임보험 유형을 3가지 정도 나열할 수 있습니까?		
33	손해보험의 기본원리를 정리할 수 있습니까?		
34	보험가액, 보험가입금액, 피보험이익의 개념을 구별할 수 있습니까?		
35	장기손해보험의 특징을 정리할 수 있습니까?		
36	「자동차손해배상보장법」의 특성을 설명할 수 있습니까?		
37	국민건강보험의 특성을 이해할 수 있습니까?		
38	노인장기요양보험의 재가급여를 알 수 있습니까?		
39	산재보험의 특성을 알 수 있습니까?		
40	보험과 관련한 세금내용을 알 수 있습니까?		

Yes 개수별 진단결과

- 16개 이하 : 합격예상도는 40% ➡ 기본서로 관련 내용을 다시 한번 꼼꼼하게 학습하세요.
- 17~31개 : 합격예상도는 60% ➡ 핵심 정리를 통해 주요 내용을 다시 한번 체크하세요.
- 32개 이상 : 합격예상도는 80% ➡ 문제를 통해 100% 합격에 도전하세요.

출제경향분석

제1장은 은퇴설계의 필요성, 우리나라 은퇴환경에 대한 이해, 고령화에 따른 문제점, 은퇴생활의 위험요소, 은퇴설계 시 고려사항, 연령대별 은퇴설계 포인트 등이 주요 주제입니다. 제2장은 국민연금과 특수직역연금 제도의 개요(연혁, 가입대상, 보험료, 연금급여 조건), 확정급여형/확정기여형/개인형 퇴직연금의 특성과 구분, 연금저축계좌의 세제적격요건, 주택연금 신청조건, 성년후견제도, 노인장기요양보험 제도 개요 등이 핵심 항목들입니다. 제3장은 실무적 측면으로 은퇴설계 프로세스 순서, 면담의 효과, 현금흐름표 작성 시 유의사항, 제안서 작성 시 유의 사항 등을 암기하는 것이 필요합니다.

제2장

은퇴설계

Chapter 02 문제로 보는 출제경향

01

은퇴생활 위험요소에 대한 설명으로 적절하지 않은 것은?

① 예상보다 더 오래 살게되는 위험요소를 장수 리스크라고 한다.
② 투자 수익률이 물가상승률을 따라가지 못할 경우 자산가치가 감소하는 인플레이션 리스크가 발생한다.
③ 노후에 건강이 악화되어 의료비 및 간병비 증가에 직면할 수 있다.
④ 기대수명은 현재 기대여명을 기준으로 은퇴설계를 하는 것이 바람직하다.
⑤ 의료비와 간병비에 대한 재무 목표를 세워 준비해 나가야 한다.

[해설] ④ 건강증진과 의료기술의 발전 등으로 기대수명이 꾸준히 증가하고 있지만 현재 생명표는 미래의 수명 증가를 충분히 반영하지 못하고 있기 때문에, 현재 기대수명을 기준으로 은퇴설계를 하면 향후 늘어난 수명만큼의 자금부족이 발생할 가능성이 크다. 따라서 통계청에서 발표하는 기대수명 및 기대여명에 5~6살을 더한 나이를 이용해 은퇴설계를 하는 것이 바람직할 것이다.

[정답] ④

02

FP가 고객에게 은퇴설계 서비스를 제공할 때 연령과 직업에 관계없이 선행적으로 검토해야 할 이슈로 적절하지 않은 것은?

① 일 중심의 가치관에서 가족 중심의 가치관으로, 자기 자신의 욕구와 존재 의미를 추구하는 삶에서 사회적 역할 중심의 삶으로의 전환을 검토해 봐야 한다.
② 재무와 비재무의 균형적인 은퇴설계를 해야 한다.
③ 배우자와 대화하며 부부 중심의 은퇴설계를 해야 한다.
④ 어느 정도 소득이 있다면 비영리단체나 협동조합 등 사회에 기여할 수 있는 일을 찾는 것이 중요하다.
⑤ 매월 정기적으로 소득이 들어오는 '평생 소득'을 확보해야 한다.

[해설] ① 일 중심의 가치관에서 가족 중심의 가치관으로, 사회적 역할 중심에서 자기 자신의 욕구와 존재 의미를 추구하는 삶으로의 전환을 검토해 봐야 한다.

[정답] ①

03

국민연금제도에 대한 설명으로 적절하지 않은 것은?

① 1988년 1월 1일에 근로자 10인 이상이 근무하는 사업장을 대상으로 도입되었다.
② 연금 수령 기간 중에는 연금액에 매년 물가변동률을 반영해 지급하기 때문에 실질 가치가 보전된다.
③ 자율연금제도이다.
④ 기준소득월액에 적용하는 연금보험료율은 현재 9%이며 지역가입자는 9% 전액을 본인이 부담한다.
⑤ 출생연도별 국민연금 수급 개시 연령이 다르다.

해설 ③ 만 18세 이상 만 60세 미만 국민 중 소득이 있는 사람은 의무적으로 가입해야 한다.

정답 ③

04

은퇴설계 제안서 작성 시 주의점으로 적절하지 않은 것은?

① 문장은 읽기 쉽고, 알기 쉽고, 간결하게 작성한다.
② 전문용어는 가능한 한 피한다.
③ 표나 데이터는 반드시 제목을 붙인다.
④ 다양한 대책을 단순히 나열하는 것도 좋은 방법이다.
⑤ 중요한 부분이나 결론에 대해서는 밑줄이나 색깔로 표시해서 강조한다.

해설 ④ 문제 해결을 위해 여러 대안을 제시할 경우 작성자인 FP는 가장 중요한 대책을 명확히 표시해야 하고, 추천 근거를 알기 쉽고 적절하게 설명하는 것도 필요하다. 다양한 대책을 단순히 나열하는 방법은 좋지 않다.

정답 ④

Chapter 02 길라잡이 문제

중요이론(Key Point)을 재정리할 수 있는 대표문제로 구성하였습니다.

Key Point 은퇴설계 정의 및 필요성

01 은퇴설계의 정의 및 필요성에 대한 설명으로 적절하지 않은 것은?

① 과거에는 주거·가족관계·사회활동·취미·여가 등 비재무적인 부분에 치중하는 경향이 있었지만, 지금은 재무적인 요소와 비재무적인 요소의 균형이 중요하다.
② 최근에는 전 생애에 걸친 라이프 플랜이 필요하다는 생애설계 개념이 주목을 받고 있다.
③ 우리나라는 개인연금이 퇴직연금보다 먼저 도입되었다.
④ 노후자금 준비 못지않게 중요한 것이 노후자금을 어떻게 효율적으로 관리하고 인출하느냐이다.
⑤ 사회적 보람과 개인적 보람의 두 가지를 균형 있게 느낄 때 사람들은 삶의 보람을 느끼고 행복을 느낀다.

해설
① 과거에는 재무적인 부분에 치중하는 경향이 있었지만, 기대수명이 길어진 지금은 행복한 노후를 위해 재무적인 요소와 비재무적인 요소의 균형이 무엇보다 중요하다고 할 수 있다.

정답 ①

• Key Point • 기대수명 증가

02 기대수명 증가에 대한 설명으로 가장 적절하지 않은 것은?

① 기대수명은 성별·연령별 사망률이 현재 수준으로 유지된다고 가정했을 때 0세 출생자가 향후 몇 년을 더 생존할 것인가를 통계적으로 추정한 기대치로, 0세에 대한 기대여명을 말한다.
② 기대여명은 현재 특정 연령에 있는 사람이 향후 얼마나 더 생존할 것인가 기대되는 연수를 말한다.
③ 건강수명이란 '수명의 양'이라고 할 수 있으며, 평균수명에서 질병 등으로 몸이 아픈 기간을 가산한 것을 말한다.
④ 우리나라의 기대수명은 1970년 62.3세에서 1990년대에는 71.7세, 2010년에는 80세를 넘겼고, 이후 꾸준히 높아지고 있으며, 남녀 기대수명의 차이는 점차 축소되고 있다.
⑤ 최빈 사망연령이란 가장 많은 사람이 사망한 연령을 말한다.

해설
③ 건강수명이란 '수명의 질'이라고 할 수 있는 건강상태를 반영한 것으로, 평균수명에서 질병이나 사고 등으로 몸이 아픈 기간을 제외한 기간을 의미한다.

 정답 ③

• Key Point • 은퇴환경 변화

03 은퇴환경 변화에 대한 설명으로 적절하지 않은 것은?

① 기대수명은 0세에 대한 기대여명을 말한다.
② 우리나라 기대수명은 여자가 남자보다 높다.
③ 우리나라는 2018년에 65세 이상 인구가 전체 인구의 14% 이상인 고령화사회에 진입했다.
④ 노후준비를 영역별로 살펴보면 건강에 대한 노후준비도가 가장 높고, 여가와 재무영역 노후준비도가 가장 취약한 것으로 나타났다.
⑤ 기대수명 증가에 따른 노후 의료비 증가는 은퇴설계를 할 때 고려해야 할 매우 중요한 요소다.

해설
③ 우리나라는 2000년에 65세 이상 인구가 전체 인구의 7.3%인 고령화사회에 진입했고, 2018년에는 고령사회(고령인구 14% 이상)로 진입했다.

 정답 ③

• Key Point • 은퇴생활 위험요소

04 은퇴생활 위험요소에 대한 설명으로 적절하지 않은 것은?

① 장수리스크란 은퇴를 위해 준비한 자산이 기대수명의 증가로 충분하지 않을 위험이라고 할 수 있다.
② 미래의 수명 증가를 충분히 반영하고 있는 현재 생명표를 기준으로 은퇴설계를 하는 것이 바람직할 것이다.
③ 인플레이션리스크란 물가 상승으로 실질 자산가치가 하락하는 리스크를 말한다.
④ 인플레이션을 고려할 때 노후소득의 준비수단이 되는 3층 연금제도 중 국민연금만이 물가상승을 반영한 연금액을 지급한다.
⑤ 노후 생활비 마련에만 집중하고 의료비·간병비 등에 대한 준비가 소홀하면 노후 건강리스크에 직면할 수 있으므로, 의료비와 간병비에 대한 재무 목표를 세워 준비해 나가야 한다.

해설
② 건강증진과 의료기술의 발전 등으로 기대수명이 꾸준히 증가하고 있지만 현재 생명표는 미래의 수명 증가를 충분히 반영하지 못하고 있기 때문에, 현재 기대수명을 기준으로 은퇴설계를 하면 향후 늘어난 수명만큼의 자금부족이 발생할 가능성이 크다. 따라서 통계청에서 발표하는 기대수명 및 기대여명에 5~6살을 더한 나이를 이용해 은퇴설계를 하는 것이 바람직할 것이다.

정답 ②

• Key Point • 은퇴자금 설계 주요 포인트

05 은퇴자금 설계에 대한 설명으로 가장 적절하지 않은 것은?

① 은퇴 크레바스란 은퇴후 연금을 받기 전까지 생기는 소득 공백기간을 말한다.
② 적립 단계를 넘어 인출 단계인 은퇴시기에 들어서면 적절한 인출전략을 세워 보유 자산을 관리해야 한다.
③ 우리나라의 가계보유 자산을 보면 부동산에 편중된 것이 가장 큰 특징이다.
④ 은퇴 후 잘못된 인출 습관으로 노후자금이 일찍 소진되는 리스크를 제거해야 한다.
⑤ 우리나라 국민 1인당 평생 의료비는 약 1억원으로 대체로 남성이 여성보다 더 많이 소요된다.

해설
⑤ 대체로 여성의 평생 의료비가 남성의 평균 의료비보다 더 많이 발생한다.

정답 ⑤

• Key Point • 은퇴 이후 변화

06 은퇴 이후 변화에 대한 설명으로 적절하지 않은 것은?

① 은퇴 이후 일과 집을 중심으로 형성된 생활리듬이 깨지기 때문에 가능한 빨리 새로운 생활리듬을 만들기 위해 노력해야 한다.
② 사회에서 부여받은 명함이나 직함이 없어지기 때문에 지역사회의 모임이나 행사에 적극적으로 참여해 새로운 네트워크를 구축해야 한다.
③ 가정 내 역할 변화는 혼란을 가져오기 때문에 과거의 아내와 남편의 역할 분담을 유지해야 한다.
④ 정기적으로 들어오던 월급이 없어지는 것에 대비하여 은퇴 직전부터 소비 수준을 낮추는 습관을 만들어 나가야 한다.
⑤ 체력 및 운동능력의 변화에 대해 인식하고 대비하는 것이 필요하다.

🗨 해설
③ 가정 내 역할 변화는 가정 안에서 아내와 남편의 역할이 변하는 것이다. 외벌이인 경우 남편은 밖에서 경제활동을 하고 아내는 가정을 지켜 왔다면, 은퇴 이후에는 부부가 상의해서 새로운 역할 분담을 해야 한다. 과거의 역할 분담을 고집한다면 원활한 부부관계를 유지하기 어려울 수 있다.

✅ 정답 ③

• Key Point • 은퇴설계의 비재무적 요소

07 은퇴설계의 비재무적 요소에 대한 설명으로 가장 적절하지 않은 것은?

① 은퇴 이후 일과 집을 중심으로 형성된 생활리듬이 깨지기 때문에 가능한 빨리 새로운 생활리듬을 만들기 위해 노력해야 한다.
② 나이가 들면서 체력과 운동능력이 점점 떨어지고 행동범위도 좁아지기 시작하므로, 이러한 변화에 대해 인식하고 대비하는 것이 필요하다.
③ 가족과 친한 친구들뿐만 아니라 여러 지인들과의 관계도 신경 써야 한다.
④ 노후의 거주지는 병원 접근성이 좋으면서도 가벼운 운동을 할 수 있는 자연 친화적인 곳이면서, 대중교통 이용이 편리한 역세권이나 노인복지관 등 공공시설 접근성이 좋은 주거지를 우선 검토해야 한다.
⑤ 웰 다잉이라고 해서 인간으로서 품위를 지키며 행복하게 죽는 것에 대해 생각해 본다.

🗨 해설
③ 현역시절 가장 소홀했던 가족 관계망에 대해서 많은 신경을 써야 한다.

✅ 정답 ③

• Key Point • 은퇴설계 시 중요한 5가지

08 FP가 고객에게 은퇴설계 서비스를 제공할 때 연령과 직업에 관계없이 선행적으로 검토해야 할 이슈로 적절하지 않은 것은?

① 기존 세대처럼 수명을 막연하게 80세로 잡았다가는 장수 리스크 등의 문제에 직면할 수 있으므로, 은퇴설계를 할 때는 100세 시대에 맞게 인생지도를 재설계해야 한다.
② 은퇴설계에 있어 중요한 것은 노후자금 마련이므로 비재무적인 요소는 가급적 배제하고 재무적 준비를 강조해야 한다.
③ 부부 중심의 은퇴설계를 해야 한다.
④ 다양한 활동을 통해 삶의 보람을 느끼고 행복감을 느낄 수 있도록 은퇴 이후의 시간 활용에 대해서도 염두에 두어야 한다.
⑤ 일시적인 목돈보다 평생 월급을 받을 수 있는 연금 수급권이 중요하므로, 매월 정기적으로 소득이 들어오는 평생 소득을 확보해야 한다.

해설
② 재무와 비재무의 균형적인 은퇴설계를 해야 한다.

 정답 ②

• Key Point • 60대 이상 은퇴설계

09 60대 이상 은퇴설계에 대한 설명으로 적절하지 않은 것은?

① 재무적인 자산 증대가 초점이 된다.
② 주택다운사이징이나 주택연금을 활용해 부동산을 현금화하는 것이 필요하다.
③ 70대 이후의 장기 간병에 대한 준비와 상속 및 증여에 대한 준비도 필요하다.
④ 장기요양보험에 대한 기본 지식을 갖출 필요가 있다.
⑤ '사전연명의료의향서'나 장기 기증과 관련된 정보도 고객상황에 맞게 제공해 주는 것이 필요하다.

해설
① 60대 이상은 이미 은퇴시기에 접어든 세대이다. 60대 이상에게 필요한 은퇴설계는 기존 자산을 활용한 은퇴자금 확보와 장기 간병에 대한 준비 및 상속증여가 초점이 된다.

 정답 ①

• Key Point • 우리나라 노후소득보장 체계

10 우리나라 노후소득보장 체계에 대한 설명으로 적절하지 않은 것은?

① 공적연금의 취약성을 해소하기 위해 사적연금제도를 추가로 도입해 다층 연금체계를 구축하고 있다.
② 1층 보장은 국민연금과 특수직역연금으로 구성되며, 2층 보장은 기업이 제공하는 퇴직연금, 3층 보장은 개인이 가입하는 개인연금이다.
③ 제일 먼저 1988년 국민연금이 도입되었고, 개인연금이 1994년 도입되었으며, 퇴직연금제도가 2005년 12월 도입되어 3층 연금체계가 완성되었다.
④ 2017년 7월부터 퇴직연금제도 중 개인형 퇴직연금제도(IRP)에 자영업자와 특수직역연금 가입자도 가입할 수 있게 되었다.
⑤ 공적부조의 성격으로 65세 이상 고령자 중 저소득층을 대상으로 한 국민기초생활보장제도가 2000년 도입되었다.

해설
⑤ 공적부조의 성격으로 저소득층을 대상으로 한 국민기초생활보장제도가 2000년 도입되었고, 65세 이상 고령자 중 소득 하위 70%에게 지급하는 기초연금제도가 2008년 도입되었다.

 ⑤

• Key Point • 기초연금제도

11 기초연금제도에 대한 설명으로 가장 적절하지 않은 것은?

① 대한민국 국적을 갖고 국내에 거주하는 만 65세 이상의 고령자 중 일정 요건을 충족한 자에게 지급한다.
② 재산의 소득 환산액 계산 시 금융재산에서 차감하는 기본공제액은 부부 개인별 2,000만원이다.
③ 재산의 소득환산액 계산 시 소득환산율은 4%를 적용한다.
④ 공무원연금, 사립학교교직원연금, 군인연금, 별정우체국연금 수급권자 및 그 배우자는 원칙적으로 기초연금 수급대상에서 제외된다.
⑤ 부부가 모두 기초연금을 받는 경우에는 각각에 대하여 산정된 기초연금액의 20%를 감액한다.

해설
② 기초연금제도의 소득 인정액 계산은 신청자의 실제 가구상태를 기준으로 가구 단위로 계산한다.

 ②

Key Point 국민연금제도 개요

12 국민연금제도에 대한 설명으로 적절하지 않은 것은?

① 연금 개시 이후 사망할 때까지 연금을 수령할 수 있다.
② 사후에는 생계를 함께한 배우자나 자녀 등 유족에게 유족연금이 지급된다.
③ 국내에 거주하고 있는 외국인도 국민연금에 가입할 수 있다.
④ 1962년생은 만 63세부터 노령연금을 수급할 수 있다.
⑤ 노령연금의 지급 연기를 신청한 경우 매월 0.5%의 연금액을 더 추가해서 지급한다.

해설
⑤ 지급 연기를 신청한 금액에 대해 매 1년당 7.2%(월 0.6%)의 연금액을 더 추가해서 지급한다.

 정답 ⑤

Key Point 국민연금제도 개요

13 국민연금제도에 대한 설명으로 적절하지 않은 것은?

① 만 18세 이상 60세 미만 국민이 가입대상이다.
② 최소 가입기간 10년을 채웠을 때 연금수급권이 발생한다.
③ 기준소득월액은 최저금액을 정하고 있으나 최고금액은 정하고 있지 않다.
④ 1969년생 이후 출생자는 65세부터 노령연금을 수령할 수 있다.
⑤ 퇴직 이후 근로소득이 없을 경우 연금 수급개시연령보다 최대 5년간 연금을 앞당겨 받을 수 있다.

해설
③ 기준소득월액은 최저금액과 최고금액의 범위를 정하고 있다.

 정답 ③

• Key Point • 국민연금 수급개시연령

14 다음 중 국민연금 수급개시와 관련하여 괄호에 들어갈 숫자로 올바른 것은?

> 연금 수급개시연령을 5년 한도로 늦출 경우 연기를 신청한 금액에 대해 매 1년당 ( )의 연금액을 추가로 더 지급한다. 반대로 퇴직 이후 근로소득이 없어 연금 수급개시연령보다 최대 ( )년간 연금을 앞당겨 받을 수도 있다.

① 0.5%, 5
② 0.6%, 3
③ 6.0%, 5
④ 6.0%, 3
⑤ 7.2%, 5

해설

수급개시를 늦추면 월 0.6%, 연간 기준 7.2%의 연금액을 더 추가해서 지급한다. 수급개시연령보다 연금을 최대 5년 앞당겨 수령할 수 있다. 이 경우 5년 동안 연령별 감액률이 적용되어 적은 연금액을 받게 된다.

정답 ⑤

> **Key Point** 공무원연금제도 개요

15 공무원연금에 대한 설명으로 적절하지 않은 것은?

① 공무원연금의 재원은 공무원 자신이 매월 납부하는 기여금과 국가나 지방자치단체가 부담하는 부담금으로 반반씩 구성된다.
② 공무원이 퇴직 또는 사망하거나 공무로 인한 부상·질병·장애 등의 사유가 발생하면 급여가 지급된다.
③ 퇴직급여에는 퇴직연금, 퇴직연금일시금, 퇴직연금공제일시금, 퇴직일시금이 있다.
④ 공무원이 퇴직할 때 받는 퇴직연금은 10년 이상 재직하고 퇴직 후 연금지급 개시연령에 도달하면 사망할 때까지 연금을 수령할 수 있다.
⑤ 퇴직연금 지급 개시연령은 2009년 이전 임용자일 경우 60세부터 지급한다.

🗨 해설
⑤ 기존에는 2009년 이전 임용자일 경우 60세부터 지급하고 2010년 이후 임용자는 65세부터 지급하도록 되어 있었지만 2016년부터 임용시기 구분 없이 60세부터 연금지급시기를 단계적으로 상향해 2033년에는 65세부터 지급할 예정이다. 연도별 지급 시기는 퇴직연도 2016~2021년은 60세, 2022~2023년은 61세, 2024~2026년은 62세, 2027~2029년은 63세, 2030~2032년은 64세, 2033년 이후 65세이다. 여기서 주의할 점은 1995년 이전 임용자는 종전 규정을 적용한다는 점이다.

✅ **정답** ⑤

> **Key Point** 공무원연금 급여 종류

16 공무원연금의 유족급여에 대한 설명으로 가장 적절한 것은?

① 유족연금 지급요건을 충족하려면 10년 이상 재직하여야 한다.
② 10년 이상 재직한 공무원이 재직 중 사망한 때에는 유족연금특별부가금을 지급한다.
③ 퇴직연금수급권자가 퇴직 후 3년 이내에 사망한 때에는 유족연금부가금을 지급한다.
④ 유족연금일시금은 유족연금 지급요건에 해당되지 않을 때 지급한다.
⑤ 5년간 재직한 공무원이 사망한다면 유족일시금을 지급한다.

🗨 해설
① 유족연금의 지급요건은 10년 이상 재직한 공무원이 재직 중 사망한 때, 퇴직연금 또는 장해연금수급자가 사망한 때, 장해연금 수급자가 사망한 때이다.
② 10년 이상 재직한 공무원이 재직 중 사망한 때에는 유족연금을 지급하며, 유족연금을 청구한 때 유족연금부가금도 지급된다.
③ 퇴직연금수급권자가 퇴직 후 3년 이내에 사망한 때에는 유족연금특별부가금을 지급한다.
④ 유족연금일시금은 10년 이상 재직한 공무원이 재직 중 사망하여 유족연금에 갈음하여 일시금으로 지급받고자 할 때 지급한다.

✅ **정답** ⑤

• Key Point • 사립학교교직원연금제도 개요

17 사립학교교직원연금제도에 대한 설명으로 적절하지 않은 것은?

① 대학교에 근무하는 정규 교직원도 가입 대상에 해당된다.
② 법률에 의해 대학원을 설치·운영하는 연구기관의 교직원 등도 소속기관이 교육과학기술부 장관의 지정을 받으면 그 대상이 될 수 있다.
③ 가입자 개인의 경우 매월 기준소득월액의 9%를 부담하고, 법인은 교원에 대해 5.294%, 직원에 대해 9%를 부담한다.
④ 교직원이 퇴직할 때 받는 퇴직연금은 10년 이상 재직하고 퇴직 후 연금지급 개시연령에 도달하면 사망할 때까지 연금을 받을 수 있다.
⑤ 퇴직연금 지급 개시연령은 2009년 이전 임용자일 경우 60세부터 지급한다.

🗨 해설
⑤ 퇴직연금의 지급 개시연령도 공무원연금 개혁 내용과 동일해 1996년 이후 임용자부터는 연금개시 연령이 60세부터 단계적으로 상향되어 2033년에는 65세부터 지급할 예정이다.

✅ 정답 ⑤

• Key Point • 퇴직연금 제도유형과 선택

18 근로자가 퇴직연금제도 유형을 선택할 때 점검할 필요가 있는 요소들로 적절하지 않은 것은?

① 자산운용에 자신이 없다면 DB형을, 자산운용에 자신이 있는 근로자라면 DC형을 고려해 볼 수 있다.
② 장기근속 가능성이 높고 임금인상률이 높으면 DB형이 유리하다.
③ 이직과 전직이 예상되는 경우라면 이동성이 높은 DC형이 유리하다.
④ 물가상승률을 감안해 임금상승률이 더 높을 것이라고 예측되면 DB형을 선택하는 것이 좋다.
⑤ 자산운용수익률보다 물가상승률이 더 높을 것이라고 예측되면 DC형을 선택하는 것이 좋다.

🗨 해설
⑤ 물가상승률을 감안해 자산운용수익률이 더 높을 것이라고 예측되면 DC형을 선택하는 것이 좋다.

✅ 정답 ⑤

• Key Point • 퇴직연금 중도인출과 담보대출

19 퇴직연금의 중도인출 사유로 적절하지 않은 것은?

① 무주택자인 가입자가 본인 명의로 주택을 구입하는 경우
② 무주택자인 근로자가 주거를 목적으로 전세금 또는 보증금을 부담하는 경우
③ 근로자, 근로자의 배우자 또는 근로자 또는 근로자의 배우자와 생계를 같이하는 부양가족이 질병 또는 부상으로 3개월 이상 요양을 필요로 하고 근로자가 요양비용을 부담하는 경우
④ 중도인출을 신청하는 날부터 역산하여 5년 이내에 근로자가 파산선고 또는 개인회생절차개시 결정을 받은 경우
⑤ 천재지변 등으로 피해를 입는 등 고용노동부장관이 정하여 고시하는 사유와 요건에 해당하는 경우

해설
③ 근로자, 근로자의 배우자 또는 근로자 또는 근로자의 배우자와 생계를 같이하는 부양가족이 질병 또는 부상으로 6개월 이상 요양을 필요로 하고 근로자가 요양비용을 부담하는 경우

 정답 ③

• Key Point • 퇴직연금제도 개요

20 퇴직연금제도에 대한 설명으로 적절하지 않은 것은?

① DC형은 근로자가 자산운용 책임을 지는 구조이다.
② 이직이 잦은 근로자의 경우 이동성을 고려하면 DB형이 유리하다.
③ 자영업자는 2017년 7월부터 IRP 가입이 가능해졌다.
④ DC형과 IRP는 가입자가 직접 자산운용을 하는데 운용상품에는 예금 등 원리금 보장상품과 펀드 등 원리금 비보장상품이 있다.
⑤ 퇴직연금제도는 1년에 1회 이상 퇴직연금 가입자에 대해 교육을 실시하도록 법으로 규정하고 있다.

해설
② 이직이 잦은 근로자의 경우 DC형이 유리하다.

 정답 ②

• Key Point • 연금소득에 대한 세율

21 만 75세에 확정형 연금으로 수령(연금수령 한도 내 금액)할 경우 적용되는 연금소득세 세율로 가장 적절한 것은?

① 3.3%
② 4.4%
③ 5.5%
④ 15.4%
⑤ 16.5%

해설
<연금소득에 대한 세율>

연금수령 개시 연령	확정형(수령기간)		종신형	
	한도 내 금액	한도 초과액	한도 내 금액	한도 초과액
만 70세 미만	5.5%	16.5%	4.4%	16.5%
만 70세 이상~만 80세 미만	4.4%			
만 80세 이상	3.3%		3.3%	

정답 ②

• Key Point • 연금저축계좌

22 연금저축계좌에 대한 적절한 설명으로 모두 묶인 것은?

> 가. 가입기간은 10년 이상이고 연간 납입한도는 IRP와 합산해 연간 1,500만원이다.
> 나. 근로소득만 있는 경우 총급여액이 5,500만원 이하면 13.2%를 공제받는다.
> 다. 부득이한 사유가 아닌 경우로 중도 인출 및 중도 해지를 한 경우는 인출액의 16.5%의 세율이 적용된다.
> 라. 원칙적으로 연간 연금소득 합계액이 1,500만원 이하인 경우는 분리과세와 종합과세 중에 선택이 가능하다.

① 가, 나
② 가, 라
③ 나, 다
④ 다, 라
⑤ 가, 나, 다, 라

해설
가. 가입기간은 5년 이상이고 연간 납입한도는 IRP와 합산해 연간 1,800만원이다.
나. 근로소득만 있는 경우 총급여액이 5,500만원을 초과하면 13.2%, 5,500만원 이하면 16.5%를 공제받는다.

정답 ④

• Key Point • 은퇴 관련 제도의 이해

23 노후소득보장제도에 대한 설명으로 적절하지 않은 것은?

① 기초연금제도의 지급 대상은 만 65세 이상이고 한국 국적을 가지고 국내 거주하는 고령자 중 가구의 소득 인정액이 선정 기준액 이하인 자이다.
② 국민연금은 국가가 운영하는 공적연금으로, 1988년에 근로자 10인 이상이 근무하는 사업장을 대상으로 도입되었으며, 이후 단계적으로 확대되어 1999년 4월부터는 자영업자를 포함해 전 국민이 가입할 수 있게 되었다.
③ 전업주부나 학생, 군복무 등으로 소득이 없는 자도 국민연금 임의가입이 가능하다.
④ 퇴직연금제도는 크게 확정급여형제도, 확정기여형제도, 개인형퇴직연금제도의 3가지 유형으로 구성된다.
⑤ 개인연금제도는 개인이 스스로 노후자금을 준비하는 것을 지원하기 위해 세제혜택을 부여한 제도로 모든 상품이 세액공제를 받을 수 있다.

🗨 해설
⑤ 개인연금은 세제혜택의 종류에 따라 크게 세제 적격 연금저축(연금저축계좌)과 세제 비적격 연금보험(연금보험)의 두 가지로 구분된다.

✅ 정답 ⑤

• Key Point • 주택연금제도

24 주택연금제도에 대한 설명으로 적절하지 않은 것은?

① 장래에 가입자 부부가 모두 사망 후 주택을 처분해서 정산 후 연금 수령액이 집값을 초과하면 자녀 등 상속인에게 초과분을 청구한다.
② 장래에 가입자 부부가 모두 사망 후 주택을 처분해서 정산 후 잔금이 있으면 상속인에게 돌아간다.
③ 주택연금에 가입하려면 우선 주택소유자 또는 배우자가 대한민국 국민이고 근저당권 설립일 기준으로 부부 중 1명이 만 55세 이상이어야 한다.
④ 다주택 보유자의 경우 보유주택 합산 공시가격이 12억원 이하면 가입이 가능하다.
⑤ 주택연금의 지급방식은 크게 종신방식, 확정기간방식, 대출상환방식, 우대방식이 있다.

🗨 해설
① 장래에 가입자 부부가 모두 사망 후 주택을 처분해서 정산을 하는데 연금 수령액이 집값을 초과해도 자녀 등 상속인에게 초과분을 청구하지 않는다.

✅ 정답 ①

Key Point 노란우산공제 제도

25 노란우산공제 제도에 대한 설명으로 적절하지 않은 것은?

① 공제회에 납입하는 금액에 대해 복리 이자가 적용되고 추후에 공제금을 일시금이나 연금처럼 분할해서 지급받을 수 있다.
② 공제금은 법에 의해 압류가 금지되어 폐업 등의 경우에도 안전하다는 장점이 있다.
③ 납부 금액에 대해서는 연간 최대 300만원까지 세액공제 혜택이 있다.
④ 가입자가 납부하는 공제부금은 월 5만원부터 100만원까지 월납 또는 분기납으로 납부할 수 있다.
⑤ 만 60세 이상으로 10년 이상 부금을 납부한 가입자라면 공제금 지급 청구를 할 수 있다.

해설
③ 납부금액에 대해서는 연간 최대 600만원까지 소득공제 혜택이 있다. 단, 소득금액별로 소득공제 한도액이 다르다.

정답 ③

Key Point 노인장기요양보험제도

26 노인장기요양보험제도에 대한 설명으로 적절하지 않은 것은?

① 법률상 가입이 강제되어 있다.
② 장기요양보험료는 2023년부터 소득에 장기요양보험료율을 곱하는 것으로 산정방식이 변경되었다.
③ 등급판정은 장기요양 인정 점수를 기준으로 각 점수에 따라 3개 등급으로 나뉜다.
④ 1등급은 일상생활에서 전적으로 다른 사람의 도움이 필요한 상태로 거동이 불편해 종일 침대에서 생활하는 상태다.
⑤ 서비스 제공기관이 없는 지역에 대해서는 가족 요양비가 지급된다.

해설
③ 각 점수에 따라 5개 등급으로 나뉜다. 제도 도입 초기에는 3등급 체계였으나 2014년 7월부터 5등급 체계로 개편되었다.

정답 ③

• Key Point • 성년후견제도

27. 성년후견제도에 대한 설명으로 적절하지 않은 것은?

① 후견인은 가족이나 친척 중에서만 선임이 가능하다.
② 후견인은 한 명이 될 수도 있고 여러 명이 될 수도 있다.
③ 법원은 피후견인의 건강, 생활관계, 재산상황 등 여러 사정을 고려하고 본인의 의사를 존중해 적합한 자를 후견인으로 선임하게 된다.
④ 후견인의 사무 범위는 심판 내용에 따라 권한과 사무 내용이 달라지는데 크게 재산관리와 신상보호가 주 업무가 된다.
⑤ 후견인은 법원의 후견사무감독에 응하여야 하고, 이에 불응하거나 후견사무를 불성실하게 수행한 경우에는 법원이 직권으로 후견인을 변경할 수 있다.

해설
① 후견인은 가족, 친척, 친구 등은 물론 변호사, 법무사, 세무사, 사회복지사 등 전문가도 될 수 있다.

 정답 ①

• Key Point • 은퇴설계 프로세스 개요

28. 은퇴설계 프로세스에 대한 설명으로 적절하지 않은 것은?

① 은퇴설계 프로세스는 크게 3단계로 구성된다.
② 1단계는 고객과의 관계를 정립하고 은퇴설계에 필요한 정보를 수집하는 단계이다.
③ 2단계는 고객의 정보를 분석해 은퇴설계 제안서를 작성하고 고객에게 제안하는 단계이다.
④ 3단계는 제안한 내용을 고객이 실행하는 것을 지원하고 사후관리를 하는 단계이다.
⑤ 은퇴설계 프로세스 3단계는 순서에 상관없이 필요에 따라 진행하면 된다.

해설
은퇴설계 프로세스는 고객에게 최적의 은퇴설계 컨설팅 서비스를 제공하기 위해 순서를 지켜 실시하는 것이 효과적이다.

 정답 ⑤

• Key Point • 2단계 고객 분석 및 은퇴설계 제안

29 은퇴설계 프로세스 2단계 고객 분석 및 은퇴설계 제안 단계에서 수행하는 업무로 적절하지 않은 것은?

① 컨설팅 보수와 관련된 사항을 미리 고객에게 설명 해 둔다.
② 현금흐름표를 작성한다.
③ 가계 대차대조표를 작성해 문제점을 분석한다.
④ 문제 해결을 위한 대안을 가능한 많이 검토해본다.
⑤ 최종적인 제안을 결정하고, 제안서를 고객에게 제시한다.

해설
① 1단계 고객과 관계정립 및 정보수집 단계에서 수행하는 업무이다.

 정답 ①

• Key Point • 제안서 작성 및 고객에게 설명

30 은퇴설계 제안서 작성에 대한 설명으로 적절하지 않은 것은?

① 고객정보 분석을 바탕으로 제안서 작성에 들어간다.
② 오타나 오류가 없도록 해야 한다.
③ 노후자금 부족 등 문제점이 있을 경우 복수의 대안을 마련해 고객이 선택하도록 한다.
④ 고객의 의견을 충분히 반영할 수 있도록 한다.
⑤ 제안서는 FP의 전문성을 드러내기 위해 전문용어를 사용한다.

해설
⑤ 문장을 읽기 쉽게 작성하고 전문용어는 가능한 피한다.

 정답 ⑤

• Key Point • 사전 준비와 주의 사항

31 은퇴설계 프로세스 1단계 중 고객과 관계정립 단계에서 고객과의 첫 대면에서 주의해야 하는 항목으로 적절하지 않은 것은?

① 전문가다운 몸가짐, 매너, 언행을 가져야 한다.
② 자리에서 일어나 고객에게 밝게 인사하고 명함을 건넨다.
③ 성실성과 전문성, 중립성을 가지고 고객 의견에 공감하는 자세로 대응한다.
④ 상담장소는 비밀보장이 되는 곳이어야 하고, 밝고 청결해야 한다.
⑤ 수수료 등 제반 비용에 대해서는 가급적 공개하지 않는다.

🗨 해설
⑤ 수수료 등 제반 비용에 대해서는 구체적으로 공개한다.

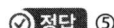 정답 ⑤

• Key Point • 면담의 의의와 효과

32 은퇴설계 프로세스 1단계에서 면담의 의의와 효과로 가장 적절하지 않은 것은?

① 면담을 통해 고객의 성격이나 은퇴생활에 대한 생각, 투자에 대한 자세, 인생 목표나 희망 등을 보다 구체적으로 이해할 수 있다.
② 질문지로는 파악하기 힘든 미묘한 뉘앙스를 파악할 수 있다.
③ 면담을 통해 고객과의 신뢰를 쌓을 수 있다.
④ 면담을 통해 고객에게 FP의 전문성을 보여줄 수 있고 신뢰감을 높일 수 있다.
⑤ 면담을 통해 고객의 수입·지출 상황, 자산·부채 상황, 보험상품의 보장 내용, 노후자금 준비현황 등 현재 상황에 관한 수치를 파악할 수 있다.

🗨 해설
⑤ 질문지를 활용하면 필요한 정보를 고객에게 구체적으로 요청할 수 있어 정확한 정보를 얻을 수 있다. 질문지는 고객의 수입·지출 상황, 자산·부채 상황, 보험상품의 보장 내용, 노후자금 준비현황 등 현재 상황에 관한 정확한 수치를 파악하는 데 매우 효과적이다.

 정답 ⑤

• Key Point • 현금흐름표 작성

33 현금흐름표 작성에 대한 설명으로 적절하지 않은 것은?

① 현금흐름표란 자금의 유동성을 말한다.
② 현금흐름표 작성은 라이프 이벤트 부분과 수입과 지출, 수지 부분으로 나눌 수 있다.
③ 작성 기간은 고객의 은퇴시 연령을 기준으로 작성한다.
④ 각 연도별 가계 수지 및 저축 잔액 추이를 통해 가계 지불능력과 저축 능력에 대해 중장기적인 트랜드를 엿볼 수 있다.
⑤ 고객의 은퇴생활 목표가 자금면에서 달성 가능한지 예측할 수 있으며, 예상 문제점도 파악할 수 있다.

해설
③ 작성 기간은 고객의 현재 연령을 기준으로 70~80세까지 작성한다.

정답 ③

• Key Point • 제안서 작성 시 주의점

34 은퇴설계 제안서 작성 시 주의점으로 적절하지 않은 것은?

① 문장은 읽기 쉽고, 알기 쉽고, 간결하게 작성한다.
② 전문용어는 가능한 한 피한다.
③ 표나 데이터는 반드시 제목을 붙인다.
④ 라이프 이벤트 표 작성 시 고객에게 설명하기 쉬운 데이터 수치를 사용한다.
⑤ 다양한 대책을 단순히 나열하는 것도 좋은 방법이다.

해설
⑤ 문제 해결을 위해 여러 대안을 제시할 경우 작성자인 FP는 가장 중요한 대책을 명확히 표시해야 하고, 추천 근거를 알기 쉽고 적절하게 설명하는 것도 필요하다. 다양한 대책을 단순히 나열하는 방법은 좋지 않다.

정답 ⑤

Chapter 02 출제예상 문제

중요도에 따라 Self 맞춤형 학습이 가능한 출제예상 문제입니다. 각자의 목표점수에 맞게 문제를 선별하여 풀어보세요!

▶ 중요도 : ♦♦♦상 ♦♦중 ♦하

01 ♦♦

은퇴설계의 필요성에 대한 설명으로 가장 적절하지 않은 것은?

① 기대수명의 급속한 증가
② 재무적인 부분에 치중하여 은퇴설계를 해야 함
③ 급속한 고령화에 대한 사회경제시스템의 불완전 대응
④ 개인의 의식과 노후준비 정도가 부족한 상황
⑤ 연금제도의 짧은 역사로 인한 낮은 수준의 연금 수령액

02 ♦♦♦

현재 특정 연령에 있는 사람이 향후 얼마나 더 생존할 것인가 기대되는 연수를 지칭하는 용어로 적절한 것은?

① 기대수명
② 기대여명
③ 최빈사망연령
④ 건강수명
⑤ 평균수명

정답 및 해설

01 ② 과거에는 재무적인 부분에 치중하는 경향이 있었지만, 기대수명이 길어져서 재무적인 요소와 비재무적인 요소의 균형을 고려하여 은퇴설계하는 것이 중요하다.

02 기대여명은 현재 특정 연령에 있는 사람이 향후 얼마나 더 생존할 것인가 기대되는 연수를 말한다.

정답 01 ② 02 ②

03 ✪✪✪

노년기에 대한 성인 발달학의 관점에서 다음과 같은 내용을 주장한 학자로 적절한 것은?

> 심리 사회학적 관점에서 생애 8단계 이론을 통해 노년기를 '자아 통합감 대 절망감'으로 표현하고, 자신의 지난 삶을 돌이켜보면서 만족감을 느끼고 자아 통합감을 얻는 시기로 규정했다.

① 프로이드 ② 융
③ 에릭슨 ④ 피터 라스렛
⑤ 윌리엄 새들러

04 ✪

다음에서 설명하고 있는 용어로 적절한 것은?

> • 세계보건기구가 2002년 마드리드에서 개최한 제2차 세계고령화 회의에서 인구고령화 문제의 해법으로 제시한 것이다.
> • 개인이 행복한 노년기를 보내려면 심신이 건강하고, 생산적인 활동을 하며, 안전한 노후생활을 보낼 수 있어야 한다는 것이다.

① 액티브 에이징 ② 서드 에이지
③ 앙코르 커리어 ④ 시니어 무브먼트
⑤ 스마트 에이징

정답 및 해설

03 | 전 생애를 발달과정으로 정의한 에릭슨은 심리 사회학적 관점에서 생애 8단계 이론을 통해 노년기를 '자아 통합감 대 절망감'으로 표현하고, 자신의 지난 삶을 돌이켜보면서 만족감을 느끼고 자아 통합감을 얻는 시기로 규정했다.
04 | 액티브 에이징에 대한 설명이다.

정답 03 ③ 04 ①

05 ✪✪✪

은퇴생활 위험요소로 모두 묶인 것은?

| 가. 장수 리스크 나. 인플레이션 리스크 |
| 다. 노후 건강 리스크 |

① 가 ② 나
③ 다 ④ 가, 나
⑤ 가, 나, 다

06 ✪✪✪

은퇴생활의 위험요소에 대한 적절한 설명으로 모두 묶인 것은?

| 가. 은퇴설계에서 장수리스크란 은퇴를 위해 준비한 자산이 기대수명의 증가로 충분하지 않을 위험이라고 할 수 있다. |
| 나. 현재 기대수명을 기준으로 은퇴설계를 하면 향후 늘어난 수명만큼의 자금부족이 발생할 가능성이 크다. |
| 다. 인플레이션 리스크란 물가 상승으로 실질 자산가치가 하락하는 리스크를 말한다. |
| 라. 노후소득의 준비수단이 되는 3층 연금제도 중 국민연금만이 물가상승를 반영한 연금액을 지급하는 기능이 있다. |
| 마. 노후 건강 리스크란 질병 등으로 막대한 의료비를 지출하여 노후에 경제적으로 어려운 상황에 빠질 위험이라고 할 수 있다. |

① 가 ② 가, 나
③ 가, 나, 다 ④ 가, 나, 다, 라
⑤ 가, 나, 다, 라, 마

✓ 정답 및 해설

05 | 은퇴생활의 위험요소에는 예상보다 더 오래 살게 되는 장수 리스크, 투자 수익률이 물가상승률을 따라가지 못해 자산가치가 감소하는 인플레이션 리스크, 노후에 건강이 악화되어 의료비 및 간병비 증가에 직면하는 노후 건강 리스크가 있다.

06 | 모두 적절한 설명이다.

정답 05 ⑤ 06 ⑤

07 ✦✦✦

은퇴생활 위험요소에 대한 설명으로 적절하지 않은 것은?

① 예상보다 오래 살게 됨에 따라 발생할 수 있는 위험 즉, 생명리스크란 은퇴를 위해 준비한 자산이 기대수명의 증가로 충분하지 않을 위험이라고 할 수 있다.
② 인플레이션 리스크란 물가 상승으로 실질 자산가치가 하락하는 리스크를 말한다.
③ 노후에 신체적, 정신적인 질병 등으로 건강하지 못한 상태가 되어 발생하는 노후건강 리스크란 질병 등으로 막대한 의료비를 지출하여 노후에 경제적으로 어려운 상황에 빠질 위험이라고 할 수 있다.
④ 건강수명과 기대수명의 갭은 항상 존재하며, 이를 줄이는 것이 최선책이지만 줄이지 못한다면 이에 대한 준비가 필요하다.
⑤ 노후자금 확보를 위해 노후에 주택을 매각하고 싶은데 거래가 이루어지지 않아 현금화시킬 수 없는 것은 유동성 리스크이다.

08 ✦✦✦

은퇴자금 설계의 주요 포인트로 적절하지 않은 것은?

① 은퇴 후 연금을 받기까지의 소득공백기인 은퇴 크레바스
② 적립과 인출 시 주의점
③ 부동산을 활용한 은퇴설계의 유의점
④ 경제활동을 하는 남성 위주의 은퇴설계
⑤ 노후 필수자금에 대한 검토

정답 및 해설

07	① 예상보다 오래 살게 됨에 따라 발생할 수 있는 위험 즉, 장수리스크란 은퇴를 위해 준비한 자산이 기대수명의 증가로 충분하지 않을 위험이라고 할 수 있다.
08	④ 부부 중심의 은퇴준비

정답 07 ① 08 ④

09 ✦✦✦
은퇴자금 설계 주요 포인트에 대한 설명으로 적절하지 않은 것은?
① 은퇴 크레바스는 은퇴 후 연금을 받기 전까지 생기는 소득 공백기간을 말한다.
② 저축과 투자는 이벤트 순서대로 재무 목표를 정해 하나씩 해결하는 것이 바람직하다.
③ 가능하다면 부동산 자산에 편중된 자산구조를 재조정할 필요가 있다.
④ 부부 중심의 은퇴설계를 해야 한다.
⑤ 의료비 준비를 위해서는 정기 건강검진 비용도 따로 준비가 필요하다.

10 ✦✦
은퇴자금 설계에 대한 다음 설명 중 적절하지 않은 것은?
① 재취업 혹은 사적연금을 활용한 은퇴 크레바스 극복 전략이 필요하다.
② 부동산 규모를 줄여 노후자금을 확보하거나 이를 담보로 매월 고정적인 연금을 받는 주택연금을 고려해 볼 필요가 있다.
③ 우리나라 국민 1인당 평생 의료비는 약 1억원으로 여성이 남성보다 더 높은 편이다.
④ 취미·여가활동은 은퇴자금 설계에 포함되지 않는다.
⑤ 황혼이혼, 사별이 빈번하기 하기 때문에 은퇴설계는 개인중심으로 해야 한다.

정답 및 해설

09	② 이벤트 순서대로 해결할 경우 정작 노후자금 준비를 할 수 있는 여력과 기간은 줄어들게 되므로 노후자금 준비는 작은 금액이라도 빨리 시작하는 것이 중요하다.
10	⑤ 은퇴 이후 자녀출가 후 부부가 함께 지내는 시간이 과거보다 길어졌기 때문에 부부중심의 은퇴설계를 해야 한다.

정답 09 ② 10 ⑤

11

은퇴설계의 비재무적 요소에 해당하지 않는 것은?

① 부부 중심의 은퇴설계 ② 은퇴 이후 변화
③ 관계 ④ 고령자 주거
⑤ 사회활동과 시간활용

12

은퇴 이후에 나타나는 일반적 변화로 적절하지 않은 것은?

① 생활리듬의 변화 ② 타인의 입장 변화
③ 가정 내 역할 변화 ④ 경제 감각의 변화
⑤ 체력 및 운동 능력의 변화

13

협동조합에 대한 적절한 설명으로 모두 묶인 것은?

> 가. 2명 이상이 모이면 협동조합을 설립할 수 있다.
> 나. 금융과 보험업을 포함한 다양한 분야에서 협동조합을 설립할 수 있다.
> 다. 영리활동과 비영리활동 모두 가능하다.
> 라. 투자금의 액수와 상관없이 1인 1표의 의결권을 갖는다.
> 마. 상법상 주식회사와 동일한 지배구조이다.

① 가, 나 ② 가, 마
③ 나, 다 ④ 다, 라
⑤ 라, 마

정답 및 해설

11	① 은퇴자금 설계 주요 포인트에 해당한다.
12	② 자신의 입장 변화
13	5명 이상이 모이면 금융과 보험업을 제외한 다양한 분야에서 협동조합을 설립할 수 있다. 협동조합은 영리활동과 비영리활동 모두 가능하지만 사회적 기업이나 비영리단체와는 그 성격이 다르다. 또 투자금의 액수와 상관없이 1인 1표의 의결권을 갖기 때문에 주식회사와도 다른 지배구조이다.

정답 11 ① 12 ② 13 ④

14 ✪✪✪

은퇴설계의 비재무적 요소에 대한 설명으로 가장 적절하지 않은 것은?

① 은퇴 이후 일과 집을 중심으로 형성된 생활리듬이 깨지기 때문에 가능한 빨리 새로운 생활리듬을 만들기 위해 노력해야 한다.
② 노후의 건강과 행복에 영향을 미치는 인간관계를 호위대 모델로 설명할 수 있다.
③ 노후의 거주지는 병원 접근성이 좋으면서도 가벼운 운동을 할 수 있는 자연친화적인 곳이면서, 대중교통 이용이 편리한 역세권이나 노인복지관 등 공공시설 접근성이 좋은 주거지를 우선 검토해야 한다.
④ 취미·여가활동 등 개인적인 생활은 은퇴설계 시 검토대상에서 제외한다.
⑤ 웰 다잉은 인간으로서 품위를 지키며 행복하게 죽는 것을 의미하며, 아름답게 삶을 마무리하는 것은 남은 유족들에게도 큰 위안이 될 것이다.

15 ✪✪✪

FP가 고객에게 은퇴설계 서비스를 제공할 때 연령과 직업에 관계없이 선행적으로 검토해야 할 이슈로 적절하지 않은 것은?

① 은퇴설계를 할 때에는 100세 시대에 맞게 인생지도를 재설계해야 한다.
② 재무와 비재무의 균형적인 은퇴설계를 해야 한다.
③ 부부 중심의 은퇴설계를 해야 한다.
④ 은퇴설계를 할 때 은퇴 이후의 시간활용에 대해서도 염두에 두어야 한다.
⑤ 목돈마련을 위한 투자에 초점을 둔다.

정답 및 해설

14	④ 은퇴 후 여가생활은 단순히 쉬는 것이 아니라 생활 자체인 만큼 경제 상황, 건강, 생활 환경을 고려해 개인별로 맞춤형 여가 설계를 해야 한다.
15	⑤ 매월 정기적으로 소득이 들어오는 '평생 소득'을 확보해야 한다. 일시적인 목돈보다 평생 월급을 받을 수 있는 연금 수급권이 중요하다.

정답 14 ④ 15 ⑤

16

연령대별 은퇴설계에 대한 설명으로 적절하지 않은 것은?

① 20대에는 아직 은퇴준비를 할 필요가 없다.
② 30대에는 3층 연금제도를 최대한 활용해 노후자금 준비를 시작해야 한다.
③ 40대는 소득이 매우 높은 시기로 자녀양육비와 노후자금 만들기를 병행해야 한다.
④ 50대는 자녀지원과 자신의 노후준비에 대한 적절한 조화가 필요하다.
⑤ 60대 이상에게 필요한 은퇴설계는 기존 자산을 활용한 노후 생활비 확보와 장기 간병에 대한 준비 및 상속증여가 초점이 된다.

17

60대 이상 은퇴설계에 대한 설명으로 적절하지 않은 것은?

① 국내만이 아니라 해외에도 분산투자하는 펀드나 변액연금상품 등을 검토하는 것도 좋은 방법이다.
② 기존 자산을 가지고 노후자금을 활용하는 방법은 금융자산과 부동산으로 나누어 생각할 수 있다.
③ 70대 이후의 장기 간병에 대한 준비도 필요하다.
④ 상속 및 증여에 대한 준비도 고려해야 한다.
⑤ 사회에 재산을 기부할 생각이라면 어떤 방식으로 할 것인지 등도 고려해야 한다.

정답 및 해설

16	① 20~30대 은퇴설계 시 중요한 것은 젊다고 방관하지 말고 가능한 빨리 노후준비를 시작하도록 하는 것이다.
17	① 20~30대 은퇴설계에 대한 설명이다.

정답 16 ① 17 ①

18 ✪✪✪

기초연금제도에 대한 설명으로 가장 적절하지 않은 것은?

① 공적 부조의 성격으로 65세 이상 고령자 중 소득 하위 60%에게 지급한다.
② 기초연금제도는 고령자들에게 연금을 지급해 안정적인 소득기반을 제공함으로써 고령자의 생활안정을 지원하고 복지를 증진하는 데 있다.
③ 기초연금은 한국 국적을 갖고 국내에 거주하는 만 65세 이상 고령자 중 소득인정액이 해당 연도 선정기준액 이하인 자에게 지급한다.
④ 소득인정액의 선정기준이 설정되면 주택공시가격, 물가상승률 등을 고려하여 매년 조정한다.
⑤ 소득인정액은 소득평가액과 재산의 소득환산액을 합한 금액이다.

19 ✪✪✪

국민연금제도에 대한 설명으로 적절하지 않은 것은?

① 연금 수령 기간 중에는 연금액을 매년 물가변동률을 반영해 지급하기 때문에 실질 가치가 보전된다.
② 최소 가입기간 20년을 채웠을 때 연금을 받을 권리가 발생한다.
③ 기준소득월액에 적용하는 연금보험료율은 현재 9%이며 사업장가입자는 회사와 본인이 절반씩 부담한다.
④ 자영업자 등 지역가입자는 9% 전액을 본인이 부담한다.
⑤ 노령연금의 수급개시연령은 과거에는 만 60세부터 지급했으나 단계적으로 수급개시연령을 올리고 있어 1969년생 이후 출생자는 65세부터 노령연금을 수령할 수 있다.

정답 및 해설

18	① 공적 부조의 성격으로 65세 이상 고령자 중 소득 하위 70%에게 지급한다.
19	② 최소 가입기간 10년을 채웠을 때 연금을 받을 권리가 발생한다.

정답 18 ① 19 ②

20 ⭐⭐⭐

국민연금제도에 대한 설명으로 적절하지 않은 것은?

① 최소 가입기간 10년을 채웠을 때 연금 수급권이 발생한다.
② 전업주부는 60세 이전에 본인 희망에 따라 임의가입 신청이 가능하다.
③ 60세에 도달한 가입자가 가입기간이 부족할 경우 의무적으로 최소 가입기간 10년을 채워야 한다.
④ 노령연금의 수급개시연령은 과거에는 만 60세부터 지급했으나 고령화에 따른 연금재정 건전성 유지를 위해 단계적으로 수급개시연령을 올리고 있다.
⑤ 1965~68년생은 64세부터 노령연금을 수령할 수 있다.

21 ⭐⭐⭐

국민연금제도에 대한 설명으로 가장 적절하지 않은 것은?

① 국가가 운영하는 공적연금으로, 연금 개시 이후 사망할 때까지 연금을 수령할 수 있고, 사후에는 생계를 함께한 배우자나 자녀 등 유족에게 유족연금이 지급된다.
② 연금 납부 기간 중에는 매년 물가변동률을 반영해 부리한다.
③ 국민연금 보험료는 가입자의 기준소득월액에 연금보험료율을 곱해서 결정된다.
④ 기준소득월액에 적용하는 연금보험료율은 현재 9%이며 사업장가입자는 회사와 본인이 절반씩 부담하고 지역가입자는 9% 전액을 본인이 부담한다.
⑤ 기본연금액은 연금수급 당시 평균소득월액과 본인의 가입기간과 가입기간 중의 소득에 의해 좌우된다고 할 수 있다.

정답 및 해설

20 ③ 국민연금은 만 18세 이상 만 60세 미만 국민이 가입대상이므로, 60세에 도달하면 국민연금 가입 자격을 상실하면서 반환일시금을 받게 된다. 가입기간이 부족해 연금 수급권이 없거나 가입기간을 연장하여 더 많은 연금을 받고자 하는 경우 65세에 달할 때까지 연장 가입이 가능하며, 이를 임의계속가입자라 한다.

21 ② 연금 수령 기간 중에는 연금액을 매년 물가변동률을 반영해 지급하기 때문에 실질가치가 보전된다는 장점이 있다.

정답 20 ③ 21 ②

22~23 다음 지문을 읽고 물음에 답하시오.

- 출생연도 : 1963년생
- 가입기간 : 20년
- 월 100만원씩 지급예정

22 ❂❂❂

위 고객의 국민연금 수급개시연령으로 적절한 것은?

① 만 60세 ② 만 61세
③ 만 62세 ④ 만 63세
⑤ 만 64세

23 ❂

위 고객이 의료비 용도로 1,000만원이 필요하여 국민연금 실버론을 활용할 경우 대출가능금액으로 적절한 것은?

① 100만원 ② 600만원
③ 750만원 ④ 800만원
⑤ 1,000만원

정답 및 해설

22	1952년생까지는 만 60세, 1953~56년생은 61세, 1957~60년생은 62세, 1961~64년생은 63세, 1965~68년생은 64세, 그리고 1969년생 이후 출생자는 65세부터 노령연금을 수령할 수 있다.
23	대출금액은 연간 연금수령액의 2배 이내에서 실 소요비(최고 1,000만원 한도)

정답 22 ④ 23 ⑤

24~25 다음 지문을 읽고 물음에 답하시오.

1966년 출생인 고객 D는 1995년에 취업하여 꾸준히 국민연금을 납부하였으며, 국민연금 수급이 가능한 연령이 되었을 때 받을 수 있는 연금예상액은 월 150만원이다.

24

D가 퇴직 후에도 소득이 있어 연금 수급개시연령을 늦추고자 할 때, 최대한도로 적절한 것은?

① 1년
② 3년
③ 5년
④ 10년
⑤ 15년

25

D가 퇴직 후 은퇴생활비 부족으로 조기노령연금을 수령하고자 할 때, 수급개시 가능한 연령으로 적절한 것은?

① 55세
② 56세
③ 57세
④ 58세
⑤ 59세

정답 및 해설

24 연금수급개시연령을 5년 한도로 늦출 수 있는 연기연금제도는 노령연금 수급자가 희망할 경우 1회에 한해 최대 5년간 연금액의 전부 또는 일부의 지급을 연기할 수 있는 제도다.

25 <출생연도별 국민연금 수급개시연령>

출생연도	수급개시연령		
	노령연금	조기노령연금	분할연금
1952년생 이전	60세	55세	60세
1953~56년생	61세	56세	61세
1957~60년생	62세	57세	62세
1961~64년생	63세	58세	63세
1965~68년생	64세	59세	64세
1969년생 이후	65세	60세	65세

정답 24 ③ 25 ⑤

26 ★★

공무원연금에 대한 설명으로 적절하지 않은 것은?

① 개인의 기여금 비율은 현재 9%이다.
② 퇴직연금은 10년 이상 재직하고 퇴직 후 연금지급 개시연령에 도달하면 사망할 때까지 연금을 수령할 수 있다.
③ 유족연금은 15년 이상 재직한 공무원이 재직 중 사망한 때 지급된다.
④ 장해급여는 재해보상 급여에 해당한다.
⑤ 공무원이 1년 이상 재직할 경우 퇴직수당이 있다.

27 ★

군인연금제도에 대한 설명으로 가장 적절하지 않은 것은?

① 국가와 특수한 관계에 있는 직종 종사자를 대상으로 하는 특수직역연금제도에 해당한다.
② 급여종류는 퇴직급여, 유족급여, 재해보상급여, 퇴직수당 등이 있다.
③ 직업군인이 재직기간에 납부한 기여금을 토대로 퇴역할 때 연금 및 일시금을 지급한다.
④ 군인연금은 기여금을 납부하는 군인에게만 적용된다.
⑤ 복무 기간이 20년 이상일 경우 퇴역연금이 지급되며, 복무 기간이 20년 미만일 경우는 퇴직일시금을 받게 된다.

✓ 정답 및 해설

26	③ 유족연금 지급요건은 10년 이상 재직한 공무원이 재직 중 사망한 때, 퇴직연금 또는 조기퇴직연금 수급자가 사망한 때, 장해연금 수급자가 사망한 때이다.
27	④ 군인연금은 원칙적으로 기여금을 납부하는 군인에게 적용되지만, 납부하지 않는 병사에 대해서도 사유 발생 시 사망보험금·장해보상금 등의 형식으로 지급된다.

정답 26 ③ 27 ④

28

공적연금 연계제도에 대한 설명으로 적절하지 않은 것은?

① 연계제도 신청은 강제사항은 아니며 본인이 희망할 경우 각 연금관리기간에 신청해서 연계연금을 수령할 수 있다.
② 국민연금 또는 특수직역연금의 어느 한쪽이나 또는 양쪽 모두 수급권자가 아니면서 합산한 가입 기간이 10년 또는 20년 이상일 경우만 연계연금을 신청할 수 있다.
③ 연계제도를 통해 지급되는 급여는 연계노령연금, 연계퇴직연금, 연계노령유족연금, 연계퇴직유족연금의 4종류가 있다.
④ 연계노령연금은 국민연금 가입기간에 대해 국민연금공단에서 지급하는 연금이고, 연계퇴직연금은 특수직역연금 가입기간에 대해 각 직역연금공단에서 지급하는 연금이다.
⑤ 연금지급개시연령은 60세부터이다.

29

확정급여형, 확정기여형 가입자가 개인형 IRP에 연간 추가 불입이 가능한 한도로 적절한 것은?

① 70만원　　② 100만원
③ 400만원　　④ 1,200만원
⑤ 1,800만원

정답 및 해설

28　⑤ 연금지급개시연령은 출생연도별로 다른데 60세부터 단계적으로 상향되어 최종적으로는 65세부터 지급할 예정이다.
29　확정급여형, 확정기여형 가입자도 연간 1,800만원의 한도 내에서 추가 불입 가능

정답 28 ⑤　29 ⑤

30 ✦✦✦

퇴직연금제도에 대한 설명으로 가장 적절한 것은?

① 퇴직연금제도의 근간이 되는 법은 근로기준법이다.
② 퇴직금제도와 퇴직연금제도를 합해 퇴직급여제도라고 정의하고 있다.
③ 현재 퇴직금의 사외적립방법인 퇴직보험·퇴직신탁과 병행이 가능하다.
④ 퇴직연금제도는 크게 확정급여형제도와 확정기여형제도의 2가지 유형으로 구성된다.
⑤ DB형과 DC형의 가장 큰 차이점은 퇴직급여의 일시금 수령 가능 여부에 있다.

31 ✦✦✦

퇴직연금제도별 특징에 대한 설명으로 적절하지 않은 것은?

구분	확정급여형(DB형)	확정기여형(DC형)
① 비용부담	사업자(기업)	사업자(기업)
② 부담금 수준	산출기초율에 따라 부담금 변동	가입자의 연간 임금총액의 1/12에 해당하는 금액 이상
③ 퇴직급여액	계속근로기간 1년에 대하여 30일분의 평균임금에 상당하는 금액	운용 결과에 따라 퇴직급여를 수령
④ 적립금 운용책임	근로자	사용자
⑤ 제도간 이전	퇴직 시 IRP로 이전	직장이동 시 이전 용이

✓ 정답 및 해설

30
① 퇴직연금제도의 근간이 되는 법은 근로자퇴직급여보장법이다.
③ 퇴직금의 사외적립방법으로 퇴직보험·퇴직신탁이 있었으나 2010년 12월 말 폐지되었다.
④ 퇴직연금제도는 크게 확정급여형제도(DB형)와 확정기여형제도(DC형), 개인형퇴직연금제도(IRP)의 3가지 유형으로 구성된다.
⑤ DB형과 DC형의 가장 큰 차이점은 적립금의 자산운용 책임을 누가 지는가에 있다.

31
확정급여형(DB형)은 사용자가 적립금 운용방법을 결정하고, 사용자는 근로자 퇴직 시 사전에 약정된 퇴직급여를 지급하는 반면, 확정기여형(DC형)은 근로자가 적립금 운용방법을 결정하고, 근로자는 일정연령에 도달하면 운용 결과에 따라 퇴직급여를 수령한다.

정답 30 ② 31 ④

32

퇴직연금제도에 대한 설명으로 가장 적절하지 않은 것은?

① 기존에 일시금으로 받던 퇴직금을 퇴직 후 일정 연령부터 본인의 선택에 따라 연금 또는 일시금으로 받을 수 있도록 한 제도이다.
② 현재 근로자를 고용한 모든 기업은 확정급여형제도와 확정기여형제도 중 한 개 이상의 제도를 의무적으로 도입해야 한다.
③ DB형에서는 기업의 책임하에 적립금이 운용되나, DC형은 근로자의 책임하에 적립금을 운용하는 퇴직연금 유형이다.
④ 기업은 DB형과 DC형 중 하나를 도입할 수도 있고, 둘 다 도입해 근로자에게 선택권을 줄 수도 있다.
⑤ DB형과 DC형은 55세 이상이면서 가입기간이 10년 이상이면 연금으로 수령 가능하며 연금수령 기간은 5년 이상이다.

33

확정급여형(DB형) 퇴직연금제도에 대한 설명으로 적절하지 않은 것은?

① 퇴직연금제도는 기존에 일시금으로 받던 퇴직금을 퇴직 후 일정 연령부터 본인의 선택에 따라 연금 또는 일시금으로 받을 수 있도록 한 제도로 2005년 12월에 도입되었다.
② 퇴직 시 지급할 급여수준을 노사가 사전에 약정한다.
③ 근로자의 퇴직급여를 회사가 모두 책임지는 유형이다.
④ 퇴직급여액도 기존의 퇴직금제도와 동일하게 퇴직 전 평균임금에 근로연수를 곱하여 산출한다.
⑤ 기업이 부담하는 부담금의 수준은 연간 임금 총액의 12분의 1 정도로 일정하다.

정답 및 해설

32	② 현재 근로자를 고용한 모든 기업은 퇴직금제도와 퇴직연금제도 중 한 개 이상의 제도를 의무적으로 도입해야 한다.
33	⑤ 확정기여형(DC형) 퇴직연금제도에 대한 설명이다. DB형에서는 기업의 책임하에 적립금이 운용되기 때문에 운용실적에 따라 기업의 부담금 수준은 변동될 수 있다.

정답 32 ② 33 ⑤

34

개인형 퇴직연금에 대한 설명으로 가장 적절하지 않은 것은?

① 사용자가 적립금 운용방법을 결정한다.
② 연간 1,800만원의 한도 내에서 추가 불입이 가능하다.
③ 가입 기간에 대한 조건은 없고 55세 이상이면 수령할 수 있으며 연금 수령기간은 5년 이상이다.
④ 적립금 운용단계에서는 운용수익에 대한 과세가 이연되기 때문에 복리효과를 누릴 수 있다.
⑤ 추가 납입금 중 세액공제 받은 금액 및 운용수익을 일시금 형태로 인출할 경우 기타소득세가 과세된다.

35

DC형 퇴직연금과 IRP 가입자가 중도인출이 불가능한 경우로 적절한 것은?

① 무주택자인 가입자가 본인 명의로 주택을 구입하는 경우
② 근로자, 근로자의 배우자 또는 근로자 또는 근로자의 배우자와 생계를 같이하는 부양가족이 질병 또는 부상으로 3개월 이상 요양을 필요로 하고 근로자가 요양비용을 부담하는 경우
③ 신청하는 날부터 역산하여 5년 이내에 근로자가 파산선고를 받은 경우
④ 신청하는 날부터 역산하여 5년 이내에 근로자가 개인회생절차개시 결정을 받은 경우
⑤ 천재지변 등으로 피해를 입는 등 고용노동부장관이 정하여 고시하는 사유와 요건에 해당하는 경우

정답 및 해설

34 ① 확정급여형(DB형)에 대한 설명이다. 개인형 퇴직연금(IRP)은 근로자가 적립금 운용방법을 결정한다.
35 ② 근로자, 근로자의 배우자 또는 근로자 또는 근로자의 배우자와 생계를 같이하는 부양가족이 질병 또는 부상으로 6개월 이상 요양을 필요로 하고 근로자가 요양비용을 부담하는 경우

정답 34 ① 35 ②

36

다음 중 세제적격 연금저축계좌에 대한 설명으로 가장 올바르지 않은 것은?

① 연금계좌의 납입한도는 퇴직연금과 합산하여 연간 1,800만원이다.
② 연간 세액공제 한도액은 600만원이다.
③ 중도 인출 및 중도 해지를 한 경우에는 별도의 세율이 적용된다.
④ 부득이하게 인출할 경우 연금소득세가 부과된다.
⑤ 중도 인출의 부득이한 사유로는 가입자 또는 그 부양가족의 2개월 이상 요양이 포함된다.

정답 및 해설

36 | 부득이한 중도인출 사유에는 천재지변, 가입자의 사망 또는 해외이주, 가입자 또는 그 부양가족의 3개월 이상 요양, 가입자의 파산선고나 개인회생, 금융회사의 영업정지·인가취소·파산 등이다.

정답 36 ⑤

37

세제 비적격 연금보험에 대한 설명으로 적절하지 않은 것은?

① 세액공제 혜택이 없다.
② 계약 후 10년 이내 중도해지 시 기타소득세가 부과된다.
③ 일시금을 납입한 다음달부터 연금을 수령할 수 있는 즉시연금이 있다.
④ 지급받는 보험금과 중도해지 시 지급받는 환급금이 투자 실적에 따라 달라지는 실적배당형 보험상품도 존재한다.
⑤ 종신연금형이나 종신연금형을 포함한 혼합연금형의 경우, 연금지급 개시 이후에는 계약을 해지할 수 없다.

38

주택연금제도의 가입조건에 대한 설명으로 적절한 것은?

① 주택소유자와 배우자 모두가 근저당권 설립일 기준으로 만 55세 이상이어야 한다.
② 상가의 경우 시가가 9억원 이하인 무주택자만 가입이 가능하다.
③ 다주택 보유자는 가입이 불가하다.
④ 주상복합건물은 이용이 불가하다.
⑤ 노인복지법상 노인복지주택도 해당 지자체에 신고된 주택은 주택연금을 이용할 수 있다.

정답 및 해설

37	② 세제 비적격 연금보험은 연금저축계좌와 같은 세액공제 혜택은 없지만 보험료 납입기간이 5년 이상이고 계약을 10년 이상 유지하는 등 관련 세법상 요건을 충족할 경우 보험차익이 비과세된다. 보험차익은 납부한 보험료와 지급한 보험금의 차액으로 이자소득세가 면세되는 상품이라고 할 수 있다. 따라서 10년 이내 중도해지 시에는 이자소득세가 부과된다.
38	① 주택소유자 또는 배우자가 대한민국 국민이고 근저당권 설립일 기준으로 만 55세 이상이어야 한다. ② 상가의 경우 가입이 불가하다. ③ 부부 기준 공시가격 12억원 이하 주택 한 채만 소유했거나, 다주택 보유자의 경우 보유주택합산 공시가격 12억원 이하이면 가입이 가능하다. ④ 주상복합건물도 이용이 가능하나 등기사항 증명서상 주택이 차지하는 면적이 1/2 이상이어야 한다.

정답 37 ② 38 ⑤

39 ✪✪✪

주택연금제도에 대한 설명으로 적절하지 않은 것은?

① 주택금융공사가 신청자에게 보증서를 발급해주고 은행이 공사의 보증서에 근거해 신청자에게 주택연금을 지급하는 구조이다.
② 계약 기간 동안 거주를 보장해 주지는 않는다.
③ 주택소유자 또는 배우자가 대한민국 국민이고 근저당권 설립일 기준으로 만 55세 이상이어야 한다.
④ 부부 기준 공시가격 12억원 이하 주택 한 채만 소유했거나, 다주택 보유자의 경우 보유주택합산 공시가격 12억원 이하이면 가입이 가능하다.
⑤ 지급방식은 크게 종신방식, 확정기간방식, 대출상환방식, 우대방식으로 나뉜다.

40 ✪✪✪

노인장기요양보험제도에 대한 설명으로 적절하지 않은 것은?

① 건강보험제도와 통합·운영되고 있다.
② 제도운영의 효율성을 도모하기 위하여 보험자 및 관리운영기관을 국민건강보험공단으로 일원화하고 있다.
③ 고령자를 중심으로 운영하고 있으며, 국고지원이 가미된 사회보험방식을 채택하고 있다.
④ 장기요양보험 가입자 및 피부양자 또는 의료급여 수급권자 중 65세 이상 노인은 장기요양인정 신청자격에 해당된다.
⑤ 65세 미만인 자도 치매, 뇌혈관성 질환 등 노인성 질병을 가진 자는 장기요양인정 신청자격에 해당된다.

정답 및 해설

39	② 계약 기간 동안 거주를 보장해 준다.
40	① 건강보험제도와 별개의 제도로 도입·운영되고 있다.

정답 39 ② 40 ①

41

성년후견제도에 대한 적절한 설명으로 모두 묶인 것은?

> 가. 후견인은 변호사, 법무사 같은 전문가로서 한 명만 선임이 가능하다.
> 나. 성년후견인을 선임하기 위해서는 피후견인 주소지의 가정법원에 청구할 필요가 있다.
> 다. 임의후견인 권한은 각 계약에서 정한 바에 따른다.
> 라. 사무 범위는 재산관리가 주 업무가 된다.
> 마. 후견감독인은 언제든지 후견인에게 임무수행에 관한 보고와 재산목록의 제출을 요구할 수 있고 피후견인의 재산상황을 조사할 수 있다.

① 가, 나, 라
② 가, 다, 라
③ 가, 다, 마
④ 나, 다, 마
⑤ 나, 라, 마

42

성년후견제도에 대한 설명으로 적절한 것은?

① 2010년 1월 1일 도입되었다.
② 후견인은 변호사, 법무사 같은 전문가만이 선임 가능하다.
③ 후견인 선임은 한 명만 가능하다.
④ 성년후견인을 선임하기 위해서는 피후견인 주소지의 가정법원에 청구할 필요가 있다.
⑤ 후견인의 사무 범위는 재산관리로 제한된다.

정답 및 해설

| 41 | 가. 후견인은 한 명이 될 수도 있고 여러 명이 될 수도 있으며 가족, 친척, 친구 등은 물론 변호사, 법무사, 세무사, 사회복지사 등 전문가도 될 수 있다.
라. 후견인의 사무 범위는 심판 내용에 따라 권한과 사무 내용이 달라지는데 크게 재산관리와 신상보호가 주 업무가 된다. |
| 42 | ① 2013년 7월 1일 도입되었다.
② 후견인은 가족, 친척, 친구 등은 물론 변호사, 법무사, 세무사, 사회복지사 등 전문가도 될 수 있다.
③ 후견인은 한 명이 될 수도 있고 여러 명이 될 수도 있다.
⑤ 후견인의 사무 범위는 심판 내용에 따라 권한과 사무 내용이 달라지는데 크게 재산관리와 신상보호가 주 업무가 된다. |

정답 41 ④ 42 ④

43 ✪✪✪

은퇴설계 프로세스 1단계에서 고객과의 관계를 정립할 때 미리 고객에게 설명을 해 두어야 하는 사항으로 적절하지 않은 것은?

① 정형화된 원칙하에 고객과의 관계정립을 진행한다.
② 은퇴설계의 목적과 컨설팅 프로세스 전체 흐름에 대해 설명한다.
③ 고객에게 제공하는 서비스 내용과 은퇴설계 제안서 작성을 위해 필요한 고객 정보에 대해 설명한다.
④ 고객과 FP의 책임에 대한 사항에 대해 설명한다.
⑤ 컨설팅 보수와 관련된 사항에 대해 설명한다.

44 ✪✪✪

은퇴설계 프로세스 1단계 고객과 관계정립 및 정보수집 과정에서 수행하는 업무로 가장 적절한 것은?

① 컨설팅 보수와 관련된 사항을 미리 고객에게 설명해 둔다.
② 현금흐름표를 작성한다.
③ 가계 대차대조표를 작성해 문제점을 분석한다.
④ 문제 해결을 위한 대안을 가능한 많이 검토해본다.
⑤ 최종적인 제안을 결정하고, 제안서를 고객에게 제시한다.

정답 및 해설

43	① 정형화된 원칙이 있는 것은 아니며, 전문가로서 신뢰를 얻는 것이 중요하다.
44	나머지는 모두 2단계 고객 분석 및 은퇴설계 제안 과정에서 수행하는 업무이다.

정답 43 ① 44 ①

45 ★★

은퇴설계 프로세스에 대한 설명으로 적절하지 않은 것은?

① 1단계는 고객과의 관계를 정립하고 은퇴설계에 필요한 정보를 수집하는 단계이다.
② 2단계는 고객의 정보를 분석해 은퇴설계 제안서를 작성하고 고객에게 제안하는 단계다.
③ 3단계는 제안한 내용을 고객이 실행하는 것을 지원하고 사후관리를 하는 단계이다.
④ 고객과 기본적인 관계가 정립되면 다음 단계로 고객의 현재 상황을 파악하고 고객의 은퇴생활의 희망과 목표를 명확히 한다.
⑤ 2단계에서는 은퇴설계용 라이프 이벤트 표를 작성해 재무 목표를 구체화한다.

46 ★★★

은퇴설계 프로세스 1단계에서 고객과의 관계정립 시 주의해야 할 항목으로 적절하지 않은 것은?

① 전문가다운 몸가짐, 매너, 언행을 가져야 한다.
② 성실성과 전문성, 중립성을 가지고 고객 의견에 공감 가는 자세로 대응한다.
③ 상담장소는 비밀보장이 되는 곳이어야 하고, 밝고 청결해야 한다.
④ 수수료 등 제반 비용에 대해서는 처음부터 구체적으로 언급할 필요가 없다.
⑤ 상담 중에는 핸드폰 전원을 끄고 고객만을 위해 시간을 투자한다는 인상을 주는 것이 필요하다.

정답 및 해설

45	⑤ 1단계에서 고객 정보를 수집할 때 실시하는 과정이다.
46	④ 수수료 등 제반 비용에 대해서는 구체적으로 공개한다.

정답 45 ⑤ 46 ④

47

고객의 니즈를 정확히 파악하기 위해서 주의해야 할 점으로 가장 적절하지 않은 것은?

① 고객의 희망사항이나 문제 등을 진지하게 경청하는 것이 필요하다.
② 다양한 질문을 통해 문제를 정리하고 명확히 해야 한다.
③ 고객의 말, 표정, 행동 등을 통해 느끼는 것도 매우 중요하므로 잘 관찰한다.
④ 일반적으로 고객은 처음부터 문제의 핵심을 말하고 싶어 하므로 알고 싶은 것을 먼저 물어본다.
⑤ 고객 자신이 느끼지 못한 잠재적인 요구사항이나 문제를 효과적인 질문을 통해 이끌어 내는 것도 중요하다.

48

은퇴설계 프로세스 1단계에서 면담의 의의와 효과로 가장 적절하지 않은 것은?

① 면담을 통해 고객의 성격이나 은퇴생활에 대한 생각, 투자에 대한 자세, 인생 목표나 희망 등을 보다 구체적으로 이해할 수 있다.
② 질문지로는 파악하기 힘든 미묘한 뉘앙스를 파악할 수 있다.
③ 면담을 통해 고객과의 신뢰를 쌓을 수 있다.
④ 직접 대화를 나눔으로써 고객에게 사무적인 인상을 주고 안정감을 줄 수 있다.
⑤ 면담을 통해 고객에게 FP의 전문성을 보여줄 수 있고 신뢰감을 높일 수 있다.

정답 및 해설

47	④ 일반적으로 고객은 처음부터 가족문제, 부채의 정확한 금액, 부부나 형제 관계, 부모와 자식 간의 갈등 등 문제의 핵심을 말하고 싶어 하지 않으므로, 문제 해결을 위해 "실례가 안 된다면 말씀해 주시겠습니까?"라는 질문을 고객에게 해보는 것도 효과적이다.
48	④ 질문지만으로는 사무적인 인상을 주어 참된 신뢰를 얻기 어렵기 때문에 직접 대화를 나눔으로써 고객에게 안정감을 주고 신뢰를 쌓을 수 있다.

정답 47 ④ 48 ④

49 🏅🏅🏅

라이프 이벤트 표 작성에 대한 설명으로 적절하지 않은 것은?

① 라이프 이벤트 표란 고객자신과 그 가족의 장래 예정이나 희망, 목표 등을 시계열로 나타낸 표이다.
② 라이프 이벤트 표 작성을 통해 고객은 막연하게 생각했던 자신과 가족의 장래 이벤트를 재확인할 수 있고, 지금부터 은퇴 이후까지를 한 눈에 파악할 수 있다.
③ 표에 자신의 부모나 배우자 부모도 같이 기입하면 부모와의 동거나 간병이 필요한 시기 등도 예측할 수 있다.
④ 라이프 이벤트별로 필요한 금액은 미래가치로 기입한다.
⑤ 일시적인 수입에 대해서도 기입한다.

50 🏅🏅

현금흐름표 작성에 대한 설명으로 가장 적절하지 않은 것은?

① 은퇴 이후의 현금흐름이 고객의 목표나 장래 이벤트에 대응해 적자가 없는지 혹은 적자가 지속되는지, 장기적인 관점에서 현금흐름을 분석해야 하며, 현재의 노후자금 준비로 은퇴생활의 목표를 달성할 수 있는지 점검해야 한다.
② 현금흐름표 작성은 라이프 이벤트 부분과 수입과 지출, 수지 부분으로 나눌 수 있다.
③ 수입항목 중 지속적인 수입은 급여소득 및 사업소득, 공적 연금, 사적 연금, 기타 수입으로 구분한다.
④ 지출 항목은 기본 생활비, 주거비, 교육비, 보험료, 기타 지출 등 지속적인 지출과 일시적인 지출로 분류하는 것이 일반적이다.
⑤ 수입금액은 수입 항목별로 해마다 현재가치로 계산한 세전 소득을 기입한다.

정답 및 해설

| 49 | ④ 라이프 이벤트별로 필요한 금액은 현재가치로 기입한다. |
| 50 | ⑤ 수입금액은 수입 항목별로 해마다 현재가치로 계산한 실질소득(가처분 소득, 세후 소득)을 기입한다. |

정답 49 ④ 50 ⑤

51

제안서 작성 시 제안 내용 검토 사항으로 가장 적절하지 않은 것은?

① 노후 준비자금 재검토
② 생활수준에 영향을 주지 않는 수입 재검토
③ 가계수지 전체나 보유자산의 재검토
④ 라이프 플랜 변경에 따른 재검토
⑤ 고객에게 추천할 대안 검토

52

은퇴설계 제안서 작성 시 주의점으로 적절하지 않은 것은?

① 문장은 읽기 쉽고, 알기 쉽고, 간결하게 작성한다.
② 표나 데이터는 고객에게 설명하기 쉬운 방법을 사용한다.
③ 다양한 대책을 단순히 나열하는 것도 좋은 방법이다.
④ 중요한 부분이나 결론에 대해서는 밑줄이나 색깔로 표시해서 강조한다.
⑤ 중고령자는 작은 글씨는 읽기 어려우므로 글씨를 크게 하는 배려도 잊지 말아야 하며, 항목별로 페이지를 바꿔서 작성한다.

정답 및 해설

51 ② 목돈 지출에 대한 재검토, 수입을 늘리는 대책 검토 등이 필요하다.
52 ③ 문제 해결을 위해 여러 대안을 제시할 경우 작성자인 FP는 가장 중요한 대책을 명확히 표시해야 하고, 추천 근거를 알기 쉽고 적절하게 설명하는 것도 필요하다. 다양한 대책을 단순히 나열하는 방법은 좋지 않다.

정답 51 ② 52 ③

53 ✪✪✪

은퇴설계 프로세스 3단계에서 제안 내용의 실행 지원에 대한 설명으로 적절하지 않은 것은?

① 제안한 내용의 실행을 지원하는 것도 FP의 중요한 임무이다.
② 실행 지원 방법으로 FP가 직접 연금상품이나 보험상품을 선택해 고객이 가입하는 것을 돕거나 부동산 매각·구입 등의 계약을 대행해 주는 방법이 있다.
③ 고객이 제안 내용을 실행하려고 하는데 적당한 상품이 없을 경우에는 유사 상품을 찾아서 조언을 해주는 것도 FP의 역할이다.
④ 제안 내용이 실제적으로 효과를 발휘하는지 여부는 구체적인 실행 여부에 달려 있으므로, 실행 지원은 고객이나 FP에게 매우 중요한 단계라고 할 수 있다.
⑤ 자사 상품이나 판매 수수료가 높은 상품을 추천해 FP의 수익확대를 추구해야 한다.

정답 및 해설

53 | ⑤ FP에게 수수료 수익이 높은 상품을 강요하는 행위를 해서는 안 되며, 고객에게 추천하는 상품은 고객의 이익을 최우선으로 해야 한다. 고객에게 좀 더 유리한 상품이 있다는 것을 알면서도 자신의 이익을 위해 자사 상품이나 판매 수수료가 높은 상품만 추천한다면 FP 윤리에 어긋난다고 할 수 있다.

정답 53 ⑤

Chapter 02 자가학습진단표

자신의 학습성취도를 스스로 진단하세요.

	진단 내용	Yes	No
01	은퇴설계의 필요성을 이해할 수 있습니까?		
02	우리나라 은퇴환경에 대한 설명을 할 수 있습니까?		
03	액티브에이징/제3기인생/앙코르 커리어의 개념들을 알 수 있습니까?		
04	은퇴생활 위험요소 중 장수리스크를 이해할 수 있습니까?		
05	은퇴자금 설계 주요 포인트에 대해 알 수 있습니까?		
06	은퇴크레바스의 개념을 알 수 있습니까?		
07	은퇴설계의 비재무적 요소에는 어떠한 내용들이 있는지 이해할 수 있습니까?		
08	연령대별 은퇴설계 포인트와 유의점을 설명할 수 있습니까?		
09	기초노령연금제도의 주요 내용을 알 수 있습니까?		
10	국민연금의 연금수급을 위한 최저가입기간을 알 수 있습니까?		
11	국민연금의 보험료 부담을 사업장가입자와 지역가입자로 구분하여 설명할 수 있습니까?		
12	공무원연금의 가입대상을 알 수 있습니까?		
13	특수직역연금의 퇴직연금수급을 위한 최저 가입기간을 알 수 있습니까?		
14	공적연금연계제도를 설명할 수 있습니까?		
15	확정급여형/확정기여형 퇴직연금제도의 특성을 비교할 수 있습니까?		
16	개인형퇴직연금(IRP)의 주요내용을 알 수 있습니까?		
17	연금저축계좌의 세제적격요건을 알 수 있습니까?		
18	은퇴설계 프로세스 3단계를 설명할 수 있습니까?		
19	고객 면담의 효과를 알 수 있습니까?		
20	실행지원 및 사후관리단계의 주요내용을 이해할 수 있습니까?		

Yes 개수별 진단결과

- 8개 이하 : 합격예상도는 40% ➜ 기본서로 관련 내용을 다시 한번 꼼꼼하게 학습하세요.
- 9~15개 : 합격예상도는 60% ➜ 핵심 정리를 통해 주요 내용을 다시 한번 체크하세요.
- 16개 이상 : 합격예상도는 80% ➜ 문제를 통해 100% 합격에 도전하세요.

부록
실전모의고사

부록 실전모의고사

시험 직전, 실전처럼 풀어보고 학습을 마무리하세요.

제1과목 | 자산관리 기본지식

001 개인 재무설계에 대한 설명으로 가장 적절하지 않은 것은?

① 개인의 재무적 복지증진은 재무설계와 재무상담의 공통된 관심사이다.
② 재무상담은 고객의 문제 평가, 재무설계는 고객의 목표에서 시작한다.
③ 비재무적 자원은 재무설계의 관리대상에 포함되지 않는다.
④ 개인상황, 경제환경의 변화를 고려하여 평생에 걸쳐 지속되어야 한다.
⑤ 단기적 문제해결도 재무설계의 영역에 포함된다.

002 개인 재무설계의 필요성에 대한 질문으로 적절한 것만 바르게 묶은 것은?

> 가. 가구의 자산은 감소하고 부채는 증가해 재무설계의 필요성이 커지고 있다.
> 나. 공적연금 외의 사적연금의 준비가 많지 않아 노후준비의 필요성이 커지고 있다.
> 다. 1인 가구의 증가로 재무설계의 필요성이 다소 줄어들고 있다.
> 라. 개인의 다양성과 개성 추구로 전문가의 도움이 더욱 필요하게 되었다.
> 마. 비재무적인 문제에 대한 소비자들의 관심과 요구가 확대되고 있다.

① 가, 마 ② 나, 다, 마
③ 가, 다, 마 ④ 나, 라, 마
⑤ 다, 라, 마

003 고객의 재무목표 설정에 대한 설명으로 가장 적절하지 않은 것은?
① 고객의 추상적인 재무목표를 구체적이고 수치화하도록 도와주어야 한다.
② 재무목표 설정을 위해 고객의 일반적인 관심사를 제시할 수 있다.
③ 가족축소기에는 자녀들의 결혼자금 마련이 주요 재무목표가 된다.
④ 기간별로 구분하는 경우 단기목표는 1년 이내의 재무목표를 의미한다.
⑤ 고객이 중요하다고 생각하는 재무목표부터 우선순위를 결정해야 한다.

004 효과적인 질문과 경청에 대한 설명으로 가장 적절한 것은?
① 좋은 질문이란 자산관리사가 원하는 답변을 유도할 수 있는 질문이다.
② 경청을 통해 자발적 참여를 유도하고 재무적인 정보 수집이 가능하다.
③ 시사 질문은 현재 안고 있는 어려움을 스스로 인식하게 하는 질문이다.
④ '어떤 노후를 보내고 싶으신가요?'는 문제 인식 질문에 해당한다.
⑤ 완고한 고객일수록 적극적인 질문을 통해 설득하는 것이 효과적이다.

005 고객에 관한 정보수집 방법에 대한 설명으로 가장 적절하지 않은 것은?
① 직접 면담은 고객을 가장 잘 이해할 수 있다는 것이 장점이다.
② 정보프로파일을 이용하는 경우 정보수집의 효율성을 높일 수 있다.
③ 설문서는 고객의 생각이 충분하게 반영되기 어렵다는 것이 단점이다.
④ 인터넷은 시간과 공간의 제약이 없고 쌍방향 의사소통을 극대화할 수 있다.
⑤ 전화는 수집한 정보에 대한 간단한 질문이나 확인이 필요할 경우 유용하다.

006 자산부채상태표와 현금흐름표에 대한 설명으로 가장 적절한 것은?
① 자산부채상태표는 일정 기간 동안의 고객의 자산, 부채, 순자산을 보여준다.
② 자산은 현금성자산, 금융투자자산, 부동산자산, 저축 및 투자로 구분한다.
③ 고객이 통제하기 어려운 세금, 주거비, 교통통신비는 고정지출에 해당한다.
④ 현금흐름표는 개인이나 가계의 재무상태 변동의 결과를 나타낸다.
⑤ 현금흐름표를 통해 소득수준, 생활수준, 투자능력 등을 파악할 수 있다.

007 고객의 월간 현금 유출내역이 아래와 같다면 고정지출 금액은 얼마인가?

- 외식비 : 120만원
- 공교육비 : 45만원
- 교양오락비 : 35만원
- 적립식투자 : 110만원
- 사교육비 : 150만원
- 주택관리비 : 60만원
- 대출금상환금 : 130만원

① 105만원
② 185만원
③ 220만원
④ 235만원
⑤ 260만원

008 제안서 작성 및 대안 수립에 대한 설명으로 가장 적절하지 않은 것은?
① 고객의 상황 변화에 대응할 수 있도록 유연하게 작성해야 한다.
② 자산관리사에 의해 내용이 달라질 수 있음을 설명해야 한다.
③ 고객에게 적합한 제안을 하되 너무 많은 대안을 나열하지 말아야 한다.
④ 가급적 표준화된 양식을 사용하여 고객에게 신뢰를 주어야 한다.
⑤ 물가상승률, 이자율 등 일반 경제에 대한 가정을 제시하여야 한다.

009 고객의 특성별 재무설계 제안에 대한 설명으로 가장 적절한 것은?
① 50대는 거액의 지출이 집중되는 시기로 부동산에 대한 애착이 강하다.
② 근로소득자는 금융상품을 통한 효율적 자산이전 방안을 고려해야 한다.
③ 개인사업자는 주 소득원에 대한 보장자산의 준비가 가장 중요하다.
④ 30대는 소비에 관심이 많고 재무설계에 대한 정보가 많은 편이다
⑤ 전문직 종사자는 사전증여를 통한 효율적 자산이전 방안을 고려해야 한다.

010 재무설계안의 실행과 사후관리에 대한 설명으로 적절한 것만 묶은 것은?

가. 재무목표 달성 시 예상되는 이익을 구체적으로 언급해서는 안 된다.
나. 논리적으로 설명하되 감성을 자극하는 스토리텔링을 제공하는 것이 좋다.
다. 재무설계안은 일관성 유지를 위해 가급적 변경하지 않는 것이 바람직하다.
라. 가입을 미루는 고객에게 손해를 암시하여 계약체결을 유도할 수 있다.
마. 긍정적인 피드백과 함께 개선을 요하는 발전적 피드백도 해 주어야 한다.

① 가, 나
② 가, 다
③ 가, 다, 라
④ 나, 라, 마
⑤ 다, 라, 마

011 거시경제 분석의 시계에 대한 설명으로 가장 적절한 것은?
① 거시경제는 분석 시간의 길이에 따라 단기와 장기로 구분한다.
② 최장기 거시경제의 주요 연구 대상은 경제성장이라고 할 수 있다.
③ 단기 경기변동은 기술의 변화와 생산요소의 총량으로 설명할 수 있다.
④ 단기 거시경제는 총공급의 증가요인을 주요 분석대상으로 한다.
⑤ 장기 거시경제는 가격과 임금이 경직적이고 완전고용을 가정한다.

012 국민소득 순환에 대한 설명으로 가장 적절하지 않은 것은?
① 2부문 모형에서 가계의 요소소득과 소비지출액은 같다.
② 국민소득 순환과정에서 조세, 저축, 수입은 누출에 해당한다.
③ 소득 측면의 국민소득은 소비, 국내투자, 재정지출, 수출의 합이다.
④ 저축과 조세징수가 증가할수록 상품·서비스수지 흑자가 늘어난다.
⑤ 상품·서비스수지는 민간 순저축과 재정수지의 합과 같다.

013 생산물시장의 총공급에 대한 설명으로 가장 적절하지 않은 것은?
① 단기 총공급곡선은 물가와 실질GDP 평명에서 우상향의 형태를 가진다.
② 물가가 변동할 경우 총공급량이 변화하여 총공급곡선상에서 움직인다.
③ GDP가 낮은 수준에서 단기 총공급의 물가에 대한 탄력성은 작다.
④ 잠재GDP에 근접할수록 단기 총공급곡선은 점점 수직에 가까워진다.
⑤ 임금 등 생산요소 가격이 하락하면 총공급곡선은 우측으로 이동한다.

014 실업에 관련한 설명으로 가장 적절한 것은?
① 자연실업률 수준에서는 마찰적 실업과 구조적 실업만 존재한다.
② 젊은 연령인구의 구성비가 증가하면 자연실업률은 감소한다.
③ 마찰적 실업은 기술 발전이나 기술의 변화 등에 따라 발생되는 실업이다.
④ 실업률은 노동가능인구 대비 실업자의 비율로 나타낼 수 있다.
⑤ 단기필립스 곡선은 인플레이션율과 실업률 평면에서 우상향 형태를 갖는다.

015 인플레이션에 대한 설명으로 적절하지 않은 것만 묶은 것은?

> 가. 잠재GDP의 성장속도가 통화량 증가 속도보다 빠를 때 발생한다.
> 나. 스태그플레이션은 물가는 상승하고 실질국민소득은 감소하는 것이다.
> 다. 채무자에서 채권자로, 노동자에서 기업가로 부가 재분배된다.
> 라. 임금 등 생산요소 가격이 상승하면 비용인상 인플레이션이 발생한다.
> 마. 가격기구의 역할이 약화되어 효율적 자원배분을 어렵게 한다.

① 가, 나
② 가, 다
③ 가, 라
④ 나, 다, 라
⑤ 나, 라, 마

016 정부의 재정정책에 대한 설명으로 가장 적절하지 않은 것은?

① 시장가격기구에 의한 자원 배분의 결점을 보완하는 기능을 한다.
② 비재량적재정정책보다 재량적재정정책의 효과가 더 큰 것이 일반적이다.
③ 통화정책에 비해 경제변동에 반응해 정책을 변경하는 시간이 더 길다.
④ 재정조달을 위한 국채를 중앙은행이 인수하는 경우 구축효과가 발생한다.
⑤ 재정지출 확대 재원을 조세를 통해 조달할 경우 민간소비가 위축된다.

017 대부자금시장에 대한 설명으로 가장 적절하지 않은 것은?

① 현금보유비율이 상승하면 통화승수는 상승한다.
② 본원통화는 현금통화와 예금은행 지급준비금을 합산한 개념이다.
③ 유동성이 높은 준통화비율이 증가하면 통화승수가 증가한다.
④ 통화정책은 재정정책에 비해 외부시차가 긴 것이 일반적이다.
⑤ 예금자의 현금보유비율은 소득이 낮을수록 높아진다.

018 이자율과 관련한 설명으로 가장 적절하지 않은 것은?
① 무위험이자율이 높을수록 현재 소비를 줄이고 저축을 많이 하게 된다.
② 기대이론과 시장분할이론은 우상향의 수익률곡선을 설명하지 못한다.
③ 실질이자율이 상승하면 대부자금의 공급량은 곡선을 따라 증가한다.
④ 일반적으로 실질GDP가 증가하면 정부의 대부자금 수요는 증가한다.
⑤ 재정흑자인 경우 총저축이 증가하여 대부자금 공급곡선이 우측으로 이동한다.

019 환율에 대한 설명으로 가장 적절한 것은?
① 외국통화표시 환율은 외화 1단위와 교환되는 자국통화의 교환비율이다.
② 일반적으로 매입환율이 매도환율 보다 높게 형성된다.
③ 자국통화가 배제된 외국 통화 간의 환율을 재정환율이라고 한다.
④ 다른 조건이 일정할 때 실질환율이 높으면 자국의 물가가 높은 것이다.
⑤ 실효환율은 자국 통화와 여러 통화 간의 환율을 가중평균한 것이다.

020 다음 중 환율이 상승하는 변동요인으로만 바르게 묶은 것은?

가. 국내 물가 하락	나. 국내 실질GDP 고성장
다. 환율상승 기대	라. 국내 실질이자율 상승
마. 민간수지 흑자	바. 중앙은행 외환 매입

① 가, 나, 다   ② 나, 다, 바
③ 나, 다, 마   ④ 가, 라, 바
⑤ 나, 라, 바

021 경제가 침체국면에 있을 때 경제상태 분석으로 가장 적절하지 않은 것은?
① 기업은 실질임금 상승 압력 없이 고용량을 늘릴 수 있다.
② 총공급의 물가에 대한 탄력성은 매우 작은 편이다.
③ 총수요가 증가할 경우 실질GDP성장률이 물가상승률보다 크다.
④ 실질이자율에 대한 대부자금 수요는 비탄력적이다.
⑤ 해외부문을 고려하면 대부자금 공급은 실질이자율에 대해 탄력적이다.

022 경기침체기의 지급준비율을 낮추어 실질통화공급을 증가시키는 확장적 통화정책에 따른 거시경제 변수의 변동으로 가장 적절하지 않은 것은?
① 물가는 상승하고 실질GDP와 명목GDP 모두 증가한다.
② 명목임금과 실질임금 모두 상승하며 실업률은 낮아지고 고용률은 높아진다.
③ 대부자금의 공급이 증가하여 실질이자율과 명목이자율 모두 하락한다.
④ 국가간 자본이동성과 관계없이 명목환율과 실질환율 모두 상승한다.
⑤ 실질이자율의 하락과 실질GDP의 증가로 국내 민간총투자는 증가한다.

023 경기변동의 일반적 특징으로 가장 적절하지 않은 것은?
① 경기변동은 반복적으로 나타나지만 그 주기는 일정하지 않다.
② 경기변동의 확장기간과 수축기간이 다른 비대칭성을 보인다.
③ 비내구재 산업의 생산과 고용의 진폭은 작고 상대적으로 가격변화는 크다.
④ 내구재소비는 GDP보다 변동성이 작고 GDP에 후행하는 경향이 있다.
⑤ 생산성의 변동성은 GDP와 비슷하며 경기변동에 선행하는 경향이 있다.

024 종합경기지표를 이용한 경기예측 방법에 대한 설명으로 가장 적절하지 않은 것은?
① 발표된 구성지표는 차후에 크게 수정되거나 변경되지 않아야 한다.
② 경제심리지수, 장단기 금리차, 수출입물가비율은 선행종합지수이다.
③ 경기변동의 방향, 국면, 전환점, 속도까지 구체적으로 분석할 수 있다.
④ 선행지수 중 증가율의 합이 감소율의 합보다 크다면 경기상승으로 본다.
⑤ 매월의 움직임과 함께 일정 기간의 추세를 함께 고려해야 한다.

025 경기예측 방법에 대한 설명으로 가장 적절하지 않은 것은?
① 개별경제지표를 이용하는 경우 경기변동을 종합적으로 파악하기 어렵다.
② 선행종합지수 전년동월비는 방향성보다 크기와 증감률이 중요하다.
③ 경기종합지수는 월간의 미세한 변동까지도 파악이 가능하다.
④ 기업경기실사지수는 100 이상일 경우 확장국면으로 판단한다.
⑤ 시계열모형을 이용한 경기예측은 이론적 근거가 취약한 것이 단점이다.

026 민법에 대한 다음의 설명 중 잘못된 것은?
① 민법은 사인간의 생활관계와 법률관계를 규율하는 법이다.
② 개인이 다른 사람에게 가한 손해에 대하여는 그 행위가 위법할 뿐만 아니라 고의에 기한 경우에만 책임을 진다.
③ 권리와 의무는 서로 대응하여 존재하는 것이 보통이다.
④ 모든 법률관계는 일정한 객체를 필요로 한다.
⑤ 법률행위의 주된 요소는 법률사실인 의사표시이다.

027 물권에 대한 다음의 설명 중 옳지 못한 것은?
① 물권은 특정의 독립된 물건 자체를 객체로 하여 권리를 실현하는 재산권이다.
② 민법은 기본 물권으로 점유권, 소유권을 인정한다.
③ 동일물에 대하여 물권과 채권이 병존하는 경우 그 성립시기를 불문하고 항상 물권이 우선한다.
④ 주택임대차보호법에 의하여 대항력 요건을 갖춘 주택임차권은 채권이기 때문에 물권과 대등한 효력을 갖지 못한다.
⑤ 물권 중 소유권과 제한물권이 병존하는 경우 소유권이 우선한다.

028 법률관계의 주체에 관한 다음 내용 중 틀린 것은?
① 법인은 일정한 법적요건을 구비한 경우 (법인등기)정관으로 정한 목적의 범위 내에서 권리능력을 가진다.
② 사법상 권리, 의무의 주체는 자연인과 법인 두 종류가 있다.
③ 자연인은 생존하는 동안 권리능력을 가진다.
④ 법인은 설립 시부터 파산신청 시까지 권리능력을 가진다.
⑤ 종중, 교회는 법인격 없는 사단이라 할 수 있다.

029 의뢰인의 착오송금 시 업무방법에 관한 다음 내용 중 맞는 것을 모두 고르시오.

ㄱ. 수취인이 해당금액을 임의로 인출하여 사용하는 경우 절도죄에 해당한다.
ㄴ. 송금은행은 수취인에게 송금사실 등을 알려야 한다.
ㄷ. 송금은행은 송금인에게 수취인에 대한 연락사실 등을 알려야 한다.
ㄹ. 송금인은 수취인을 상대로 부당 이득 반환 청구권을 가진다.

① ㄱ, ㄴ, ㄷ, ㄹ
② ㄴ, ㄷ, ㄹ
③ ㄱ, ㄴ, ㄹ
④ ㄱ, ㄷ
⑤ ㄴ, ㄹ

030 주식회사의 기관에 대한 다음의 설명 중 잘못된 것은?
① 주주총회는 주주로 구성되며 회사의 기본적 사항에 관하여 회사의 의사를 결정하는 필요상설기관이다.
② 이사는 주주총회에서 선임되며 이사회의 구성원이 된다.
③ 이사는 회사의 업무집행에 관한 이사회의 의사결정과 대표이사의 업무집행을 감독하는 데 참여할 권한을 갖는 자이다.
④ 대표이사는 이사 중에서 주주총회의 결의로 선임되는 것이 원칙이다.
⑤ 회사는 대표이사에 갈음하여 집행임원을 둘 수 있다.

031 은행의 여신업무와 관련된 설명 중 잘못된 것은?
① 여신은 금융기관이 신용을 공여하는 일체의 금융거래를 포괄적으로 나타내기 위하여 사용되는 개념이다.
② 대출은 법률적으로 민법상의 소비대차이다.
③ 대출계약은 차주가 금전소비대차약정서를 작성하여 은행에 제출함으로써 성립한다.
④ 채무자가 기한의 이익을 상실한 경우라 하더라도 채무자의 악화되었던 신용이 회복되었거나 채권보전의 필요가 심각하지 않은 경우에는 채무자의 기한의 이익을 부활시킬 수 있다.
⑤ 대출계약은 유상·낙성·쌍무계약이다.

032 전자증권제도에 관한 다음 내용 중 틀린 것은?
① 전자등록의 효과로는 권리추정력, 효력발생요건, 선의취득이 있다.
② 실물증권의 발행 없이 전자적 방법에 따라 증권을 등록발행하고 전산장부상으로만 양도, 담보, 권리행사 등이 이루어지는 제도이다.
③ 2019년 9월 시행 이후 증권시장에 상장된 회사는 의무적으로 예탁제도에서 전자증권제도로 전환된다.
④ 신탁의 경우는 효력발생요건이 아닌 제3자에 대한 대항요건이다.
⑤ 증권소유자가 요청하는 경우 실물발행이 가능하다.

033 다음 중 불특정금전신탁에 관한 내용을 모두 고르시오.

> ㄱ. 합동운용할 수 있다.
> ㄴ. 펀드와 비슷하다.
> ㄷ. 수탁자에게 운용을 일임한다.
> ㄹ. 현재 신규취급이 불가능하다.

① ㄱ, ㄴ, ㄷ, ㄹ ② ㄴ, ㄷ, ㄹ
③ ㄱ, ㄷ, ㄹ   ④ ㄱ, ㄴ
⑤ ㄴ, ㄹ

034 담보물권의 성질에 관한 다음 내용 중 맞는 것을 모두 고르시오.

> ㄱ. 담보물권은 담보하는 채권(피담보채권)이 있어야 담보물권도 존재하는데 이를 부종성이라고 한다.
> ㄴ. 피담보채권이 이전하면 담보물권도 따라서 이전하는데 이를 수반성이라고 한다.
> ㄷ. 근저당권은 수반성이 완화되어 있어 피담보채권이 소멸해도 소멸하지 않는다.
> ㄹ. 담보물권의 목적물이 멸실·훼손 등으로 인하여 그에 갈음하는 금전 기타의 물건이 목적물의 소유자에게 귀속하게 되면 담보물권은 그 금전 등에 존속한다.

① ㄱ, ㄴ, ㄷ, ㄹ ② ㄴ, ㄷ, ㄹ
③ ㄱ, ㄴ, ㄹ   ④ ㄱ, ㄷ
⑤ ㄷ, ㄹ

035 다음 중 "채권, 기업어음 그 밖에 이와 유사한 것으로서 지급청구권이 표시된 것"에 해당하는 것은?

① 채무증권   ② 지분증권
③ 수익증권   ④ 투자계약증권
⑤ 파생결합증권

036 여신전문금융업법 중 신용카드에 관한 다음 내용 중 맞는 것을 모두 고르시오.

> ㄱ. 신용카드는 권리 또는 재산권을 표창한 증권이다.
> ㄴ. 신용카드는 본인의 신청에 의해서만 발급된다.
> ㄷ. 신용카드 가맹점 수수료를 신용카드 회원에게 전가할 수 없다.
> ㄹ. 분실, 도난 등의 통지를 받은 날로부터 60일 전까지 발생한 신용카드 사용에 대해 신용카드 업자가 책임을 진다.

① ㄱ, ㄴ, ㄷ, ㄹ
② ㄴ, ㄷ, ㄹ
③ ㄱ, ㄷ, ㄹ
④ ㄱ, ㄷ
⑤ ㄷ, ㄹ

037 상속에 대한 다음의 설명 중 잘못된 것은?

① 상속의 제1순위는 직계비속과 배우자이다.
② 상속인은 상속이 개시된 때에 피상속인의 재산에 관한 모든 권리·의무를 포괄적으로 승계한다.
③ 동순위의 상속인이 여럿인 때에는 상속분은 균분으로 한다.
④ 상속인은 상속개시 있음을 안 날로부터 3개월 내에 단순승인·한정승인 또는 포기를 할 수 있다.
⑤ 상속재산의 분할은 협의분할 → 유언분할 → 심판분할 순으로 한다.

038 개인회생제도와 관련된 설명 중 잘못된 것은?

① 개인회생절차의 경우 일정한 요건이 충족된 경우에 한하여 면책결정을 받아야 비로소 면책된다.
② 채권의 조사는 채무자의 신고에 의존한다.
③ 변제계획안이 인가되면 연체정보 등록이 해제되고, 채권자들로부터 추심도 받지 않는다.
④ 파산원인, 염려가 있는 자연인 개인(급여소득자 또는 영업소득자)만이 신청 가능하다.
⑤ 법원은 신청일부터 3월 이내에 개인회생절차의 개시 여부를 결정하여야 한다.

039 유언에 관한 다음 내용 중 틀린 것은?

① 상대방 없는 단독행위이다.
② 일정한 방식에 따르지 않은 유언은 유언자의 진정한 의사이더라도 무효이다.
③ 자필증서·녹음·공정증서·비밀증서·구수증서유언 중 자필증서유언을 제외한 나머지는 증인이 참여해야 한다.
④ 공정증서유언은 법원의 검인절차가 필요 없다.
⑤ 유증은 유언에 의하여 재산상의 이익을 타인에게 무상으로 주는 계약이다.

040 민법상 '계약'에 관한 다음 내용 중 맞는 것을 모두 고르시오.

> ㄱ. 소비대차는 당사자 일방이 금전 기타 대체물의 소유권을 상대방에게 이전할 것을 약정하고 상대방은 동종동질·동량으로 반환할 것을 약정함으로써 성립하는 계약이다.
> ㄴ. 계약의 해지는 소급효가 있다.
> ㄷ. 계약이 성립하면 법률효과로서 권리·의무가 발생한다.
> ㄹ. 소비대차는 낙성계약이다.

① ㄱ, ㄴ, ㄷ, ㄹ ② ㄴ, ㄷ, ㄹ
③ ㄱ, ㄷ, ㄹ   ④ ㄱ, ㄷ
⑤ ㄷ, ㄹ

제2과목 | 세무설계

041 다음 중 소득세에 대한 설명으로 잘못된 것은?
① 소득세는 개인에게 부과되는 세금이므로 종합과세하는 것이 원칙이다.
② 우리나라 소득세법은 원칙적으로 열거주의에 의한 소득원천설을 따르고 있다.
③ 비과세소득과 분리과세소득 및 분류과세 소득은 종합소득금액에 합산하지 아니한다.
④ 종합소득세를 구성하는 모든 세목에 대하여 유형별 포괄과세주의를 도입하고 있다.
⑤ 퇴직소득과 양도소득은 종합소득금액에 합산하지 않고 분류과세한다.

042 다음 거주자와 비거주자에 대한 설명으로 잘못된 것은?
① 국내에 주소를 두거나 183일 이상 거소를 둔 개인을 거주자라 한다.
② 계속하여 183일 이상 국내에 거주할 것을 통상 필요로 하는 직업을 가진 때에는 거주자로 본다.
③ 거주자는 국내외에서 발생한 모든 소득에 대해서 납세할 의무가 있다.
④ 국외에서 근무하는 공무원 또는 해외현지법인 등에 파견된 임원 또는 직원은 비거주자에 해당한다.
⑤ 비거주자는 국내원천소득에 대해서만 납세의무가 있다.

043 다음 설명 중 잘못된 것은?
① 상가를 임대하고 임대료 외에 보증금을 받은 경우에도 임대소득을 계산한다.
② 근로자가 고용계약에 의하여 근로를 제공하고 그 대가로 받은 급여 등을 근로소득이라 한다.
③ 소득세법에 열거되어 있지 않은 소득에 대해서는 모두 기타소득으로 과세한다.
④ 기타소득 중 원고료, 강연료 등은 총수입금액의 60%를 필요경비로 인정해준다.
⑤ 기타소득금액이 300만원 이하인 경우 분리세와 종합과세를 선택할 수 있다.

044 다음 종합소득공제 중 기본공제에 대한 설명으로 잘못된 것은?
① 기본공제대상자는 각각 1인당 연 150만원씩을 공제한다.
② 배우자의 경우 연령은 따지지 않고 연간 소득금액이 100만원 이하인 경우 또는 근로소득만 있는 경우로서 총급여액이 500만원 이하인 경우에는 기본공제대상자가 될 수 있다.
③ 직계존속의 경우 만 60세 이상이면서 연간소득금액이 100만원 이하인 경우 또는 근로소득만 있는 경우로서 총급여액이 500만원 이하인 경우에는 기본공제대상자가 될 수 있다.
④ 장인이나 장모도 기본공제대상자가 될 수 있다.
⑤ 며느리나 사위는 기본공제대상자가 될 수 있으나, 형수나 제수 등은 기본공제대상자가 아니다.

045 다음 중 종합소득세 절세전략에 대한 설명으로 잘못된 것은?
① 맞벌이 부부의 경우 소득이 많은 쪽에서 부양가족공제 등 소득공제를 선택하도록 한다.
② 물품 등을 구입 시 신용카드를 사용하거나 현금영수증을 받도록 한다.
③ 부모님과 함께 살지 않아도 부양가족공제 및 추가공제가 가능함에 유의한다.
④ 퇴직금은 가능하면 일시금으로 수령하는 것이 세 부담 측면에서 유리하다.
⑤ 상가를 신축하는 경우에는 미리 사업자등록을 하여 부가가치세를 환급받을 수 있도록 한다.

046 현행 소득세법 기본세율과 상속증여세법상 세율 중 가장 높은 세율은 각각 몇 %인가?
① 38%, 40%   ② 40%, 50%
③ 42%, 40%   ④ 45%, 50%
⑤ 45%, 60%

047 다음 중 종합소득세의 과세기간과 신고납부기한에 대한 설명으로 잘못된 것은?
① 소득세는 매년 1월 1일부터 12월 31일까지가 과세기간이다.
② 연도 중에 거주자가 사망한 경우에는 1월 1일부터 사망한 날까지가 과세기간이다.
③ 거주자가 주소 또는 거소의 국외이전으로 비거주자가 되는 경우에는 1월 1일부터 국외이전으로 출국한 날까지가 과세기간이다.
④ 거주자가 사망한 경우 상속개시일이 속하는 달의 말일부터 6개월이 되는 날까지 과세표준을 신고하여야 한다.
⑤ 거주자가 주소 또는 거소의 국외이전을 위하여 출국하는 경우에는 출국일이 속하는 과세기간의 과세표준을 출국일까지 신고하여야 한다.

048 종합소득세 계산 시 인적공제 중 추가공제에 대한 설명으로 잘못된 것은?
① 기본공제대상자가 70세 이상이면 1인당 100만원의 경로우대공제가 가능하다.
② 기본공제대상자가 장애인인 경우 1인당 200만원의 장애인공제가 가능하다.
③ 배우자가 있는 여성인 경우 종합소득금액의 크기와 상관없이 연 50만원의 부녀자공제가 가능하다.
④ 해당 거주자가 배우자가 없는 사람으로서 기본공제대상자인 직계비속 또는 입양자가 있는 경우 한부모공제 100만원이 가능하다.
⑤ 부녀자공제와 한부모공제가 중복되는 경우에는 한부모공제를 적용한다.

049 다음 중 신용카드 등 사용금액 소득공제에 대한 설명으로 잘못된 것은?
① 근로자 본인과 기본공제대상자 중 배우자 및 생계를 같이하는 직계존비속으로서 연간 종합소득금액이 100만원 이하인 자가 사용한 금액도 공제가능하다.
② 총급여액의 25%를 초과하는 사용액이 공제 대상이다.
③ 외국에서 사용한 금액은 공제대상에서 제외된다.
④ 상품권 등 유가증권 구입비도 공제대상에 포함된다.
⑤ 사업소득과 관련된 비용으로 필요경비로 인정받은 금액은 공제대상에서 제외된다.

050 다음 중 「소득세법」상 이자소득에 해당하지 않는 것은?
① 채권 및 증권의 이자와 할인액
② 환매조건부 채권, 증권의 매매차익
③ 집합투자기구로부터의 이익
④ 비영업대금의 이익
⑤ 직장공제회 초과반환금

051 다음은 종합소득의 계산방법에 대한 설명이다. 이 중 맞지 않는 것은?
① 분리과세소득은 종합소득금액에 포함하지 않는다.
② 이자소득은 필요경비를 인정하지 않는다.
③ 비과세소득은 종합소득금액에 포함하지 않는다.
④ 연금소득에 대하여는 필요경비를 본인이 입증해야 한다.
⑤ 이자, 배당, 사업, 근로, 연금소득에 속하지 않는 소득이라고 해서 모두 기타소득으로 과세하는 것은 아니다.

052 다음 중 2025년 귀속 종합소득세 신고 시 종합소득공제 기본공제대상자는?
① 총급여액이 400만원인 며느리
② 금융소득만 2,050만원인 만 65세의 처제
③ 양도소득금액이 250만원이어서 양도소득 과세표준이 '0'원인 만 70세의 시아버지
④ 소득이 없는 만 21세의 장애인 처남
⑤ 소득이 없는 2004년 12월 31일생 아들

053 다음 중 이자소득에 대한 설명으로 잘못된 것은?

① 이자소득에 대해 적격증빙을 수취한 경우 필요경비를 공제받을 수 있다.
② 채권 또는 증권의 환매조건부 매매차익은 이자소득으로 과세한다.
③ 비영업대금의 이익은 이자소득으로 과세하고, 영업대금의 이익은 사업소득으로 과세한다.
④ 외상매입금이나 미지급금을 약정기일 전에 지급함으로써 받는 할인액은 이자소득으로 보지 않는다.
⑤ 저축성보험차익은 이자소득으로 보아 과세대상이 되나, 일정한 요건을 갖춘 장기저축성보험차익은 정책적으로 과세제외시키고 있다.

054 다음 금융소득종합과세에 대한 설명으로 잘못된 것은?

① 이자와 배당소득이 금융소득에 해당한다.
② 종합과세대상은 2천만원을 초과하는 금융소득이다.
③ 금융소득이 종합과세되는 경우, 분리과세되는 경우보다 세 부담이 감소하는 경우는 없다.
④ 비과세와 분리과세 금융소득을 포함하여 2천만원 초과 여부를 판정한다.
⑤ 부부의 경우에도 합산하지 않는다.

055 다음 중 「소득세법」상 원천징수세율이 잘못된 것은?

① 비영업대금의 이익 : 25%
② 보유기간이 3년 이상이고, 만기가 10년 이상인 장기채권의 이자·할인액에 대하여 분리과세 신청을 하는 경우 : 30%
③ 직장공제회 초과반환금 : 14%
④ 비실명금융소득으로서 금융기관이 지급하는 경우 : 90%
⑤ 이자·배당소득에 대한 일반적인 원천징수세율 : 14%

056 다음 배당소득에 대한 설명 중 잘못된 것은?

① gross - up 제도는 이중과세를 조정해주기 위함이지만 완전한 이중과세 조정이 되는 것은 아니다.
② 현행 gross - up 비율은 10%로 일정하다.
③ 분리과세되는 배당소득은 gross - up 대상이 아니다.
④ 법인세가 과세된 소득이어야 gross - up 대상이다.
⑤ 내국법인뿐만 아니라 외국법인으로부터 받은 배당소득도 gross - up 대상이다.

057 다음 이자소득과 배당소득의 수입시기가 잘못 연결된 것은?

① 무기명의 공채 또는 사채의 이자와 할인액 : 지급받은 날
② 잉여금처분에 의한 배당 : 잉여금처분 결의일
③ 법인의 합병으로 인한 의제배당 : 합병등기일
④ 법인의 해산으로 인한 의제배당 : 해산등기일
⑤ 법인세법에 의해 처분된 배당 : 당해법인의 결산확정일

058 다음 중 금융소득종합과세 절세전략으로 잘못된 것은?

① 주로 거래하는 금융회사를 정해 놓은 것이 좋다.
② 비과세저축이나 분리과세저축을 최대한 활용한다.
③ 금융소득이 많이 발생한다면 금융자산을 가족에게 분산시킨다.
④ 연간 금융소득의 발생을 여러 해에 걸쳐서 분산시킨다.
⑤ 배당소득이 원천징수되지 아니한 경우에도 2천만원 이하인 경우에는 종합과세 대상이 아니다.

059 지방세에 대한 다음 설명 중 잘못된 것은?

① 토지, 건축물, 주택, 선박, 항공기가 재산세 과세대상이다.
② 재산세의 과세기준일은 6월 1일이다.
③ 주택에 대한 재산세는 동일한 금액을 1년에 두 번 납부한다.
④ 토지에 대한 재산세 납기일은 매년 7월 16일부터 7월 31일까지이다.
⑤ 취득세는 60일 내에 신고납부해야 한다.

060 다음 종합부동산세에 대한 설명 중 틀린 것은?

① 종합부동산세는 부과징수가 원칙이지만 신고납부도 가능하다.
② 종합부동산세 세액이 500만원을 초과하는 경우 분납이 가능하다.
③ 주택에 대한 종합부동산세 과세대상 여부는 세대별이 아닌 개인별로 판단한다.
④ 1세대 1주택 부부공동명의인 경우, 단독명의 1주택자인 경우와 비교하여 유리한 쪽으로 신청할 수 있다.
⑤ 종합부동산세는 국세에 해당한다.

061 양도소득세 과세대상 토지와 주식을 2025년 2월 23일에 양도하였다. 이때 양도소득세 예정신고납부기한은 각각 언제까지인가?

	토 지	주 식
①	2025년 2월 31일	2025년 4월 30일
②	2025년 3월 31일	2025년 5월 31일
③	2025년 4월 30일	2025년 7월 31일
④	2025년 4월 30일	2025년 8월 31일
⑤	2025년 8월 31일	2025년 8월 31일

062 다음 중 양도소득세 절세방안으로 잘못된 것은?

① 양도차익이 발생하는 경우에는 연중 중복양도는 피하는 것이 좋다.
② 무허가주택은 1세대 1주택 주택 수 판정 시 주택으로 보지 아니한다.
③ 2주택 이상 보유자인 경우 양도차익이 적은 주택을 먼저 양도한다.
④ 증여자가 1세대 1주택 양도세 비과세요건을 갖춘 주택을 부담부증여 대상으로 한다면 절세가 가능하다.
⑤ 양도차익이 큰 부동산은 배우자에게 증여한 후, 증여일로부터 10년이 지난 후에 양도하면 절세가 가능할 수 있다.

063 다음 중 양도소득세의 과세대상이 아닌 것은?

① 전세권
② 등기된 부동산 임차권
③ 골프회원권
④ 분양권
⑤ 영업권

064 양도소득세에 대한 설명으로 틀린 것은?

① 1주택을 여러 사람이 공동으로 소유하는 경우 각각을 주택의 소유자로 본다.
② 겸용주택의 경우 주택 외의 건물면적이 주택면적보다 크면 주택 외의 건물과 그 부속토지는 주택 외로 본다.
③ 다가구주택을 하나의 매매단위로 1인에게 양도 시에도 각각을 모두 주택으로 본다.
④ 상장된 주식을 소액주주가 장내에서 거래하는 경우에는 양도소득세 과세대상이 아니다.
⑤ 주택 여부를 판정 시 공부상의 용도가 아닌 실질상의 용도에 의해 판단한다.

065 다음 중 양도소득세에 대한 설명이 잘못된 것은?
① 취득가액을 실제 취득가액으로 하여 양도차익을 산정하는 경우, 양도자산의 내용연수를 연장시키거나 그 가치를 현실적으로 증가시키는 데 소요된 비용은 필요경비로서 인정받을 수 있다.
② 취득세와 등록세는 납부영수증이 없는 경우에도 필요경비로 인정된다.
③ 취득 또는 양도 당시의 실지거래가액을 확인할 수 없는 경우에는 매매사례가액, 감정가액, 환산가액 및 기준시가를 순차로 적용하여 산정한 가액으로 한다.
④ 주식에 대한 양도차손과 부동산 등의 양도차익은 통산할 수 있다.
⑤ 비과세 규정에 해당하는 경우 신고를 하지 않아도 무방하다.

066 다음 중 장기보유특별공제와 양도소득기본공제에 대한 설명으로 잘못된 것은?
① 장기보유특별공제는 등기된 토지와 건물에 대해서만 적용 가능하다.
② 장기보유특별공제는 비사업용 토지의 경우에도 적용 가능하다.
③ 양도소득 과세대상 부동산과 주식을 같은 해에 양도한 경우, 양도소득기본공제는 최대 250만원까지 가능하다.
④ 양도소득기본공제는 미등기양도자산은 제외한다.
⑤ 양도소득기본공제는 보유기간에 상관없이 적용 가능하다.

067 나고급 씨는 1세대 1주택 비과세요건을 충족한 아파트를 20억원에 양도하였다. 당해 아파트의 취득가액과 필요경비의 합계금액이 15억원일 때 양도차익은 얼마인가?
① 4억원　　　　　　　　　　② 3억원
③ 2억원　　　　　　　　　　④ 1억원
⑤ 5천만원

068 양도소득세와 관련한 다음 설명 중 바른 것은?

① 등기된 토지를 2년 8개월간 보유한 경우 장기보유특별공제를 받을 수 있다.
② 미등기된 일반건물을 10년간 보유 후 매각하는 경우 양도소득기본공제가 가능하다.
③ 등기된 건물을 1년간 보유한 경우에 장기보유특별공제와 양도소득기본공제 모두를 적용받는다.
④ 등기된 일반건물을 3년간 보유한 경우에는 장기보유특별공제 및 양도소득기본공제를 모두 적용받는다.
⑤ 양도소득세액이 2,500만원인 경우 납부할 세액의 40%까지 분납이 가능하다.

069 다음 중 양도소득세 세율이 잘못 연결된 것은?

① 2년 8개월간 보유한 등기된 주택(양도 당시 1세대 2주택 상황) : 기본세율
② 3년 보유한 등기된 비사업용 토지 : 기본세율 + 10%p
③ 10개월 보유한 미등기 상가 : 50%
④ 중소기업인 법인의 주식(대주주 양도분) : 20%(과세표준 3억 초과 금액은 25%)
⑤ 중소기업 이외의 법인주식으로서 대주주가 1년 미만 보유한 주식 등 : 30%

070 다음 중 양도소득세법상 양도시기와 취득시기가 잘못 연결된 것은?

① 매매계약서상 기재된 잔금지급약정일과 실제 잔금 지급 날이 다른 경우 : 실제 잔금 지급일
② 대금청산 전에 소유권이전등기를 한 경우 : 등기부 등에 기재된 등기원인일
③ 상속에 의하여 취득한 재산 : 상속이 개시된 날
④ 증여에 의하여 취득하는 부동산 : 증여받은 날(소유권이전 접수일)
⑤ 자기가 건설한 건축물 : 사용승인서 교부일

071 다음 중 상속세와 증여세에 대한 설명으로 틀린 것은?

① 상속세는 유산세방식이고, 증여세는 유산취득세방식이다.
② 영리법인은 상속세와 증여세에 대해 납세의무가 없다.
③ 상속세의 세율과 증여세의 세율은 같다.
④ 상속세는 피상속인의 주소지, 증여세는 증여자의 주소지 관할 세무서에 신고·납부한다.
⑤ 세대생략 시 상속인이나 수증자가 미성년자가 아닌 성년자인 경우 40%의 할증세율을 적용받는 경우는 없다.

072 다음 중 상속세과세가액에 산입하는 항목이 아닌 것은?

① 피상속인의 사망으로 인하여 지급받는 생명보험 또는 손해보험의 보험금으로서 피상속인이 부담한 보험료에 해당하는 보험금
② 피상속인이 위탁한 재산
③ 퇴직금·퇴직수당·연금 또는 이와 유사한 것으로서 피상속인에게 지급되어야 하나 피상속인이 사망하여 상속인에게 지급되는 것
④ 피상속인이 사망일로부터 소급하여 10년 이내의 기간에 아들에게 증여한 재산
⑤ 상속인이 사망일로부터 소급하여 10년 이내의 기간에 아버지에게 증여한 재산(아들이 살아 있음)

073 「상속세법」상 금융재산공제 계산이 틀린 것은?

① 금융재산금액 : 12억원, 금융부채금액 : 4억원, 금융재산공제액 : 1억 6천만원
② 금융재산금액 : 10억원, 금융부채금액 : 4억원, 금융재산공제액 : 2억원
③ 금융재산금액 : 1억 2천만원, 금융부채금액 : 4천만원, 금융재산공제액 : 2천만원
④ 금융재산금액 : 5천만원, 금융부채금액 : 없음, 금융재산공제액 : 2천만원
⑤ 금융재산금액 : 15억원, 금융부채금액 : 3억원, 금융재산공제액 : 2억원

074 상속세의 연부연납과 분납 및 물납에 대한 설명으로 잘못된 것은?

① 연부연납은 납부세액이 2,000만원을 초과하는 경우에 가능하며 세무서장의 허가를 받아야 한다.
② 연부연납과 분납을 동시에 신청할 수 있다.
③ 연부연납 시 납세담보를 제공하여야 하며, 연부연납금액에 대하여 가산금을 추가로 납부하여야 한다.
④ 부동산과 유가증권의 가액이 상속재산의 1/2을 초과하고, 상속세 납부세액이 2천만원을 초과하며 상속받은 금융재산이 상속세 납부세액에 미달하는 경우 세무서장의 허가를 받아 물납할 수 있다.
⑤ 분납은 납부할 세액이 1천만원을 초과하는 경우에 가능하며 나머지 금액을 납부기한 경과 후 2개월 이내에 납부하여야 한다.

075 아버지가 소유하고 있던 시가 6억원 상당의 상가를 아들에게 2억원에 양도한 경우에, 증여세 과세대상이 되는 금액은 얼마인가?

① 1억원   ② 2억원
③ 2.2억원   ④ 3억원
⑤ 4억원

076 다음 증여재산공제액의 연결이 잘못된 것은?

① 아버지가 아들(성년)에게 증여 시 : 5천만원
② 할아버지가 손자(성년)에게 증여 시 : 5천만원
③ 아들이 아버지에게 증여 시 : 5천만원
④ 남편이 아내에게 증여 시 : 3억원
⑤ 어머니가 아들(미성년)에게 증여 시 : 2천만원

077 다음 중 증여로 보는 경우는?

① 증여자의 사망으로 인하여 효력이 발생하는 사인증여
② 이혼 등에 의하여 정신적 또는 재산상 손해배상의 대가로 받는 위자료 (조세포탈의 목적이 없는 경우)
③ 민법에 의한 재산분할청구권의 행사에 의한 재산의 분할
④ 취득원인무효 판결에 의한 권리말소
⑤ 상속재산의 협의분할 후 재분할 (상속세과세표준 신고기한 이후의 재분할)

078 다음 중 상속공제에 대한 설명으로 잘못된 것은?

① 거주자뿐만 아니라 비거주자도 기초공제 2억원이 가능하다.
② 배우자가 실제 상속받은 재산이 없는 경우에도 배우자상속공제액을 5억원 적용한다.
③ 기초공제와 기타인적공제 합계액이 5억원에 미달하는 경우에는 일괄공제 5억원을 선택할 수 있다.
④ 직계비속도 없고 직계존속도 없어 피상속인의 배우자가 단독으로 상속받는 경우에는 일괄공제 5억원을 선택할 수 없다.
⑤ 다른 공동상속인의 상속포기 등으로 배우자가 단독으로 상속받은 경우에는 일괄공제 선택이 배제된다.

079 다음 중 상속세와 증여세의 절세전략으로 틀린 것은?

① 금융재산을 보유하여 상속세 납부에 대비한다.
② 금융재산을 충분히 보유하고 있다면 부동산 취득을 고려한다.
③ 보유기간이 길어 양도차익이 큰 부동산은 양도하지 않고 상속을 고려한다.
④ 가능하면 합산기간 10년 이전에 증여하는 것이 좋다.
⑤ 앞으로 가격이 떨어질 재산을 증여하는 것이 좋다.

080 다음 설명 중 옳은 것은?
① 양도소득세 신고 시 부동산과 주식의 양도소득세 예정신고납부기한은 같다.
② 상속세를 신고기한 내에 신고만 하고 납부하지 않은 경우에는 3% 세액공제가 불가능하다.
③ 상속세와 증여세의 경우 평가의 원칙은 시가이다.
④ 양도소득세를 예정신고를 하지 않고 익년 5월 31일까지 확정신고하는 경우 가산세가 적용되지 않는다.
⑤ 상속세에는 세대생략할증과세가 적용되지만, 증여세에는 적용되지 않는다.

제3과목 보험 및 은퇴설계

081 위험의 확인에 대한 설명으로 적절하지 않은 것은?
① 위험확인 방법에는 질문표, 체크리스트, 플로우차트, 현장검사 등이 있다.
② 위험을 확인하는 가장 큰 목적은 무의식적인 위험보유를 최소화하는 것이다.
③ 잠재적 손실의 크기 및 발생 가능성에 따라 위험을 구분하고, 우선순위를 정해야 한다.
④ 심각한 위험은 그렇지 않은 위험에 비해 우선적으로 대비해야 한다.
⑤ 손실을 회복하기 위해서는 외부의 자금을 차입해야 하는 위험을 치명적 위험으로 구분한다.

082 위험관리기법에 대한 설명으로 가장 적절하지 않은 것은?
① 잠재적 손실의 크기 및 발생 가능성에 따라 위험을 구분하고, 우선순위를 정해야 한다.
② 고빈도·고강도 위험은 위험 그 자체를 회피하는 위험회피기법이 가장 바람직하다.
③ 저빈도·고강도 위험은 사고발생빈도를 줄이는 노력이 필요하다.
④ 고빈도·저강도 위험은 경상비를 활용하여 손해복구자금을 자체조달하는 것이 바람직하다.
⑤ 저빈도·저강도 위험은 특별한 위험통제기법이나 손해통제기법이 필요 없다.

083 예정기초율 변화에 따른 보험료의 변화에 대한 설명으로 적절하지 않은 것은?
① 예정사망률이 낮아지면 사망보험료는 낮아지게 되고, 생존보험의 보험료는 높아지게 된다.
② 예정이율이 낮아지면 보험료는 높아지게 된다.
③ 예정이율에서 보험기간이 길수록, 납입기간이 짧을수록 보험료 변동폭이 작다.
④ 예정이율에서 순수보장형보다 만기환급형의 보험료 변동폭이 크다.
⑤ 예정사업비율이 낮아지면 보험료는 낮아지게 된다.

084 변액보험상품에 대한 설명으로 적절한 것은?
① 보험가입금액을 보험금으로 한다.
② 예금자보호법 적용대상이다.
③ 보험회사가 투자위험을 부담한다.
④ 특별계정에서 자산을 운용한다.
⑤ 이율은 공시이율 또는 예정이율이 적용된다.

085 제3보험에 대한 설명으로 적절하지 않은 것은?
① 손해보험의 실손보상적 특성을 가지고 있지 않다.
② 상해보험, 질병보험, 간병보험으로 구분할 수 있다.
③ 상법 측면에서 대부분 인보험을 준용하면서 일부 조항에 대해 특수한 지위를 갖는 형태이다.
④ 손해보험뿐만 아니라 생명보험에서도 실손보험상품을 판매하고 있다.
⑤ 신체의 질병, 상해 등을 보장하는 보험이다.

086 주택화재보험에서 보상하는 손해에 해당하지 않는 것은?
① 폭발에 따른 직접손해 ② 소방손해
③ 피난 중에 발생한 도난 손해 ④ 잔존물 제거비용
⑤ 기타 협력비용

087 다음 사례의 경우 주택화재로 인한 지급보험금으로 적절한 것은?

- 보험가입금액 : 8,000만원
- 보험가액 : 2억원
- 손해액 : 1억원

① 4,000만원 ② 5,000만원
③ 7,000만원 ④ 8,000만원
⑤ 1억원

088 노인장기요양보험의 장기요양인정의 신청에 대한 다음 설명 중 (   )에 공통적으로 들어갈 내용으로 적절한 것은?

(   )세 이상의 노인 또는 (   )세 미만으로서 치매, 뇌혈관질환 등 대통령령으로 정한 노인성 질병을 가진 자가 신청 대상이다.

① 50 ② 55
③ 60 ④ 65
⑤ 70

089 보험 관련 세무에 대한 설명으로 가장 적절한 것은?
① 보험상품은 이자소득에 대한 세금우대 혜택을 받을 수 없다.
② 종신보험은 보험계약일로부터 10년 미만이라 할지라도 중도해지로 인하여 발생한 보험차익에 대해 비과세한다.
③ 수익자와 계약자가 다른 경우 보험금 상당액의 증여시기는 보험계약일에 증여한 것으로 본다.
④ 장애인 또는 상이자를 수익자로 하는 장애인 전용 보험금에 대하여 연간 4,000만원 한도로 증여세를 비과세한다.
⑤ 연금의 상속 시 상속세 신고기간 내에 보험계약을 해지한 경우에는 불입보험료 총액을 상속재산으로 평가한다.

090 보험상담 프로세스에 대한 설명이 적절하지 않은 것은?
① 상담 프로세스 1단계 : 고객관계 관리
② 상담 프로세스 2단계 : 고객접근
③ 상담 프로세스 3단계 : 정보수집 및 분석
④ 상담 프로세스 4단계 : 프리젠테이션 & 클로징
⑤ 상담 프로세스 5단계 : 증권전달 및 소개확보

091 은퇴설계의 정의 및 필요성에 대한 설명으로 적절하지 않은 것은?
① 은퇴설계는 근로소득이 없는 은퇴 이후의 삶을 행복하게 영위하기 위해 재무적인 요소와 비재무적인 요소를 균형 있게 설계하는 것을 말한다.
② 은퇴설계는 전 생애에 걸쳐 이루어지는 것이 아니라 은퇴 이전 특정 시점에 이루어진다고 할 수 있다.
③ 은퇴설계가 필요한 배경에는 기대수명의 급속한 증가를 들 수 있다.
④ 급속한 고령화에 사회경제시스템이 대응하지 못하고 있고 개인의 인식과 노후준비 정도도 매우 부족한 상황이어서 은퇴설계가 필요하게 되었다.
⑤ 은퇴설계의 3가지 기본 축은 경제적인 부분과 건강, 그리고 보람되고 의미 있는 삶을 말한다.

092 은퇴생활 위험요소에 대한 설명으로 가장 적절하지 않은 것은?
① 예상보다 오래 살게 됨에 따라 발생할 수 있는 위험을 수명 리스크라고 한다.
② 물가 상승으로 실질 자산가치가 하락하는 리스크를 인플레이션 리스크라 한다.
③ 노후에 신체적, 정신적인 질병 등으로 건강하지 못한 상태가 되어 막대한 의료비를 지출하여 노후에 경제적으로 어려운 상황에 빠질 위험을 노후 건강 리스크라고 한다.
④ 부동산을 활용해 노후자금을 준비할 때 가장 큰 리스크가 유동성 리스크이다.
⑤ 소유한 주택을 매각하려고 하는 데 가격이 계속해서 내려가는 가격하락 리스크로 인해 매각하지 못하고 필요한 자금도 확보하지 못할 수 있다.

093 은퇴자금 설계에 대한 설명으로 적절하지 않은 것은?
① 은퇴 크레바스는 은퇴 후 연금을 받기 전까지 생기는 소득 공백기간을 말한다.
② 노후자금 준비를 위해서는 연령에 관계없이 빨리 시작하는 것이 중요하다.
③ 최대한 인출 시기를 늦추는 전략을 세워 장수 리스크에 대응해야 할 것이다.
④ 우리나라 가계보유 자산을 보면 60대 이상은 부동산 비중이 낮아지는 것이 특징이다.
⑤ 의료비 준비를 위해서는 정기 건강검진 비용도 따로 준비가 필요하다.

094 국민연금제도에 대한 설명으로 적절하지 않은 것은?
① 1988년 1월 1일에 근로자 10인 이상이 근무하는 사업장을 대상으로 도입되었다.
② 연금 수령 기간 중에는 연금액을 매년 물가변동률을 반영해 지급하기 때문에 실질 가치가 보전된다.
③ 사업장가입자는 연금보험료 전액을 회사가 부담한다.
④ 지역가입자는 연금보험료 전액을 본인이 부담한다.
⑤ 출생연도별 국민연금 수급 개시 연령이 다르다.

095 확정급여형 퇴직연금에 대한 적절한 설명으로 모두 묶인 것은?

> 가. 퇴직 시 지급할 급여 수준을 노사가 사전에 약정
> 나. 기업이 부담할 기여금 수준을 노사가 사전에 확정
> 다. 퇴직 시 IRP로 이전
> 라. 직장이동이 빈번한 근로자에게 적합
> 마. 중도인출 가능

① 가, 다　　　　　　　② 가, 라
③ 나, 라　　　　　　　④ 나, 마
⑤ 다, 마

096 주택연금제도에 대한 설명으로 적절한 것은?

① 주택소유자와 배우자 모두가 근저당권 설립일 기준으로 만 55세 이상이어야 한다.
② 부부 기준 공시가격 9억원 이하의 주택 한 채만 소유했거나, 다주택 보유자의 경우 보유주택합산 공시가격이 9억원 이하면 가입이 가능하다.
③ 주상복합건물은 이용이 불가능하다.
④ 노인복지법상의 노인복지주택도 해당 지차제에 신고된 주택은 주택연금을 이용할 수 있다.
⑤ 종신방식의 연금지급은 불가능하다.

097 노인장기요양보험제도에 대한 설명으로 적절하지 않은 것은?
① 고령이나 노인성 질병 등의 사유로 혼자서 일상생활을 수행하기 어려운 노인 등에게 신체활동 또는 가사활동 지원 등의 장기요양급여를 제공한다.
② 노후의 건강증진 및 생활안정을 도모하고 가족의 부담을 덜어 줌으로써 국민의 삶의 질을 향상하기 위한 제도이다.
③ 제도운영의 효율성을 도모하기 위하여 건강보험제도와 합산하여 운영되고 있다.
④ 장기요양인정 신청자격은 장기요양보험 가입자 및 피부양자 또는 의료급여 수급권자 중 65세 이상의 노인 또는 65세 미만인 자로서 치매, 뇌혈관성 질환 등 노인성 질병을 가진 자이다.
⑤ 등급 인정자는 요양시설 이용 비용 일부나 방문 요양, 간호, 목욕 등 재택 서비스 비용의 일부를 제공받을 수 있다.

098 은퇴설계 프로세스 1단계에서 고객과의 관계를 정립할 때 미리 고객에게 설명을 해 두어야 하는 사항으로 적절하지 않은 것은?
① 은퇴설계의 목적과 컨설팅 프로세스 전체 흐름에 대한 설명
② 고객에게 제공하는 서비스 내용과 은퇴설계 제안서 작성을 위해 필요한 고객 정보
③ 고객과 FP의 책임에 대한 사항
④ 컨설팅 보수와 관련된 사항
⑤ 가계 대차대조표 작성

099 은퇴설계 프로세스 1단계 중 고객과 관계정립 단계에서 사전 준비와 주의 사항에 대한 설명으로 적절하지 않은 것은?
① 전문가다운 몸가짐, 매너, 언행을 가져야 한다.
② 자리에서 일어나 고객에게 밝게 인사하고 명함을 건넨다.
③ 성실성과 전문성, 중립성을 가지고 고객 의견에 공감하는 자세로 대응한다.
④ 수수료 등 제반 비용에 대해서는 회사의 보안상 비밀로 한다.
⑤ 상담 중에는 핸드폰 전원을 끄고 고객만을 위해 시간을 투자한다는 인상을 주는 것이 필요하다.

100 라이프 이벤트 표에 대한 설명으로 적절하지 않은 것은?

① 고객자신과 그 가족의 장래 예정이나 희망, 목표 등을 시계열로 나타낸 표이다.
② 은퇴설계를 위한 제안서 작성 시 현금흐름표와 함께 빠져서는 안되는 중요한 자료 중 하나이다.
③ 라이프 이벤트 표 작성을 통해 고객은 막연하게 생각했던 자신과 가족의 장래 이벤트를 재확인할 수 있고, 지금부터 은퇴 이후까지를 한 눈에 파악할 수 있다.
④ 연도, 경과 연수, 가족 이름, 연령, 이벤트, 현재가치로 생각한 예산 혹은 필요 자금 등의 내용이 들어간다.
⑤ 보험 만기금, 퇴직금, 부모로부터 받은 증여 등 일시적인 수입에 대해서는 기입하지 않아도 된다.

부록

실전모의고사 정답 및 해설

은행FP 1부

부록 실전모의고사 정답 및 해설

|정답|

001	③	002	④	003	③	004	④	005	③	006	⑤	007	④	008	④	009	①	010	④
011	②	012	③	013	④	014	①	015	②	016	④	017	①	018	④	019	⑤	020	②
021	②	022	③	023	④	024	④	025	②	026	②	027	⑤	028	④	029	②	030	④
031	③	032	⑤	033	①	034	③	035	①	036	②	037	③	038	⑤	039	⑤	040	③
041	④	042	④	043	③	044	⑤	045	④	046	④	047	⑤	048	③	049	④	050	③
051	④	052	④	053	①	054	④	055	③	056	⑤	057	④	058	⑤	059	④	060	②
061	④	062	②	063	⑤	064	③	065	④	066	③	067	③	068	④	069	③	070	②
071	④	072	⑤	073	④	074	②	075	③	076	④	077	⑤	078	⑤	079	⑤	080	③
081	⑤	082	④	083	④	084	④	085	④	086	⑤	087	④	088	④	089	④	090	①
091	②	092	①	093	④	094	③	095	①	096	④	097	④	098	⑤	099	④	100	⑤

|해설|

제1과목 자산관리 기본지식

001 개인재무설계는 개인이나 가계가 설정한 재무목표를 달성하기 위하여 개인 및 가계의 재무적 자원만이 아니라 비재무적 자원을 포함하여 효율적으로 관리하는 과정이다.

002 가. 우리나라 가구의 자산 및 부채는 모두 증가하고 있고, 이에 따라 재무설계의 필요성이 더욱 커지고 있다.
다. 1인 가구의 증가로 모든 의사결정의 주체가 개인으로 전환되고 모든 경제적 부담도 스스로 책임져야 하는 시대가 도래되어 재무설계와 전문가의 도움이 더욱 필요해졌다.

003 가족축소기에는 노후자금 마련, 기타 목적자금 마련 등이 재무관심사이며, 자녀들의 교육자금 및 결혼자금 마련은 자녀성장기의 재무관심사이다.

004 ① 좋은 질문이란 고객이 스스로 말할 수 있도록 분위기를 이끌어 내는 질문을 말한다.
② 경청을 통해 고객의 자발적 참여를 유도할 수 있고, 비재무적인 정보수집이 가능하다.

③ 문제 인식 질문에 대한 설명이며, 시사 질문은 고객의 문제로 인해 파급되는 결과에 대한 심각성과 중요성 등을 고객 스스로 인지하게끔 하는 질문이다.
⑤ 완고한 고객일수록 자산관리사는 적극적으로 경청하고 공감하는 자세를 가져야 한다.

005 면담 전에 설문서를 작성하여 설문서를 바탕으로 면담을 진행하는 경우 빠른 정보수집이 가능하므로 시간이 절약되고, 고객의 생각이 잘 반영된다는 것이 장점이다.

006 ① 자산부채상태표는 일정 기간 동안이 아니라 특정 시점에서의 자산, 부채, 순자산을 나타낸다.
② 자산은 현금성자산, 금융투자자산, 부동산자산, 개인사용자산으로 구분하며, 저축 및 투자는 현금흐름표의 현금유출의 분류항목이다.
③ 고정지출은 고정적으로 발생하며 고객이 통제하기 어려운 지출항목으로 세금, 주택관리비, 대출상환금, 공교육비 등이 해당하며, 교통통신비는 변동지출 항목이다.
④ 현금흐름표는 현금유입과 유출의 흐름을 통해 재무상태 변동의 원인을 나타내고, 그로 인한 자산 및 부채, 순자산 등의 재무상태 변동의 결과가 자산부채상태표에 표시된다.

007 고정지출은 공교육비(45만원), 주택관리비(60만원), 대출금상환금(130만원)을 합한 235만원이며, 외식비, 사교육비, 교양오락비는 변동지출, 적립식투자는 저축 및 투자에 해당한다.

008 제안서는 별도의 표준화된 양식은 없으며, 표지 및 서문, 목차, 고객 현황 요약, 제안 목적, 고객 재무상황 분석, 대안 제시 및 제언 등 6개 부문으로 구성하는 것이 일반적이다.

009 ② 임대사업자 상담 시 고려사항이며, 근로소득자는 생애주기별 재무목표 달성방안, 소득공제 및 절세방안, 소득과 지출의 통제 가능성, 재취업 및 창업방안 등을 고려해야 한다.
③ 전문직 종사자 상담 시 고려사항이며, 개인사업자는 종업원 4대보험 및 퇴직연금, 노란우산공제, 사업 관련 세금 및 절세방안, 기간별/목적별 금융상품의 이해 등을 고려해야 한다.
④ 20대에 대한 설명이며, 30대는 자녀에 대한 투자에 관심이 높고, 굵직한 재무목표가 집중되며, 부부의 명확한 재무목표 재정립이 필요한 시기이다.
⑤ 부동산의 비중이 높은 임대사업자 상담 시 고려사항이며, 전문직 종사자는 은퇴이후 안정적 현금흐름 준비, 주소득원에 대한 보장자산 준비, 여유자금의 효과적 투자방안, 중복 가입된 금융상품의 재조정, 노출되지 않은 자산에 대한 세무조사 등을 고려해야 한다.

010 가. 재무목표 달성 시 예상되는 구체적인 이익과 금액을 제시해 주고, 지금이 금융상품을 가입하기 가장 좋은 기회라는 것을 구체적인 예를 들어 설득해야 한다.
다. 재무설계안은 고객의 상황이나 환경의 변화 등을 고려하여 정기적으로 점검하고 피드백해야 하며, 시의적절하게 재조정해 주어야 한다.

011 ① 물리적 시간 개념이 아니라 가격의 경직성 및 생산요소의 완전고용 여부에 따라 구분한다.
③ 단기 경기변동을 설명하는 가장 중요한 변수는 가격과 임금의 경직성이며, 기술의 변화나 생산요소의 총량은 장기 경기변동을 설명하는 중요 변수이다.
④ 단기 거시경제의 주요 분석 대상은 총수요의 증가요인이고, 총공급의 증가요인은 장기 거시경제의 주요 분석대상이다.

⑤ 장기에는 가격변동에 대해 임금이 신축적으로 변동하고 생산요소의 완전고용을 가정하기 때문에 기술의 변화가 발생할 수 없고 생산요소의 총량은 고정되는 것이 특징이다.

012 [지출]소비 + 국내투자 + 재정지출 + 수출 = 국민소득 = 소비 + 저축 + 조세 + 수입[소득]이므로 소득측면의 국민소득은 소비, 저축, 조세, 수입의 합이다.

013 경기침체기와 같이 GDP가 낮은 수준에서 단기 총공급곡선은 물가와 실질GDP 평면에서 완만한 기울기를 보이며, 단기 총공급곡선의 물가에 대한 탄력성은 매우 크다.

014 ② 젊은 연령인구 구성비가 증가, 대규모의 경제구조의 변화, 실질임금의 증가, 실업급여 등 실업혜택의 확대 등은 자연실업률을 증가시키는 요인이다.
③ 구조적 실업에 대한 설명이며, 마찰적 실업은 노동의 수요와 공급이 일시적으로 일치되지 않아서 발생하는 실업이다.
④ 실업률은 경제활동인구 대비 실업자, 고용률은 노동가능인구 대비 취업자의 비율이다.
⑤ 단기필립스 곡선은 인플레이션율과 실업률 평면에서 우하향의 형태를 가지며, 장기필립스곡선은 자연실업률 수준에서 수직의 형태를 갖는다.

015 가. 잠재GDP의 성장 속도보다 통화량이 빠르게 증가할 때 인플레이션이 발생한다.
다. 인플레이션으로 화폐 가치가 상대적으로 하락하므로, 채권자로부터 채무자에게 또는 노동자로부터 기업가에게 부가 재분배 된다.

016 재정조달을 위한 국채를 중앙은행이 인수할 경우 통화공급이 증가하여 인플레이션을 유발할 수 있고, 국채를 공개시장에서 매각할 경우 소비와 투자가 위축되는 구축효과가 발생한다.

017 통화승수는 통화량을 본원통화로 나누어 산출한다. 현금보유비율이 상승하면 통화량이 감소하므로 통화승수는 감소하기 때문에 역(-)의 관계를 가진다고 할 수 있다.

018 실질GDP가 증가하면 조세수입이 증가하고, 실업급여 등의 이전지출이 감소하기 때문에 재정흑자에 긍정적인 영향을 미쳐 정부의 대부자금 수요는 감소한다.

019 ① 자국통화 표시환율에 대한 설명이며, 외국통화 표시환율은 자국통화 1단위와 교환되는 외국통화의 단위량을 표시하는 방법으로 1원은 0.001달러의 형태로 표시된다.
② 금융기관이 고객에게 팔 때 적용되는 매도환율이 고객으로부터 살 때 적용되는 매입환율에 비해 높은 것이 일반적이고, 그 차이가 금융기관의 수익이 된다.
③ 교차환율에 대한 설명이며, 재정환율은 자국통화와 특정한 나라와의 환율을 기준환율로 정하고, 그 나라와 다른 나라 간의 교차환율과 기준환율과의 관계로부터 도출되는 환율이다.
④ 실질환율은 명목환율×(상대국물가/자국물가)로 계산하므로, 실질환율이 높다는 것은 상대국의 물가에 비해 자국의 물가가 낮은 것을 의미한다.

020 환율이 상승하는 변동요인은 국내 실질GDP의 고성장, 국내 시장의 위험 및 조세부담 증가, 환율에 대한 상승 기대, 중앙은행의 외환 매입 등이 해당된다.

021 경기가 침체국면에 있으므로 가용 유휴 생산요소가 많은 편이므로 총공급의 물가에 대한 탄력성은 큰 편이고, 총수요가 증가할 경우 실질GDP 상승률이 물가상승률보다 크다.

022 대부자금 공급이 증가하여 실질이자율이 하락한다. 그러나 물가가 상승하여 기대인플레이션율도 상승하므로 명목이자율의 변동방향은 알 수 없다.

023 내구재 소비와 주거용 건설투자는 가격의 변화는 크지 않지만 GDP보다 변동성이 크고, GDP에 선행하는 경향이 있다.

024 선행종합지수 7개의 지표 중 3개의 증가율의 합이 나머지 4개의 감소율의 합보다 큰 경우에도 실제 경기는 하락할 수 있다. 따라서 각 구성지표의 움직임도 함께 파악하여야 한다.

025 동행종합지수 순환변동치와 선행종합지수 전년동월비는 그 크기, 증감률, 진폭 등이 큰 의미를 갖지 않으므로 어떠한 방향으로 움직이는지를 나타내는 방향성이 가장 중요하다.

026 타인에 대한 손해발생행위는 위법할 뿐만 아니라 고의 또는 과실에 기한 경우에만 책임을 진다. 과실에 대한 책임도 발생한다.

027 소유권과 제한물권이 병존하는 경우에는 그 성질상 제한물권이 우선한다.

028 법인은 설립 시부터 청산종결 시까지 권리능력을 가진다.

029 ㄱ. 수취인이 해당금액을 임의로 인출하여 사용하는 경우 횡령죄에 해당한다.

030 대표이사는 이사 중에서 주주총회의 결의가 아니라 이사회의 결의로 선임되는 것이 원칙이다.

031 대출계약은 차주가 금전소비대차약정서를 작성하여 은행에 제출하고 은행이 이를 이의 없이 수리한 때에 성립한다.

032 증권예탁제도와 달리 증권소유자가 요청하는 경우에도 실물발행이 금지된다.

033 모두 맞는 내용이다.

034 ㄷ. 근저당권은 부종성이 완화되어 있어 피담보채권이 소멸해도 소멸하지 않는다.

035 채무증권에 관한 내용이다.

036 ㄱ. 신용카드는 권리 또는 재산권을 표창한 증권이 아니고 회원자격을 증명하는 증거증권이다.

037 상속재산의 분할은 유언분할 → 협의분할 → 심판분할 순으로 한다.

038 법원은 신청일부터 1월 이내에 개인회생절차의 개시 여부를 결정하여야 한다.

039 유증은 유언에 의하여 재산상의 이익을 타인에게 무상으로 주는 단독행위이다.

040 ㄴ. 계약의 해지는 소급효가 없다.

제2과목 | 세무설계

041 이자, 배당, 연금소득에 대하여만 유형별 포괄과세주의를 도입하고 있다.

042 국외에서 근무하는 공무원과 해외파견 임원 또는 직원은 거주자로 본다.

043 기타소득이라 하여 종합소득 외의 모든 소득을 의미하는 것은 아니며, 소득세법에 열거된 것들만 기타소득으로 과세한다.

044 직계비속의 배우자, 즉 며느리나 사위는 기본공제대상자가 될 수 없다. (형수나 제수도 기본공제 대상자가 될 수 없다.)

045 퇴직금은 연금으로 수령하는 것이 유리하다.

046 현행 소득세법 기본세율 중 가장 높은 세율은 과세표준 10억 초과분에 대한 45%이고, 상속증여 세법상 가장 높은 세율은 과세표준 30억 초과분에 대한 50%이다.

047 거주자가 출국하는 경우에는 출국일 전날까지 신고하여야 한다.

048 부녀자공제는 당해 거주자의 종합소득금액이 3,000만원 이하인 경우에 한하여 적용가능하다.

049 상품권 등 유가증권 구입비는 공제대상에서 제외된다.

050 집합투자기구로부터의 이익은 배당소득에 해당한다.

051 연금소득금액은 총수입금액에서 연금소득공제를 차감하여 구한다.

052 ① 총급여액이 400만원이어서 500만원 이하이므로 소득금액요건은 만족하지만 며느리는 공제 대상이 아니다.
② 금융소득이 2,050만원이면 전액 종합과세 대상이므로 소득금액요건에 만족하지 못한다.
③ 양도소득금액이 100만원 이상이므로 공제대상이 아니다. 참고로 시아버지는 공제대상에 포함은 되지만 지문의 경우 소득금액요건을 충족하지 못한다.
④ 장애인의 경우 연령요건을 따지지 않고 소득금액요건만 따지므로 공제대상에 포함한다. 참고로 처남은 공제대상이다(배우자의 형제자매).
⑤ 2025년 귀속분의 경우 2025년에서 20을 뺀 2005년 이전 출생자는 공제대상에 포함되지 않는다.

053 이자소득은 필요경비를 인정하지 않는다.

054 비과세와 분리과세 금융소득은 2천만원을 따질 때에 제외한다.

055 직장공제회 초과반환금의 경우에는 연분연승법에 의한 기본세율로 원천징수한다.

056 외국법인으로부터 받은 배당소득은 gross-up 대상이 아니다.

057 법인의 해산으로 인한 의제배당의 수입시기는 잔여재산가액 확정일이다.

058 배당소득이 원천징수되지 아니한 경우에는 2천만원에 미달하더라도 종합과세신고를 하여야 한다.

059 토지에 대한 재산세 납기일은 매년 9월 16일부터 9월 30일까지이다.

060 종합부동산세 세액이 250만원을 초과하는 경우 분납이 가능하다.

061 부동산의 경우 양도일이 속하는 달의 말일로부터 2개월 이내에 예정신고 및 납부를 해야 하며, 주식의 경우 양도일이 속하는 반기의 말일로부터 2개월 이내에 예정신고 및 납부를 해야 한다.

062 무허가주택도 주택 수 판정 시 주택으로 본다.

063 사업용 고정자산과 함께 양도하는 영업권은 양도소득세 과세대상이다.

064 다가구주택을 하나의 매매단위로 1인에게 양도하는 경우 단독주택으로 본다.

065 통산할 수 없다.

066 부동산과 주식에서 각각 250만원 공제 가능하므로, 최대 500만원까지 가능하다.

067 양도차익 = (20억 - 15억)×(20억 - 12억) / 20억 = 2억원

068 ① 3년 이상 보유해야 장기보유특별공제가 가능하다.
② 미등기의 경우 양도소득기본공제가 불가능하다.
③ 보유기간이 3년 미만이므로 장기보유특별공제는 불가능하다.
⑤ 양도소득세액이 2,000만원 이상이므로 50%까지 분납이 가능하다.

069 미등기의 경우 세율은 70%이다.

070 등기원인일이 아닌 등기접수일이다.

071 증여세는 수증자의 주소지 관할 세무서에 신고·납부한다.

072 직계비속이 살아 있으므로, 직계존속인 아버지는 상속인 외의 자가 된다. 따라서 10년이 아닌 5년이다.

073 순금융재산가액이 6억원이므로 금융재산공제액은 1억 2천만원이다.

074 연부연납과 분납은 동시에 신청이 불가능하다.

075 6억원 - 2억원 - MIN[6억원×30%, 3억원] = 2.2억원

076 배우자 간 증여의 경우 증여재산공제액은 6억원이다.

077 상속세과세표준 신고기한 이후의 재분할은 증여세 과세 대상이다.

078 피상속인의 직계비속도 없고 직계존속도 없어 배우자가 단독으로 상속하는 경우에 일괄공제 선택이 배제된다.

079 저평가된 재산을 증여하는 것이 유리하다.

080 ① 양도소득세 예정신고납부기한은 부동산과 주식이 같지 않다.
② 상속세는 신고기한 내에 신고만 해도 신고세액공제가 가능하다.
④ 양도소득세 예정신고를 하지 않은 경우에는 가산세가 적용된다.
⑤ 상속세와 증여세의 경우 세대생략할증과세는 공통점이다.

제3과목 보험 및 은퇴설계

081 ⑤ 중요한 위험으로 구분한다. 개인을 파산으로 이끌 수 있는 잠재적 손실의 노출을 치명적 위험으로 구분한다.

082 ③ 고빈도·저강도 위험에 대한 설명이다. 저빈도·고강도 위험의 경우 효과성 및 효율성 측면 모두에서 보험이 가장 바람직하다.

083 ③ 예정이율에서 보험기간이 길수록, 납입기간이 짧을수록 보험료 변동폭이 크다.

084 ① 보험금 : 투자실적에 따라 변동(최저사망보험금, 최저연금적립금 보증)
② 예금자보호법 : 최저사망보험금, 최저연금적립금 등 최저보증만 적용
③ 투자위험부담 : 보험계약자
⑤ 적용이율 : 실적배당률

085 ① 제3보험은 생명보험의 정액보상적 특성과 손해보험의 실손보상적 특성을 동시에 가지는 보험을 말한다.

086 ③ 소방손해 또는 피난손해는 보상하는 손해에 해당하나, 피난 중에 발생한 도난 또는 분실 손해는 보상하지 않는다.

087 주택물건 및 일반물건의 보험가입금액이 80% 해당액보다 작을 때

$$지급보험금 = 손해액 \times \left[\frac{보험가입금액}{(보험가액 \times 80\%)}\right] = 1억원 \times \left[\frac{8,000만원}{(2억원 \times 80\%)}\right] = 5,000만원$$

088 65세 이상의 노인 또는 65세 미만으로서 치매, 뇌혈관질환 등 대통령령으로 정한 노인성 질병을 가진 자가 신청 대상이다.

089 ① 보험상품도 이자소득에 대한 세금우대 혜택을 받을 수 있다.
② 만기 10년 이상인 저축성보험은 이자소득세를 비과세한다. 이 경우 10년 이내에 원금의 일부를 중도인출하더라도 원 계약이 10년 이상 유지되면 이자소득세는 비과세된다.
③ 보험사고 발생일에 증여한 것으로 본다. 보험사고 발생일이란 저축성보험은 만기일을, 종신보험은 사망일을 의미한다. 즉, 보험료를 낼 때가 아니라 만기일에 보험금을 증여한 것으로 보아 증여세를 과세한 것이다. 또한 중도해지는 보험사고의 발생으로 볼 수 없다.

⑤ 상속세 신고기간 내에 보험계약을 해지한 경우에는 해지환급금으로 평가한다.

090 ① 상담 프로세스 1단계 : 가망고객 발굴

091 ② 은퇴설계는 특정 시점이 아닌 전 생애에 걸쳐 이루어진다고 할 수 있다.

092 ① 장수 리스크에 대한 설명이다.

093 ④ 한국은 부동산 비중이 가구주의 연령대가 높아질수록 증가하고 있으며, 현재 60세 전 후인 베이비 부머의 자산에서 70% 이상이 부동산이라고 할 수 있다.

094 ③ 사업장가입자는 회사와 본인이 절반씩 부담한다.

095 나. 라. 마. 확정기여형(DC형)에 대한 설명이다.

096 ① 주택소유자 또는 배우자가 대한민국 국민이고 근저당권 설립일 기준으로 만 55세 이상이어야 한다.
② 부부 기준 공시가격 12억원 이하 주택 한 채만 소유했거나, 다주택 보유자의 경우 보유주택 합산 공시가격이 12억원 이하면 가입이 가능하다.
③ 주상복합건물도 이용 가능하나 등기사항 증명서상 주택이 차지하는 면적이 1/2 이상이어야 한다.
⑤ 주택연금의 지급방식은 크게 종신방식, 확정기간방식, 대출상환방식, 우대방식이 있다.

097 ③ 건강보험제도와 별개의 제도로 도입·운영되고 있는 한편, 제도운영의 효율성을 도모하기 위하여 보험자 및 관리운영기관을 국민건강보험공단으로 일원화하고 있다.

098 ⑤ 은퇴설계 프로세스 2단계에서 고객의 정보 분석과 평가 작업 과정이다.

099 ④ 수수료 등 제반 비용에 대해서는 구체적으로 공개한다.

100 ⑤ 일시적인 수입에 대해서도 기입한다.

은행FP 자산관리사 최종정리문제집(1부)

발 행 일	2025년 7월 1일 개정판 1쇄
저 자	와우패스 교수진
발 행 인	임재환
발 행 처	와우패스
등 록	제12 - 563호(2008.1.28.)
주 소	서울시 구로구 디지털로34길 27 대륭포스트타워 3차 601호
전 화	1600 - 0072 (학습 및 교재 문의) / 02 - 2023 - 8788 (현매거래 문의)
팩 스	02 - 6020 - 8590 (위탁 및 현매거래)
I S B N	978-89-6613-876-0(14320) 978-89-6613-875-3(전 2권)

※ 정가는 뒤표지에 있습니다.
※ 낙장이나 파본은 교환해 드립니다.
※ 문의 : www.wowpass.com